KB212190

축의 시대와
종교간 대화

Axial Age and Religious Dialogue

축의 시대와 종교 간 대화

Axial Age and Religious Dialogue

KCRP종교간대화위원회 엮음

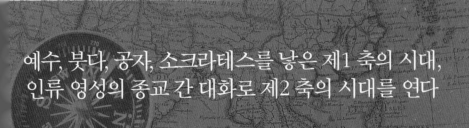

예수, 붓다, 공자, 소크라테스를 낳은 제1 축의 시대,
인류 영성의 종교 간 대화로 제2 축의 시대를 연다

모시는사람들

필자가 한국 종교인평화회의(KCRP)와 직접 관계를 맺은 지도 벌써 3년이란 세월을 훌쩍 넘겼다. 물론 그 이전에도 사안에 따라 한국 종교를 소개하는 영문 책자 만드는 일에서부터 요청된 강의를 담당하는 과정에서 힘을 보탠 바 있기에 관계한 연 수를 생각하면 족히 10년은 넘을 것이다. 어느 날 갑자기 종교간대화위원회 위원장직을 맡게 되면서 KCRP를 깊게 알게 된 것은 큰 기쁨이자 부담이었다. 하지만 가까이는 채수일 한신대 총장, 강화도에서 심도학사를 운영하는 길희성 교수를 거쳐 멀리는 필자의 스승 변선환 박사께서 거쳐간 자리라 했기에 운명이라 생각하며 받아들였다.

더욱 넓게는 본회의 탄생이 크리스챤 아카데미를 통한 위대한 종교지도자들, 예컨대 이미 고인이 되신 김수환 추기경, 강원용 목사, 법정 스님 등의 대화운동에 토대를 둔 것이라 그 역사적 의미를 크게 생각했던 탓이다. 지금도 그 뜻을 따라 많은 사업이 계승되고 있으나 현실태는 정신과 열정에 있어 옛 어른들에 많이 미치지 못하는 것 같아 미안하고 죄송스런 마음뿐이다. 민족 독립을 위해 이 땅의 종교들이 협력하여 일궈낸 기미년 3 · 1운동 일백년 역사가 향후 5년 앞으로 다가온 시점에서 KCRP 소속 종교인들 모두가 본래의 청정한 마음을 회복하여 더욱 공적인 삶을 펼쳐내야 할 것이다. 120년 전 갑오년 동학농민혁명을 통해 사회적으로 발현된 동학의 정신 역시 종교 차(差)를 떠나 소중히 생각하면 종교 간 대화의 미래를 위해 큰 도움이 될 듯싶다.

지난 3년간 종교간대화위원회를 통해 필자는 사무국의 도움 하에 두 가지 일을 시도해 보았다. 하나는 여성 종교학자 카렌 암스트롱의 저서 『축(軸)의 시대』를 각 종단을 대표하는 본회 소속 학자들과 함께 읽고 책이 던진 문제의식을 공유하되 각 종교별로 반응·평가하는 토론회를 거의 일 년을 넘기며 지속한 것이다. 주지하듯 이 책의 요지는 지금으로부터 3000년 전(BC900-BC200)부터 시작된 축의 시대 종교들이 저마다 고난과 역경·폭력과 전쟁의 와중에서 생겨났으되 오히려 자신의 내면을 성찰하는 종교가 되었으나, 지금껏 인류의 종교들 모두 축(軸)의 시대의 문제의식을 돌파한 적이 없었다는 지적이었다. 이에 각 종교를 대표하는 본회 소속 학자들이 저자가 보는 자기 종교들에 대한 분석 및 평가에 대해 응답하는 글을 쓰기로 했고, 이것이 우리가 펴내는 책 『축(軸)의 시대와 종교 간 대화』의 제1부의 내용이 된 것이다. 이 과정에서 책임을 완수하지 못한 종단이 있어 아쉽기도 했고 그리고 비극적 정신을 탄생시킨 그리스 종교에 대해서는 본회 밖에 있는 기독교 신학자에게 글을 부탁하였음을 밝힌다.

　이상과 같은 작업이 충족히 마무리되지 못하였음에도 불구하고 종교간대화위원회는 새로운 과제와 맞닥뜨려야 했다. 주지하듯 지난해 제10차 세계교회협의회(WCC)가 부산에서 열리는 과정에서 한국 기독교는 우리 사회에 양분된 모습을 노출시켰다. 소위 보수 기독교 그룹에서 WCC의 기본 정책이 종교 다원적이며, 동성애를 지지하고 용공적이며 성서 무오설을 부정한다는 이유로 부산 총회를 대대적으로 거부했던 까닭이다. 이들의 공격적 언사에 한국 준비위원 측도 휘둘렸고 급기야 보수 쪽 주장을 승인하는 오류를 범하고 말았다. 이런 과정에서 한국개신교협의회(NCCK) 역시 자신들이 속한 종교인평화회의 자체를 부정하는 난처한 지경에 이르게 된 것이다.

　이런 상황에서 종교간대화위원회는, 물론 자체 선교를 위한 것이었으나 수십 년에 걸쳐 축적된 WCC의 이웃종교관을 함께 공부했고 그에 대한 자신들 종교의 입장을 비판적으로 정리할 것을 결의하였다. 기독교가 그동안 이웃종교들과 대화하고자 했던 해석학적 노력들을 정직하게 배우되, 그 한계를 적시하고 자신들 나름의 종교 간 대화 원리를 제시할 것을 요구했던 것이다. 기독교의 배타적 주장에 대한 비난을 넘어 이웃종교들 스스로 대안적 사유를 제시할 논리적 절차적 필요성을 제기했던 시도는 KCRP 나름의 긴 역사에 있어 진일보된 시각이라 하겠다. 이런 문제의식 하에서 『축(軸)의 시대와 종교 간 대화』의 제2부 내용이 모아지게 된 것이다. 이 부분 역시 필자가 원하는 만큼 충족한 내용이 깃들지 못해 다소 유감이나 그래도 모두들 열심히 참여해 준 것을 고맙게 생각한다. 여기에는 부산대회 시 WCC 측이 제공한 '마당'이란 장에서 한국 내 종교 간 대화의 역사를 정리했던 몇 편의 작은 글도 수록되었다.

여하튼 이런 일을 하면서 필자는 종교간대화위원회 위원장직을 수행하였고 임기를 마쳐 가면서 그간 여러분들의 노고가 깃든 글들을 엮어 내는 것을 마지막 할 일이라 생각하였다. 원하던 만큼의 수준에는 이르지 못했으나 그래도 종교간대화위원회는 참으로 의미 있는 작업을 머리를 맞대고 긴 시간 함께해 왔다. 서로 친해졌고 그리워하게 되었으며 그들로 인해 이웃종교들이 달리 이해되기 시작한 것이다. 대화를 통해 배운다는 말이 여실한 우리들의 현실이 될 수 있었다. 이런 일을 할 수 있도록 물심 양면으로 도움을 주셨던 전·현직 사무총장님들, 김남석 목사님, 변진홍 박사님께 감사드리며, 특히 세심한 배려를 아끼지 않았던 안현미 팀장의 수고도 잊으면 아니 될 것이다. 김희중 대주교님을 수장으로 모시며 수차례 이슬람권을 방문한 것도 기쁨으로 기억될 일이다. 종교간대화위원으로 수고해 준 여러분들의 얼굴도 일일이 떠올려 본다.

부족하지만 본 책의 출판은 여러모로 의미를 지닐 것이다. 우선

축(軸)의 시대를 공감하며 당시의 문제의식을 심화시켜 이 땅에서 두 번째 축(軸)의 시대를 일궈 내려는 노력의 산물이라 평가해 주면 좋겠다. 또한 저마다 종교 간 대화 원리를 발전시켜 향후 더욱 성숙한 대화 문화를 만들어 가는 일에 일조할 것이라 생각한다. 앞으로도 한국종교인평화회의가 자신의 존재 이유를 더욱 선명하게 드러내 주길 바랄 것이며, 종교간대화위원회의 역할 또한 크게 기대할 것이다.

이 책의 출판을 기쁘게 수용해 주신 도서출판 모시는사람들 대표님 이하 관계자분들에게도 인사 올리며 머리글을 마감하련다. 갑오년 청마의 기상이 이 민족, 이 땅의 종교인들에게 가득하길 재차 기도 올린다.

2014년 음력 정월 초하루, 설날 저녁에
KCRP 종교간대화위원회 위원장 이정배

축의 시대와 종교 간 대화

02 종교 간 대화

01

축의 시대

축(軸)의 시대란 말은 철학자 야스퍼스가 1949
년 출간한 『역사의 기원과 목표에 대하여(Vom
Ursprung und Ziel der Geschichte)』에서 밝혔던 역
사철학적 개념이었다. 축이란 말은 물건을 들
어 올리는 지렛대의 밑받침을 뜻하는 것으로
인류의 역사를 이전/후로 나눌 수 있는 획기적
인 정신적 힘을 함의한다. 기원전 8세기에서 2
세기까지의 600여 년의 기간 동안 각 대륙에서
동시다발적으로 발생한 사유의 창조적 혁명,
새로운 종교적 에토스의 출현을 인류 역사의
기축(基軸) 혹은 차축(車軸)으로 생각했던 것이다.

축의 시대의 관점에서 본 종교 간 대화와 협력

이 정 배 감리교 신학대학교 교수

최근 『축(軸)의 시대』란 책이 번역 출판되어 널리 읽히고 있다. 이 책은 가톨릭 여성 종교학자로 알려진 카렌 암스트롱이 철학자 칼 야스퍼스 역사철학의 핵심 개념인 차축(車軸)시대에 터하여 인류 정신문명의 첫 번째 도약이라 할 수 있는 종교 탄생의 실상과 의미 및 그 내용을 깊게 탐구한 책이다. 이 책의 영문 제목은 '대전환' 즉 'The Great Transformation' (2006)으로 되어 있었으나 역자는 본문 중에서 저자가 많이 원용한 '차축시대' 란 개념을 앞세워 다소 평범했던 책의 제목을 신비화했고 그 의미를 배가시켰다. 본 책의 부제가 '붓다, 소크라테스, 공자 그리고 구약성서 예언자인 예레미아 시대의 세계'로 되어 있는 것은 종래의 기독교 중심적 세계상으로부터의 탈주를 의도함이었다. 기독교에 앞서 이미 역사상에는 대전환의 축(軸)들이 존재했던 까닭이다.

이미 이슬람교의 긍정적 이해에 기여한 『신의 역사』를 펴냈으며 전직 수녀였으나 그 직을 떠나 여성 종교학자가 될 수밖에 없었던 자전적 삶의 이야기를 담은 『마음의 진보』란 책들이 이런 저자의 생각과 의도를 잘 보여준다. 최근에는 기독교 비판서인 리차드 도킨스의 『God Delusion』에 답하여 『신을 변호함』이란 책도 펴낸 바 있다. 하지만 기독교에 대한 무조건적 옹호를 시도한 것은 결코 아니었다. 종교의 핵심과 본질을 비켜간 채 현상에만 눈을 돌린 과학자에 대한 일침이었을 뿐이다. 본래 평화의 도구여야 할 기독교를 비롯한 뭇종교가 탈(脫)현대의 역작용으로서 교리 지상주의(근본주의)를 표방한 채 갈등과 폭력의 산실로 변질된 현실을 정확히 그려낸 것이다. 이로부터 저자는 본 책에서 종교 탄생의 순간, 곧 축의 시대(B.C. 900-B.C. 200)로 관심을 돌렸고, 종교 본연에 대한 인문학적 성찰을 새롭게 시도했다. 차축시대의 에토스를 오늘에 되살려 인류의 당면 난제와 종교 미래에 대한 답을 그곳에서 찾고자 함이다. 여기에는 차축시대로부터 거지반 3000년이 지났으나 인류가 당시의 통찰을 한 번도 제대로 넘어서 본 적이 없었다는 저자의 확신이 자리한다. 지금도 저자는 인류 4대 문명의 본질인 유(도)교, 히브리 종교, 힌두(불)교, 그리고 희랍철학이 지금도 인류의 미래를 위해 곱씹어야 할 혜안의 보고라 믿고 있는 것이다.

본래 축(軸)의 시대란 말은 철학자 야스퍼스가 1949년 출간한 『역사의 기원과 목표에 대하여(Vom Ursprung und Ziel der Geschichte)』에서 밝혔던 역사철학적 개념이었다. 축이란 말은 물건을 들어 올리는 지렛대의 밑받침을 뜻하는 것으로 인류의 역사를 이전/후로 나눌 수 있는 획기적인 정신적 힘을 함의한다. 기원전 8세기에서 2세기까지의 600여 년의 기간[1] 동안 각 대륙에서 동시다발적으로 발생한 사유의 창조적 혁명, 새로운 종교적 에토스의 출현을 인류 역사의 기축(基軸) 혹은 차축(車軸)으로 생각했던 것이다. 이 책의 저자가 추종했던 야스퍼스의 역사철학, 곧 축의 시대는 예수 그리스도의 탄생을 역사의 정점으로 믿고 따르는 기독교 중심적 세계관과의 심각한 갈등을 유발할 수밖에 없었다. 기독교를 창시한 예수 역시도 좁게는 축의 시대의 히브리 사상가인 이사야, 예레미아, 호세아 등의 예언자 반열에서 이해되며 넓게는 공자, 석가와 더불어 인류에게 전대미문의 삶의 정조(ethos)와 규범을 수여한 위대한(massgebend) 인물 중 하나가 되기 때문이다. 이로 인해 스위스 바젤대학교에서 벌어진 두 '칼(Karl)'들, 곧 칼 야스퍼스와 당대뿐 아니라 지금도 명성이 유별난 세계적 신학자 칼 바르트 간의 철학적 신앙과 계시신앙의 논쟁은 참으로 대단했고 종교 다원주의가 회자되는 지금 더더욱 중요한 과제로 남아 있다.[2] 당시 야스퍼스는 바르트적인 기독교 중심의 계시신앙을 히틀러의 '정치적 독재'에 비견할 만한 '종교적 파시즘'으로 규정했고, 바르트는 이런 야스퍼스를 향해 자유란 이름하에 인간의 태생적 한계와 그리스도의 신체성을 부정한 영지주의자로 치부했다.

한때 그리스도교 수업을 받았던 가톨릭 수녀로서 카렌 암스트롱 역시 이런 신학적 논쟁사(史)를 모를 리 없을 터지만 그녀는 야스퍼스의 역사철학 논지를 이 책 『축의 시대』를 통해 종교 간 갈등으로 인해 세계평화가 위협받는 오늘의 지구촌 현실 이야기로 재탄생시켰다. 이는 저자의 비교종교학적 안목과 영성적 깊이 그리고 종교 간 평화를 위한 실천적 삶에 근거한 인문학적 성찰의 결과라 하겠다. 그러나 저자는 결코 야스퍼스를 모방하지만은 않았다. 그가 야스퍼스를 넘어서는 지점은 축의 시대에 새로운 종교적 에토스(영성)가 생겨날 수 있었던 사회, 역사적 공통 배경을 설명하는 대목에서이다. 축의 영성의 개화(開花) 속도[3]는 저마다 달랐으나 폭력이 일상이던 정황에서 인간 내면에로 방향을 돌렸던 것은 거지반 같았다는 것이 저자의 새로운 발견이었다.

이 책에서 저자는 축의 시대를 살았던 문명과 종교의 발생지인 네 민족들―인도, 이스라엘 중국 그리고 그리스―의 삶의 궤적을 추적했다. 이들 지역 간 저마다 약간의 차이가 있긴 하되 급격한 도시화, 그에 따른 사회경제적 변화 또는 전쟁과 폭력, 약탈의 시대를 살면서 그로부터 비롯한 악순환을 벗기 위해 그들이 찾은 공통적 대안이 자신의 내면의 발견이었고 그것이 종교적 에토스로 승화·발전되었음을 적시한 것이다. 주지하듯 힌두교의 경전 〈우파니샤드〉는 '베다' 시기를 거치면서 인도를 점령한 아리아인들의 거듭된 폭력적 영토정복사의 한가운데서 태동되었다. 정복자들에 의해 야기된 폭력적 갈등 상황에서 인간 삶이 '고통'(두카, dukkha)일 수밖에 없음을 분명히 알면서도 오히려 그들은 절대(무조건)적 실재와의 본성적 일치를 현실에서 강력히 갈망할 수 있었다. 이것이 바로 우주(브라만)를 자신(아트만)이라 믿으며 폭력을 승화시킨 자기 성찰의 종교, 힌두교의 탄생 배경이다. 여기서 구원 곧 '목샤'(Mokksha)는 인간의 보편적 정황인 '두카'를 전제로 이웃의 고통과 여실히 공감하는 성찰적 행위에서 비롯한다. 얼룩진 폭력으로 현실이 고통인 정황에서 우주를 자신(아트만) 속에서 만나는 자기성찰의 종교, 축의 영성[共感]이 태동되었다는 사실은 우리에게 타산지석이다.

최근 『공감(共感)의 시대』[4]를 출간한 문명비판가 제레미 리프킨이 자신의 논지 '공감'을 '축의 시대'의 그것과 중첩시킨 것도 주목할 만한 일이다. 여하튼 저자는 불교로 이어지는 인도의 종교가 더 이상 인간 밖의 인격 신이 아니라 내면적 자아를 지향했음을 강조하며 축의 시대의 아시아적 의미를 탐색하고 있다.

한편 저자는 이와 동일선상에서 이스라엘 종교의 탄생을 통찰할 수 있었다. 부제에서 언급된 대로 저자가 특별히 관심하는 인물은 슬픔과 비애의 예언자로 알려진 예레미아(B.C. 627-580)였다. 주지하듯 예레미아 당시 서아시아 지역에서 왕국들의 흥망성쇠를 지켜보면서도 통념과 다른 길을 제시했던 이질적인 예언자였다. 이스라엘이 하느님 의(義)를 외면한 채 외세의 불의한 권력에 의존하면서 거짓 평화를 누리고 있을 무렵 예레미아는 오히려 그런 이스라엘의 멸망을 눈물로 선포했던 것이다. 민족의 파멸과 멸망을 외쳐야 할 자신의 운명을 그치고 싶었으나 자신 속에서 말하는 것이 자신이 아니라 하느님인 것을 자각했으며 자신의 고통과 슬픔 역시도 하느님의 아픔인 것을 감지한 것이다. 이를 신에게 압도당한 자기 상실(비움)의 경험이라 말할 수 있을 듯하다. 급기야 바벨론 포로가 되어 국가를 잃고 하느님 법궤마저 빼앗긴 이스라엘 민족을 향해 예레미아는 외부의 적을 향한 분노에 앞서 오히려 민족 차원의 회개를 말했고 하느님 마음을 회복시키는 일, 곧 내면의 종교적 영성(회개)을 강조했다. 이 점에서 저자는 민족 내부의 폭력과 타락, 그리고 바빌론 포로기의 억압 속에서 예레미아를 비롯한 이사야, 아모스, 에스겔 등에 의해 축의 종교가 탄생했고 그것이 예수에게로 이어졌음을 역설했다.

중국에서 출현한 공자의 유교 또한 주나라 괴멸 이후 춘추전국시대의 무질서한 상황에서 비롯된 것을 모르는 이가 없을 것이다. 천명이 붕괴됨으로써 기존 제의, 예법이 무시되었고 폭압적 졸부가 양산되는 현실에서 공자는 타인과의 공감적 연대를 뜻하는 인(仁)을 설(設)했고 전혀 다른 방향에서 새로운 질서를 확립하고자 했던 것이다. 인(仁)의 다른 말인 충서(忠恕)는 주지하듯 '종일토록 자신의 마음을 들여다보고 우리에게 고통 주는 것이 무엇인지를 살피며 어느 경우든 다른 이들에게 고통 주는 것을 삼가는 마음'을 뜻한다. 폭력과 고통의 상황에서 자신은 물론 타인의 약함의 경험을 연결시켜 사유하라는 황금률인 공자의 인(仁)은 분명 축의 영성의 동아시아적 표현이었다. 유교적 차원에서 볼 때 축의 시대의 핵심은 남의 고통과 소통할 수 있는 서(恕)로서, 그 마음을 지닐 수 있다면 인간 누구라도 영적, 도덕적 존재가 될 수 있다는 영적 평등주의를 탄생시킨 것이다. 그리스의 경우도 물론 이와 조금도 다르지 않았다.

본래 목장형 풍토[5]에서 태동된 그리스 문명은 자연(우주)을 코스모스라 명(命)할 만큼 합리성의 산실이었으나 거듭된 전쟁의 와중에서 인간에 대한 잔혹사가 끝 모르게 펼쳐졌던 상처투성이의 공간이기도 했다. 이 시기 그리스의 철학자들은 비극 작가로서 비극을 통해 인간의 고통과 아픔을 정화시키고자 했다. 타자와 더불어 눈물 흘릴 수 있는 힘[共感]이 비극적 경험을 통해 생기(生起)할 수 있다고 믿은 것이다. 이런 비극적 전통과는 방식이 다르긴 했으나 소크라테스 역시 후일 '축의 시대'에 걸맞게 인간의 인식을 전환시킨 존재였다. 이전 사람들이 비극을 통해 상호간 유대와 소통을 꾀했다면 소크라테스는 타자를 향하는 대신 자신의 삶을 거듭 반성하고 질문하되 항시 알 수 없음(無知)를 인정함으로 수용적 평화를 삶으로 보였기 때문이다. 무지(無知)의 지(知)를 통해 삶의 깊은 신비를 경험할 수 있게 한 소크라테스는 인간으로 하여금 언제든 옳게 행동하는 길을 제시할 수 있었다.

이렇듯 축의 시대의 종교가 고난과 역경, 전쟁과 폭력, 즉 일체의 한계상 황 한가운데서 창발된 까닭에 종교로 야기된 오늘의 갈등과 증오, 불관용의 해결 역시 축의 시대의 종교적 통찰에 의지할 수밖에 없다는 것이 이 책의 혜안이자 주장이다. 지구 공동체의 갈등과 생태 파괴의 치유를 위해 축의 시대의 종교적 에토스(영성)를 저자는 앞서도 언급되었지만 다음과 같이 요약 정리했다. 우선 축의 시대 종교가 인간에게 남긴 가장 큰 유산을 저자는 인간 내면성에 대한 종교적 성찰이라 했다. 각각의 풍토에서 그것이 초월이든 자연이든 간에 인간 밖을 향했던 종교가 인간 내면성에 무게중심을 두기 시작했다는 사실이다. 하늘을 향한 제의·예배보다는 자기 속의 신에 대한 자각을 더욱 중요하게 여겼던 까닭이다. 동학의 언어로 말하면 향벽설위(向壁設位)가 아닌 향아설위(向我設位)의 종교로 바뀐 것이다. 인간 속의 신, 이를 소위 후천 시대의 종교적 양식이라 부르는 학자들이 있다. 예컨대 다석 유영모나 바보새 함석헌이 그렇고 얼마 전 타계한 거유(巨儒) 유승국 같은 이가 바로 그들이다.[6] 이를 근거로 차축시대 종교들은 회피할 수 없는 역사의 질곡과 삶의 고통에 진실되게 직면할 것을 가르쳤다. 아무리 울부짖어도 나라는 망했고 가진 자의 폭정은 끝을 몰랐으며 삶의 여건이 달라지지 않았던 까닭이다. 삶 자체가 고난인 까닭에 그를 회피하지 않았고 맞서 대면하라는 것이다. 자신의 고통에 충실할 때 오히려 이웃의 고난에 공감할 수 있다고 믿었으며 이는 결국 자신 속의 신의 발견이라는 새로운 영성의 빛에서 가능한 일이었다. 따라서 축의 시대 종교가들은 자신의 내면적 성찰―자기 안의 신―에 근거한 고통에의 공감, 곧 공감의 영성을 말할 수 있었다.

이를 위해 종교의 본질은 어느 지역에서건 항시 자기부정[克己]과 무관할 수 없었다. 자신을 비워야 탄식하는 소리를 들을 수 있는 것이고 세상도 옳게 세울 수 있음을 알았기 때문이다. 이스라엘 예언자들이 하느님의 소리를 토한 것도 자기 부정의 결과였고 공자의 인(仁) 역시 그와 다르지 않았으며 삶을 정화시키는 희랍적 비극의 힘 역시 같은 맥락일 수밖에 없고 탐진치(貪嗔痴)의 불꽃을 소멸시킨 니르바나의 실상과도 큰 차이가 없었던 것이다. 이 점에서 종교 창시자들은 세상의 고통에 맘껏 공감할 수 있었던 위대한 인격들로서 우리를 그 길로 부르는 구원자가 되었다. 제 뜻 버려 하늘 뜻 구한 예수, 니르바나의 길에 이른 각자(覺者)인 붓다, 극기복례(克己復禮)를 이룬 공자는 폭력이 아닌 고통에의 공감을 통해 새 길을 연 존재들인 까닭이다. 현존하는 위대한 각자(覺者)들, 즉 예수, 붓다, 소크라테스 그리고 공자를 오로지 축의 시대의 빛에서 이해할 때 그들을 창시자로 하는 종교들이 목하의 추한 현실을 벗고 제 사명을 다할 수 있다는 것이 본 책의 결론일 것이다.

그렇다면 '오늘의 종교는 왜 이런가?'에 대한 답 역시 쉽게 나올 법하다. 교리적 틀 속에 갇혀 개벽의 실상을 드러내지 못하며 탐진치의 독(毒)에 빠져 스스로를 정화시킬 수 있는 힘을 상실해 버렸고 도토리 키재기식 우월 다툼의 올무에 걸려 허우적거리고 있는 현실이 부끄럽고 또 부끄럽다. 자신이 아닌 타자를 부정하는 방식으로 자신의 정체성을 세우는 종교는 아무리 멋지게 꾸며졌다 하더라도 차축시대의 종교이길 포기한 것이다. 비록 현실 종교가 치장된 한강처럼 크고 넓어졌다 한들 그 물 마시려 머리 숙이는 사람이 없다면 그것은 사수(死水)일 뿐이다.

이 점에서 축의 시대, 축의 영성은 누구라도 고개를 떨구는 강원도 산골에서 시작된 원류로 비유될 수 있겠다. 모든 종교가 축의 시대의 원류로 돌아갈 수만 있다면 세상의 어떤 문제라도 해결 못함이 없을 것이다 그렇기에 저자는 이 책을 통해 종교로 인해 세상이 위험해진 시대, 세상이 종교를 염려하는 현실에서 축의 시대의 종교적 비전, 곧 고통을 공감하여 사랑을 실천하는 그것이 바로 자기를 넘는 초월(超越)의 길인 것을 새삼 각인시키고 있다.

저자는 이 책을 통해 종교인 각자가 자기 종교마저도 초월하는 방식으로 자신 속의 탐욕, 이기심, 증오, 폭력을 넘어서야 할 것을 요구하고 있다. 사람이 성장하여 '사랑'이 되는 방식으로의 자기 초월, 이것이 종교가 존재하는 이유이자 다른 종교를 내 종교처럼 이해할 수 있는 첩경이란 것이다.

하지만 이 책에 대한 아쉬운 점이 전혀 없는 것은 아니다. 오늘의 우리를 지난 시절의 '차축시대'로 초대하는 것보다 오늘의 시대를 두 번째 축의 시대로 인식하는 것이 더욱 필요하다는 생각 때문이다. 저자도 적시하듯 과거의 차축시대는 여성에 대한 인식이 없었고 그렇기에 축의 종교 창시자들 역시 남성들뿐이었다. 그런 이유로 '여성의 몸으로 붓다가 되기를 소망하며 절규했던 비구니 스님의 한이 가슴에 전해온다. 또한 최초의 축의 시대가 각 지역에서 인간 정신이 분화되는 과정을 보여주었다면 영성(포스트 세속)의 시대라 불리는 두 번째 축의 시대는 분화된 정신들이 통합되는 과정을 보여주어야 마땅하다는 생각 때문이다. 이는 분화되어 체계(교리)와 형식을 갖춘 종교가 아니라 본래 종교가 지향했던 원초적 영성이 그들 각각의 정체성이 될 때 가능할 수 있다고 본다. 야스퍼스가 이를 '상호불가결한 보충'이란 말로 표현했으나 이것으로도 부족하다. 종교 다원 시대에 걸맞는 새로운 영성, 명실공히 후천(後天, 개벽)의 자리에서 하나 될 종교의 모습을 우리 동양인들이 좀 더 잘 꿈꿀 수 있지 않을까? 차축시대의 종교 유산을 거지반 모두 지니고 있는 나라는 세계에서 대한민국밖에 없다. 나아가 이들을 창조적으로 통합(연결)시킨 동학, 원불교와 같은 한국적 자생 종교들도 있는 까닭에 카렌 암스트롱의 생각을 따른다면 인류의 미래를 위해 이 땅의 역할은 참으로 지대할 수밖에 없다.

여기서 필자는 기독교적 시각에서 다석 유영모를 깊이 다시금 생각하고 싶다. 기독교는 물론 유불선 모두 하늘로부터 계시 받을 것은 다 받은 종교라 믿었고 자신의 소화력으로 이들 종교를 능히 수용시킬 수 있다고 자신하며 '없이 계신 하느님'[7]을 말했던 다석의 기독교 이해는 축의 시대를 넘어서 있는 듯 보인다. 없이 계신 하느님 속에서 유불선과 기독교의 영성은 조금도 다르지 않고 다를 수 없다. 하지만 예수를 의중지인(意中之人)으로 삼았기에 기독교의 정체성 역시 그에게 포기되지 않았다. 자신의 정체성을 지키면서도 분화된 제종교를 하나로 수렴시킬 수 있었던 다석신학의 공헌은 이 점에서 의미가 크다. 다른 종교들 역시도 분화된 종교적 에토스를 통전시킬 수 있는 논리를 계발할 필요가 있다. 하지만 공감의 확장에 더 큰 뜻이 있음은 주지의 사실이다.

이 책이 말하듯 오늘 우리 시대가 공감의 시대인 것을 먼저 숙지할 필요가 있다. 중세기적 신앙의 시대도 아니고 근대 계몽주의가 표방한 이성 만능의 시대도 아닌 것이 분명하다. 본래 종교의 역할이 공감하는 인간상을 창출하는 데 있다는 것은 참으로 시의적절한 지적이다. 이 땅에 집적된 축의 종교 유산들로 인해 우리는 어느 나라보다 공감하는 인간(Homo Empatipicus)을 새로운 종교인의 모습으로 양육하는 과제를 품어야 할 것이다. 축의 종교들 그것은 우리의 과거이지만 그것을 망각하면 인류의 미래도 없다는 자각이 필요한 때이다.

다음으로 인간의 고통에 깊이 관여하는 것이 공감의 구체적 표현이자 종교인의 기본 삶인 것을 재천명해야 한다. 애시당초 종교는 인류의 고통 속에서 생기(生起)했던 것이기에 인류가 당면한 고통에 세속의 어느 단체, 어떤 이념보다 한걸음 먼저 다가서야 한다는 것이다. 북한을 돕는 물꼬를 먼저 여는 것도 한국적 상황에서 대단히 중요한 종교인들의 과제이다. 고통 앞에서 교리, 교파를 떠나 의연히 하나 되는 모습을 앞서 보여주는 것이 각각의 종교가 사는 길이기도 하다. 핵 에너지의 위험을 직시하되 원전 반대 차원을 넘어 종교인들의 구체적 삶의 양식을 달리 만드는 공동의 실천 강령을 채택하는 일도 긴급한 사안이라 생각한다. 아울러 구제역 파동을 겪으면서 우리는 인간의 삶 깊숙이 파고든 '죽음 밥상'의 실상을 종교적 감수성을 갖고 파헤쳐서 문명비판적인 '생명 밥상' 창출의 길을 함께 만들어 가는 것이 옳다. 이를 위해 종교인들은 세상에 자기 부정의 길을 보여주어야 한다. 세상을 감동시키는 종교의 모습이 있어야 종교의 미래가 있다. 종교에 자기 부정이 없다면 그것은 종교일 수 없다. 만약 범종교적 차원의 회개(정화)운동이 사회를 향해 펼쳐질 수 있다면 그것은 새로운 감동이 될 듯하다. 물론 자기 부정의 구체적 실례가 언급되고 그 구체적 로드맵이 종단 차원에서 제시되어야 한국 사회가 종교를 믿고 기다리며 끝까지 따라 줄 것이다. 이를 위해 우리는 각 종교의 창시자들의 정신세계와 실천적 삶의 모습을 더욱 철저하게 배우고 자신 속에 동화시킬 필요가 있다. 창시자들의 정신세계와 합일할 수 있는 삶의 동시성이 요청된다는 말이다. 창시자들의 삶의 재현을 위해 선의의 경쟁도 필요하다. 더 중요한 것은 이웃종교의 정신세계 자체를 충족히 배우는 일이다. 따라서 이웃종교인들과 며칠간이라도 함께 살며 수행을 배우고 경전을 읽는 삶을 나누는 획기적 프로그램이 제시되었으면 좋겠다.

주지하듯 2013년 세계교회협의회가 한국 부산에서 열린다. 세계 기독교인들의 대잔치를 주관하는 개최국이 된 것이다. 서구 기독교인들에게 한국의 종교인들의 활동 상황을 구체적으로 알려 서구 중심적 종교 이해의 틀을 벗겨 내야 할 과제를 갖게 된 것이다. 독립 선언 당시 종교를 달리했던 지도자들이 나라를 걱정하여 뭉쳤던 그 전통을 세계 교회가 알아야만 한다. 앞서 언급한 다석 이외에도 백범 김구 선생의 통전적 삶 역시 한국인에게 가능했음을 알려야 한다. 주지하듯 민족의 운명과 삶을 같이 했던 백범 김구는 본래 유교인이었으나 평등을 추구하는 동학의 접주가 되었고 이후 불교 승려로 살기도 했지만 기독교인이 되어 신학문을 받아들였고 민족 독립을 위해 자신의 삶을 바친 분이었다. 이처럼 백범 속에 민족의 종교성 일체가 녹아내렸다는 사실은 민족에 대한 그의 사랑의 척도를 가늠케 한다. 당시 그와 정적이었던 이승만 대통령이 기독교를 배타적으로 추종한 신앙인이었던 것과 잘 비견될 수 있고 이 시대의 지도자 MB와 견줘도 크기와 정당성에 있어 변별된다. 백범의 다음 말은 다원화된 현실의 문제를 풀어가는 데 커다란 실마리가 될 것이다. "…우리가 세우는 나라에는 유교도 성하고 예수교도 자유로 발달하고… 이러한 자유의 나라에서만 인류의 가장 크고 높은 문화가 발생할 것이다.[8] 여기서 중요한 것은 민족애를 위한 공감의 확장이다. 우리 시대가 공감의 시대이며 공감적 인간상을 국가와 세계를 위해 양육하는 것이 종교의 사명임을 백범식으로 설명한 것이다. 백범의 다음 말 또한 목하(目下) 위정자들의 가슴속에 새겨지면 좋을 듯하다.

"어느 하나의 학설을 표준으로 하여 국민의 사상을 속박하는 것은 어느 특정한 종교를 국교로 정하여서 국민의 신앙을 강제하는 것과 마찬가지로 옳지 않은 일이다."[9]

두 번째 축의 시대를 열어가기 위하여

이 찬 수 서울대 통일평화연구원 HK연구교수

1. 들어가는 말

유신론자들은 '신이 있다'고 믿는 사람들이다. 신을 절대자라고 규정하기도 한다. '신은 존재하지 않는다'는 무신론자의 주장에 대해 발끈하거나 자신이 믿는 신을 다른 종교의 신과 비슷한 차원에 두면 불쾌해 한다. 그러면서 '신은 존재'하며 '절대자'라고 강변하곤 한다. 하지만 역설적이게도 그러한 강변이 도리어 신을 상대성의 영역에 떨어뜨린다는 사실을 인식하지 못하는 경우가 많다. '있다'는 말과 '없다'는 말이 상대적인 언어라는 사실을 생각하지 못한다. 신은 존재한다고 주장하면서 자기도 모르는 사이에 신을 여러 가지 것들 중 하나로, 그런 의미의 상대적인 것들로 만들어버리는 모순을 범하고 있는 것이다.

'상대(相對)'는 '서로(相) 마주한다(對)'는 뜻이다. 서로 마주함으로써만 자기 정체성이 확인되는 존재에게 쓰이는 용어이다. 가령 부모는 자식을 마주함으로써만 부모이고 자식은 부모를 마주함으로써만 자식이다. 서로가 서로를 필요로 하고 서로 마주함으로써만 존재하는, 상대적 존재들이라는 뜻이다.

마찬가지로 '있다'는 '없다'의 상대적 개념이고, '없다'는 '있다'의 상대적 개념이다. 따라서 신이 '있다'거나 '없다'거나 모두 신을 상대성 차원에 둔 논쟁이기는 마찬가지이다. 신을 상대적 존재 차원으로 함몰시켜버리고서 어찌 신이 절대자라고 주장할 수 있겠는가. 신은 이러한 차원을 넘어선다. 상대성에 매몰되지 않기에 신이라 할 수 있는 것이다. 종교들 사이에서 벌어지는 갈등은 주로 이러한 사실을 알지 못하거나 오해하는 데서 비롯된다.

문제는 신을 믿는 종교인 상당수가 상대적 신관을 벗어나지 못하고 있다는 것이다. 자신의 신 개념이 절대적이라 주장하지만, 그러한 주장 자체가 상대적일 수 있다는 사실을 의식하지 못한다. 신은 내 생각이나 경험에 갇히지 않는다. 양식 있는 신부나 목사 혹은 신학자가 신에 대한 적절한 이해로 인도할 수는 있지만, 신은 그들의 신앙이나 해설 속에도 갇히지 않는다. 그래서 신은 초월자이기도 하다.

신이 초월자라는 말은 누구도 신에 대한 인식을 독점할 수 없고, 신에 대한 이해가 다양할 수밖에 없다는 뜻이다. 종교적 진리의 다양성을 인정해야 한다는 뜻이다. 신이 절대자라고 한다면, 그때의 '절대'는 '마주하고 있는 것'[對]을 '끊는다'[絶]는 뜻이다. 마주하고 있는 것을 끊었기에 어떤 것에도 매이지 않으며, 따라서 절대는 자유이고 초월이다. '절대' 앞에서 인간은 겸손할 수밖에 없다. 신을 향한 다양한 구도 과정과 결과를 존중해야 하는 것이다. 내가 아는 것이 신의 전부가 아닐뿐더러, 신의 존재 방식은 다양할 수밖에 없기 때문이다. 인간이 타자를 존중하는 도덕적 자세를 갖추어야 할 이유도 여기에 있다.

이러한 신관은 철학자 칼 야스퍼스(1883-1969)가 "축의 시대"(Axial Age)라고 명명한 시절부터 그 사상적 단초가 놓여 있었다. 야스퍼스는 인류의 정신에 자양분이 될 위대한 전통이 기원전 900년부터 기원전 200년 사이에 집중적으로 탄생했다는 사실을 발견하고는 이 시기를 "축의 시대"라고 명명했다. 종교학자 카렌 암스트롱(1944~)이 야스퍼스의 시대 규정에 동의하며 정리한 바에 따르면, 묘하게도 중국의 유교와 도교, 인도의 힌두교와 불교, 이스라엘의 유일신교, 그리스의 철학적 합리주의가 이 축의 시대에 태동했다. 붓다, 소크라테스, 공자, 예레미야, 〈우파니샤드〉의 신비주의자들, 맹자, 에우리피데스 등이 축의 시대 대표적인 현자들이다. 이들의 사상이 후에 랍비 유대교, 기독교, 이슬람 등으로 개화했다고 암스트롱은 본다.

이 글에서는 암스트롱이 종합 정리한 "축의 시대"의 사상적 특징을 중심으로, 오늘날 기독교인은 어떤 신관을 지녀야 하는지, 타자에 대한 태도는 어떠해야 하는지, 그리고 한국의 대표적인 종교연합기구인 한국종교인평화회의는 종교 대화와 관련하여 어떤 자세를 지녀야 하는지, 그 일단을 살펴보도록 하겠다. 전체적으로는 축의 시대가 보여준 통찰이 오늘의 기독교인에게는 어떻게 수용되어야 하는지에 초점을 두고 글을 전개하겠다.

2. 자비의 윤리

인류가 축의 시대에 진입하기 이전의 종교 상황은 어땠을까. 암스트롱에 따르면, 축의 시대 이전 인류는 대체로 다신교적 세계관 속에서 최고신을 믿었다. 최고신이라지만, 그 최고신도 더 큰 우주적 질서에 종속되는 존재였다. 최고신조차도 따라야 하는 더 큰 질서가 있었다. 고대인들에게는 이러한 우주적 질서를 유지하는 것이 중요했다.

우주적 질서의 회복을 위해 동물을 희생 제물로 바치곤 했다. 질서를 유지하는 힘이 고갈되어 간다 싶으면 동물을 드리는 희생 제사를 통해 그 힘을 재생하려고 했다. 세상도 태초에 어떤 희생이 있었기에 생겨났다고, 예를 들면 창조주가 용을 죽여 혼돈을 제거하고 질서를 가져왔다고 믿기도 했다.

그러다가 동물을 제물로 바치는 행위만으로 세상의 질서가 정비된다는 생각을 벗어나기 시작했다. 제의적 가치를 인정하면서도, 거기에 윤리적 의미를 부여했다. 정신 생활의 중심에 도덕성이 있어야한다고 본 것이다. 이 시기의 종교적 천재들은 하느님, 브라흐만, 도

(道)는 주어진 규칙에 따라 형식적 제사를 시행한다고 만날 수 있는 것이 아니라, 자비로운 삶을 살 때 만나질 수 있는 것이라고 가르쳤다. 이 시기 랍비 유대교에서는 이런 시각을 기반으로 진보적인 영성을 발전시켰다.

> 그(랍비)들은 이스라엘 전체를 사제들의 신성한 나라로 불러야 하며, 신은 성전만이 아니라 가장 초라한 집에서도 경험할 수 있다고 믿었다. 신은 일상 생활의 아주 작고 세밀한 것들 속에 존재하며, 유대인은 정교한 제의 없이 신에게 다가갈 수 있었다. 동물 희생보다는 자비의 행동으로 죄를 씻을 수 있었다. 자선은 율법 가운데 가장 중요한 계명이었다.[1]

축의 시대 현자들이 했던 정신적 탐구의 결론은 거의 같았다. 그들 모두 "자비의 윤리"를 주장했으며, 사람들의 신앙이 깊은 수준에서 일치한다는 사실도 발견했다. 타자에 대한 공감과 연민이 그 핵심에 있다. 예루살렘이 무너지고 유대인이 바빌로니아로 강제 추방된 바빌로니아 포로기에 도리어 화해와 비폭력의 사상을 발견한 것이나,[2] 과거 이집트에서의 떠돌이 시절을 기억하면서 나그네를 존중하는 윤리로 발전시킨 일들은 과거의 고통스런 기억을 단순히 삭제하지 않고 "네가 하고 싶지 않은 일은 남에게도 하지 말라"는 보편적 황금률로 발전시킨 근거가 된다.[3] 황금률 속에 상대방을 자신에 비추어 생각하고 대할 줄 아는 자비의 정신이 잘 담겨 있다.

나아가 기원전 6세기 인물인 제2이사야의 경우는 자기 희생을 통해 폭력의 순환 고리를 끊음으로써 신의 뜻을 실현하려는 이의 모습을 이렇게 묘사했다. 그것은 한쪽 뺨을 맞으면 다른 뺨도 돌려대는 방식이다.

나는 거역하지도 아니하고 꽁무니를 빼지도 아니한다. 나는 때리는 자들에게 등을 맡기며 수염을 뽑은 자들에게 턱을 내민다. 나는 욕설과 침 뱉음을 받지 않으려고 얼굴을 가리지도 않는다. (이사야 50,5-6)

그는 우리가 앓을 병을 알아주었으며 우리가 받을 고통을 겪어 주었구나. 우리는 그가 천벌을 받은 줄로만 알았고 하느님께 매를 맞아 학대받는 줄로만 여겼다. 그를 찌른 것은 우리의 반역죄요 그를 으스러뜨린 것은 우리의 악행이었다. (이사야 53,4-5)

위 구절들은 상존하는 고난을 거절하지 않고 도리어 내적으로 수용하고 고양시키는 모습을 보여준다. 나아가 신의 자비심은 온세상의 고난을 외면하지 않을 만큼 보편적이라는 생각도 등장한다.

나는 너를 만국의 빛으로 세운다. 너는 땅 끝까지 나의 구원이 이

르게 하여라. (이사야 49,6)

자비가 히브리어로 생명의 양육, 살림, 포용을 의미하는 라하밈 (rahamim)이라면, 스스로 고통을 거절하지 않고 온 세상을 끌어안는 자세는 전형적인 자비심의 발로이다. 영어 어원에 따르면, 자비는 '고난(passion) 함께(com)' 라는 뜻이다. 불교에서 말하는 자비는 기쁨을 함께해 키워 주고慈, 슬픔을 함께해 줄여 주는悲 자세이자 행위이다. 이런 사례에서 보듯이, 축의 시대 현자들에게 종교는 사실상 자비의 정신 내지 실천과 직결되었다. 축의 시대 현자들에게 "자비와 모든 이에 대한 관심은 최선의 정책이었다."[4]

3. 내면의 발견

이런 식으로 축의 시대를 지나면서 인류는 나와 너를 연결해 주는 보편적 윤리와 가르침들을 확인해 갔다. 축의 시대 사상가들은 이런 원칙을 자기 자신이나 자기 민족에만 제한하지 않고서 누구에게나 해당되는 보편적 가르침으로 이어 갔다. 이러한 정신이 불교, 유교, 기독교, 이슬람 등 세계적 종교의 탄생으로 이어진 것이다. 축의 시대 이후에 성립된 신약성서 가운데 "모든 것은 그분에게서 나오고 그분으로 말미암고 그분을 위하여 있습니다." (로마서 11,36)와 같은 구절은 만물의 근원을 상상하고, 만물에 두루 통하는 보편적 지향성의 세계를 의식하고 있는 전형적인 사례이다. 축의 시대에 발견된 보편성의 구체적인 표현이라 할 만하다. 축의 시대 현자들로 인해 인간은 새로운 차원을 살아낼 수 있는 기회를 얻게 되었다고 할 수 있다.

암스트롱에 의하면, 이러한 축의 시대의 특징은 한마디로 '내면의 발견'에 있다. 인간 '밖'에 혹은 '높이'에 있는 신에게 제사를 드리며 그 효과를 누리려는 자세로부터 인간의 내면에서 진리의 기준을 찾는 방식으로 전환한 것이다. 초월적 진리가 구름 너머 하늘에 있는 것이 아니라, 인간 내면 안에 두루 갖추어져 있다는 사실을 인식하게 된 것이다. 고대 이스라엘에서 그러한 인식을 구체적으로 한 이는 예레미야(기원전 627-580)라고 할 수 있다.

예레미야는 고대 이스라엘이 북 이스라엘과 남 유다로 분단된 이후 주변 강대국들의 흥망성쇠를 지켜보았고, 그 과정에 남 유다가 당하는 어려움을 직접 경험했다. 특히 남 유다가 바빌로니아에게 멸망당하기 직전 예레미야는 유다가 신의 정의를 외면하고 외세의 불의한 권력에 기생하면서 거짓 평화를 누리는 모습을 목도하고는 회개하지 않으면 유다는 곧 망할 것이라며 눈물로 충고했다.

그러면서도 유다가 망해도 신은 유다에게 사라지지 않을 새로운 법을 줄 것이라며 희망적인 예언도 함께 했다.[5]

앞으로 내가 이스라엘과 유다의 가문과 새 계약을 맺을 날이 온다.

나 야훼가 분명하게 일러둔다. 이 새 계약은 그 백성의 조상들의 손을 잡아 이집트에서 데려 내오던 때에 맺은 것과는 같지 않다. 나는 그들을 내 것으로 삼았지만, 그들은 나와 맺은 계약을 깨뜨리고 말았다. 귀담아 들어라. 그날 내가 이스라엘 가문과 맺을 계약이란 그들의 가슴에 새겨줄 내 법을 말한다. 내가 분명히 말해 둔다. 그 마음에 내 법을 새겨주어, 나는 그들의 하느님이 되고 그들은 내 백성이 될 것이다. 내가 그들의 잘못을 다시는 기억하지 아니하고 그 죄를 용서하여 주리니, 다시는 이웃이나 동기끼리 서로 깨우쳐주며 야훼의 심정을 알아 드리자고 하지 않아도 될 것이며, 높은 사람이나 낮은 사람이나 내 마음을 모르는 사람이 없으리라. 이는 내 말이라, 어김이 없다. (예레미야 31,31-34)

예레미야는 바빌로니아에게 주권을 내주게 된 민족적 위기 상황 속에서 외부의 적을 향해 분노를 표출하는 방식이 아니라, 내면의 회개로 눈을 돌렸다. 이때 회개란 신의 마음을 회복하는 일, 즉 내면의 종교적 영성을 회복하는 것이었다. 고통과 위험 속에서 흔들리거나 넘어지지 않고 새롭게 발견한 진리였다. 진리는 내면에 있으니 무너질 것도 없고 사라질 이유도 없다는 것이다. 당시의 세계관에 비추어 보면 혁명적인 선언이다. 당시 신성하게 받들어지던 모세의 율법과는 다른 차원의 세계관이었기 때문이다.

상상할 수 있다시피, 모세의 율법은 인간의 노력을 전제로 하는 조건적인 약속이었다. 모세의 율법은 인간이 정해진 행위를 하면 신이 그에 어울리는 대가를 베푼다는 형식을 하고 있다. 인간이 신께 다가가려면 정해진 율법을 지켜야 했던 것이다. 하지만 실제로 유대인은 율법을 충실히 지킨 적도 없었고, 따라서 신께 전적으로 나아간 적도 없었다. 오히려 율법이 굴레가 되어, 율법에 매어 그 본뜻을 이루지 못하고 살아갈 뿐이었다(예레미야 31,32b). 예레미야가 '마음에 새겨진 하느님의 법'에 대해 말한 것은 형식적인 법으로는 구원에 이를 수 없다는 것을 함축한 것이기도 했다.

4. 다름의 존중

새로운 법은 돌판에 새겨진 문자가 아니라, 유다인들의 마음에 새겨진 살아 있는 법이었다(예레미야 31,33a). 마음 안에 있으니, 사람은 외적 기준에 따라 정죄되지 않는다. 용서받지 못할 죄악이랄 것도 없다(31,34c). 이러한 기준대로라면, 작은 자나 큰 자나, 높은 자나 낮은 자가 따로 있지 않다. 이들이 이미 신을 알고 있기 때문이다(31,34b). 신이 주신 법을 이미 알고 있으니 이제부터 알아야 한다고 새삼스럽게 강조할 이유도 없다(31,34a).

모세의 율법이 인간의 노력을 전제로 하는 조건적 구원론이었다면, 이 새로운 법에는 조건이 없다. 신이 인간에게 먼저 다가온 것이다. 이런 점에서 진리라는 것은 사람의 외부에서 형식적 규칙에 따라 결정될 수 있을 성질의 것이 아니다. 내면에 새겨진 진리는 밖에서 강탈할 수 없다. 돌판에 새겨진 율법은 부서질 수 있고, 종이에 새겨진 율법은 빼앗길 수도 있지만, 마음에 새겨진 법은 그 자체로 든든하다. 문자와 물건으로 된 언약궤는 사라질 수 있지만, 마음에 새겨진 신의 법은 빼앗길 수도 없고, 사라지지도 않는다. 그거 하나 붙들면 세상이 든든하다. 진정한 주체성의 발견인 셈이다.

진리가 누구에게나 내면화되어 있다면 타인을 존중하지 않을 수 없다. 그 타인 역시 신적 자비의 대상이기 때문이다. 가령 축의 시대의 다른 문헌인 〈요나서〉에서는 신이 이스라엘 백성을 멸망시킨 이민족도 사랑의 대상으로 삼는다. 요나가 "신을 믿는 백성"을 무너뜨린 "신이 없는 도시"의 상징 니느웨야말로 천벌을 받아야 할 곳으로 생각하고 있을 때 신은 이렇게 말한다:

이 니느웨에는 앞뒤를 가리지 못하는 어린이만 해도 십이만여 명이나 되고 가축도 많이 있는데, 내가 어찌 이 큰 도시를 아끼지 않겠느냐?(요나 4,10-11)

앞뒤를 가리지 못하는 어린아이를 개신교 개역성서에는 '좌우도 분별하지 못하는 사람'으로 변역해 놓고 있다. 이것은 선악을 판단하지 못하는 무지한 자라는 뜻도 되고, 공동번역성서에서처럼, 미숙한 어린아이라는 뜻도 된다. 어떤 번역이든 근본 의미는 크게 달라지지 않는다. 중요한 것은 인간은 바로 그런 이유 때문에 그런 사람을 무시하지만, 신은 바로 그런 이들이기 때문에 사랑한다는 것이다. 그것이 신의 마음이라는 것이다. 신을 모른다고 해서, 타종교인이나 무종교인이라고 해서, 심지어는 실정법을 어겼다고 해서 구원이 없다고 함부로 말해서는 안 된다. 우상을 숭배한다며 일방적으로 저주해서도 안 된다. 타락한 지역 안에 있다고 해서 모두 구원과 상관없는 냥, 함부로 판단해서도 안 된다. 신의 마음을 꿰뚫은 듯 처신하다가 교만에 빠지기 쉬운 존재가 인간인 것이다. 이런 것들, 특히 타인의 고통에 대한 공감과 연민은 축의 시대의 중요한 통찰이다.

하지만 오늘날도 여전히 다수가 자신의 내면보다는 외부의 사물에 흔들린다. 목사나 신부도 신적 진리를 내적 마음보다는 문자나 조직 혹은 기성 권위에서 찾는다. 신자들은 목사의 설교에서, 바이블의 문자에서 찾는다. 그렇지 않으면 불안해 한다. 마음에 하늘의 법이 새겨져 있다면 불안하거나 두려울 이유도 없을 텐데, 2천6백여 년 전에 선포된 진리를 여전히 살아내지 못하고 있는 것이다.

그런 점에서 오늘날도 여전히 축의 시대의 통찰을 넘어서지 못하고 있다는 암스트롱의 지적은 정당하다.[6] 오늘날 "과학과 기술의 천재들"은 넘쳐나지만, "영적 천재들"은 축의 시대에 비하면 "미발달 상태"인 경우가 많다.[7] 과학기술의 발전으로 세계화는 급속히 이루어졌지만, 의식은 그만큼 세계화하지 못했다. 세계화한 의식을 계발해야 할 과제가 오늘 우리들에게 주어져 있는 것이다. 오늘날 기독교인은 정말 자신 안에 새겨진 신의 법을 의식하고 깨닫고 그와 하나가 되어 살 수 있을까.

5. 신 인식의 변화

이미 보았듯이, 신의 법이 마음 안에 새겨졌다는 것은 신이 모든 판단의 근거이면서도 인간에 의해 판단된 신 이해에는 상대성이 있다는 뜻이기도 하다. 동시에 신에 대한 인간의 호칭도 다양할 수밖에 없다는 뜻이기도 하다. 실제로 성서에서는 신에 대한 이해의 정도가 다양했고, 신에게 붙여진 이름도 다양했다는 사실을 알 수 있다. 성서에서는 신의 이름이 바뀌어 온 사례가 다음과 같이 나온다:

> 나는 야훼다. 나는 아브라함과 이사악과 야곱에게 전능의 신(엘 샤다이)으로 나를 드러낸 일은 있지만 야훼라는 이름으로 나를 알린 일은 없었다. (출애굽기 6,2-3)

이 구절의 역사적 의미인즉, 과거에는 신의 이름을 씨족장의 이름을 따서 부르다가,[8] 점차 '엘', 구체적으로 '엘 샤다이'(전능의 신) 등으로 부르게 되었고,[9] 이후에는 '야훼'라고 불렀다는 뜻이다. 신에 대한 호칭이 역사에 따라 달라졌다는 것이다.

호칭이 달라졌다는 것은 사람들의 신관이 달라졌다는 뜻이다. 엘은 한때 가나안의 최고신이었으나 후속 세대들은 점차 바알 신앙을 갖게 되었다. 그리고 고대 이스라엘에서는 가나안의 바알에 큰 영향을 받다가 점차 자신들만의 신을 찾기 시작했으며, 그것을 야훼라고 불렀다. 이름은 달라졌지만, 그 이름이 갑자기 하늘에서 뚝 떨어진 것은 아니다. 오랜 역사적 경험과 과거의 영향력은 어쩔 수 없어서 당시 야훼는 속성상 바알과 크게 다르지 않았다. 암스트롱은 이렇게 정리한다.

> 가나안에서 엘은 결국 최고신 대부분과 같은 운명을 맞아 기원전 14세기에 엘 숭배는 시들해졌다. 대신 사람들은 역동적인 폭풍의 신이자 신성한 전사인 바알을 섬기기 시작했다. 바알은 전차를 타고 하늘의 구름 위를 돌아다녔으며, 다른 신들과 싸움을 했고, 생명을 주는 비를 내렸다. 초기에 야훼 숭배는 바알 숭배와 아주 흡사했다.… 성경의 아주 오래된 텍스트에서는 야훼도 바알처럼 신성한 전사로 등장한다.[10]

바알에 대한 선이해 속에서 고대 이스라엘에서는 야훼도 '전쟁의 신'(야훼 사바오트)으로 간주했다. 오늘날 기독교인들이 야훼 신앙을 유일신 사상의 전형으로 간주하는 경향이 있지만, 신을 야훼라고 부르던 시절도 다신교적 세계관에서 완전히 탈피한 것은 아니었다. 초기의 야훼는 신들의 모임에 속한 '신성한 자들' 또는 '엘의 아들' 가운데 하나일 뿐이었다.[11] 그 신들 가운데 야훼가 유력한 역할을 수행했을 뿐이다.

그러면서도 한편으로 야훼에게 새로운 점이 있다면 자연현상과는 분리된 존재이기도 했다는 것이다. 자연현상을 신으로 간주하던 다신교적 자연신론 시대와는 어느 정도 다른 양상을 보여준다. 가령 이 시절 성서는 이렇게 묘사한다.

> 야훼께서 지나가시는데 크고 강한 바람 한 줄기가 일어 산을 뒤흔들고 야훼 앞에 있는 바위를 산산조각 내었다. 그러나 야훼께서는 바람 가운데 계시지 않았다. 바람이 지나간 다음에 지진이 일어났다. 그러나 야훼께서는 지진 가운데도 계시지 않았다. 지진 다음에 불이 일어났다. 그러나 야훼께서는 불길 가운데도 계시지 않았다. 불길이 지나간 다음, 조용하고 여린 소리가 들려왔다. 엘리야는 목소리를 듣고 겉옷 자락으로 얼굴을 가리고 동굴 어귀로 나왔다.(열왕기상 19,11-13)

야훼는 자연 자체가 아니었다. 야훼는 더 이상 격렬한 자연의 힘이 아니었다. 야훼의 "조용하고 여린 소리"라는 역설적 표현 속에서 기존 자연적 힘으로서의 신의 수준을 넘어섰다. 신에게서 자연의 너머, 즉 초월성을 발견한 것이다. 암스트롱에 의하면, "야훼는 자연 세계에 내재한 신성을 드러내는 대신 분리되어 다른 존재가 되었다."

면서, 이것을 "축의 시대의 초월적 돌파"(transcendental breakthrough)라고 규정한다.[12] 축의 시대에 이르러 신관의 초자연성이 드러나기 시작한 것이다.

6. 유일신론와 택일신론

이렇게 초기의 야훼는 여러 신들 가운데 유력한 신이었다. 그러다가 점차 야훼만을 섬기는 이들이 등장하면서 유일신 사상의 흔적이 보이기 시작했다. 그 흔적은 기원전 9세기 인물인 엘리야(야훼는 나의 신)에게서도 보이지만,[13] 야훼만 섬기는 자세는 기원전 6세기 말경에 이르러 분명해진다.

> 그러면 이제 여러분은 여러분 가운데 있는 남의 나라 신들을 버리고 이스라엘의 신 야훼께 마음을 바치시오. (여호수아 24,19-20, 23)

이스라엘이 가나안의 세계관과 단절하고 자기들만의 길에 나서면서, 야훼만을 전적인 섬김의 대상으로 삼기 시작했다. 축의 시대 사상가인 이사야는 "인간의 힘, 외국과 맺은 동맹, 군사적 우세에 의존하지 말고 야훼에게 의존하라고 말한다. 오만하게 인간의 군대나 요새에만 의존하는 것이 우상 숭배"라는 것이다.[14] 야훼만 섬겨야 한다는 실천적 차원의 유일신 사상이 제기되고 있는 것이다.

이러한 유일신 사상은 야훼 이외의 다른 신은 인정하지 않거나 전혀 없다고 보기보다는, 다른 신들도 어느 정도 인정하면서도 야훼만을 '유일한 신처럼' 섬기는 자세를 보여주는 그런 사상이다. 그런 점에서 이때 야훼 신앙은 '유일신론'이라기보다는 사실상 '택일신론'(henotheism, 여러 신들 가운데 한 신을 유일한 신처럼 택해 숭배하는 자세)의 모양새에 가깝다.[15]

> 너 이스라엘에 들어라, 우리의 하느님은 야훼시다. 야훼 한 분뿐이시다. (신명기 6,4-6)

기원전 6세기경 인물인 제2이사야는 야훼야말로 바빌로니아의 생명 없고 무기력한 우상적 신들과는 다르다고 말한다: "내가 야훼다. 누가 또 있느냐? 나 이외에 다른 신은 없다."[16]

이때의 '야훼 한 분뿐'이라거나 '나 이외에 다른 신은 없다'고 말하는 사람들에게서는 다른 신들을 절멸시키고 홀로 제왕적 지위를 획득한 공격적 유일신 이미지가 보인다. 구약성서에서 '유일신'이라고 할 때는 대체로 야훼만 섬기겠다는 실천적 일신론 혹은 다른 신들을 부정하는 배타적 일신론의 분위기가 보인다.

물론 그렇다고 해서 다른 신들의 존재까지 부정했던 것은 아니다. 앞에서 보았듯이, '야훼 한 분뿐'이라는 말 속에는 다른 신들이 전제되어 있다. 다른 신이 아닌 야훼만을 섬기겠다는 헌신적인 실천의 표명인 것이다.

이처럼 야훼에 대한 이해는 바알 등 다른 신들에 대한 이해가 반영되며 형성되었을 뿐만 아니라, 고대 이스라엘에서 신앙의 대상은 여러 가지로 분화되어 왔다. 신의 이름과 신앙의 대상이 '엘', '바알', '야훼'로 변천해 왔다는 말이다. 그 이름의 차이만으로 보면 '엘'의 종교와 '야훼'의 종교는 서로 다르다고 할 수 있을 정도이다. 엘, 바알, 야훼도 변화의 역사를 지니는 것이다.

그럼에도 불구하고 성서에서는 과거에 '엘'이라고 스스로를 드러낸 신이 이제는 '야훼'로 스스로를 드러낸다고 한다. 그러면서 그렇게 드러낸다고 말하는 주체가 같은 '나'라고 말한다. 성서의 저자가 보건대 엘이나 야훼나 겉 이름은 다르지만, 실제로는 같다는 뜻이다. 신에 대한 이름이 다른 만큼 다른 종교라는 딱지를 붙여 놓을 수도 있겠지만, 그럼에도 불구하고, 엘과 야훼는 같은 신이라는 것이다.

신약성서에 이르면 신관에 급격한 전환이 보인다. 신약성서에서 야훼라는 이름은 전혀 등장하지 않는다. 신의 이름을 함부로 부르지 말라는 십계명에 따르다가 유대인들 사이에 야훼라는 이름 자체가 사라졌기 때문이다. 예수는 야훼라는 이름을 몰랐다. 신을 '아버지', 구체적으로 '하늘에 계신 아버지' 내지 그저 '신'으로만 불렀다. 특히 예수에게 아버지라는 표현은 친근감, 자비, 사랑, 생명의 원천 등의 의미 내지 이미지를 지닌다. 신을 두려워하며 성립된 종교, 즉 일반 유대교와는 다른 신관을 지닌 셈이다.

물론 예수도 유대교의 역사를 공유하는 전형적인 유대인이었다. 유대인 예수가 유대교 전통의 연장선에서 신을 엘이나 야훼가 아닌 아버지로 부른 것이다. 그렇다면 '엘', '야훼', 그리고 예수의 '아버지'는 같은 존재인가 아니면 다른 존재인가. 같다고만 할 수도 없고, 다르다고만 할 수도 없다. 중요한 것은 다양한 이름들 속에서 불연속적 연속성, 혹은 연속적 불연속성을 볼 수 있어야 한다는 것이다.

7. 야훼, 상제와 천주

한국에서는 신을 오랫동안 하늘, 하느님, 상제, 천, 신, 천지신명, 도(道), 법(法), 리(理) 등으로 불렀다. 그리스도인이 된 사람들은 신을 하느님, 하나님 또는 천주(天主)라고 불러오고 있다. 이 가운데 '천주'는 중국에 기독교를 전한 예수회 선교사 마테오 리치가 라틴어 'Deus'를 거의 창작하다시피 번역한 언어이다. 사실상 창작된 이름 '천주'는 '엘'과 같은 신일까 다른 신일까. 기독교와 관계없이 오랫동안 '상제'라고 불리던 신과 한국 기독교인에 의해 '하느님' 또는 '하나님'이라고 불리는 신은 다른 신일까 같은 신일까. 중국어 성경에서의 신은 '상제'이다. 중국식 '상제'와 엘, 야훼 등 다양한 신명(神名)과의 관계는 어떻게 보아야 할까. 분명한 것은 어떤 이름이든 이름 자체는 이름이 가리키는 실재를 온전히 담아내지 못한다는 것이다. "이름이 특정하게 붙여질 수 있다면 그것은 영원한 이름이 아니라."(名可名非常名, 도덕경)고 하지 않던가.

엘이든 야훼든 히브리식 이름이다. 신이 다른 문화권에서 다른 이름으로 불리는 것은 자연스럽다. 바울로가 아레오파고에서 종교심이 강한 그리스인이 여러 신들 가운데 이름 모를 신에게 바쳤던 신전 앞에서 그 이름 모를 신이 바로 예수의 하느님이라고 설교한 적이 있는데(사도행전 17,22-27), 그것도 신명의 다양성의 한 사례이다. 그리스인들이 그저 부른 신 이름도 바울로가 보기에는 예수가 아버지라고 부른 존재와 연장선에 있었다. 이렇게 특정 이름이 그 이름이 지시하는 실재를 온전히 다 드러낼 수는 없을뿐더러, 신의 이름이 다양할 수밖에 없다는 것은 자명하다.

기독교라는 이름도 '기독'의 의미와 '하느님'이라는 실재를 온전히 담아 내지는 못한다. 그러니 언어가 좀 다르게 나타난다고 해서, 쉽사리 차별적인 생각을 가져서는 안 된다. 그리스도인이라면 시대와 상황에 따라 신적 존재에 붙여진 다양한 이름들을 초월적 존재가 스스로를 드러내는 방식의 다양성으로 볼 수 있어야 한다. 다양성 속에서 다양성을 통해 작용하는 신의 모습을 읽어내고, 삶 속에서 구체화시켜 내야 할 일만 남은 것이다.

8. 불연속적 연속, 연속적 불연속

유대인들에게만 알려진 신 혹은 유대인들만이 부르던 신의 이름만이 옳은 것은 아니다. 그것만으로 어찌 진정한 의미의 유일자, 근원자, 보편자로 삼을 수 있겠는가. 진정한 보편자, 그런 의미의 유일자라면, 역사와 문화, 환경에 따라 여러 이름으로 불려 마땅하다. 때로는 사랑이라는 이름으로, 때로는 정의라는 이름으로, 때로는 보잘것 없는 이의 얼굴로, 법(法)이나 천(天)이라는 이름으로도 불릴 수 있어야 한다. 종교적 표현이 다르다고, 다른 이름이 붙어있다고, 쉽사리 차별성만 부각시켜서는 곤란하다. 신의 이름은 시대와 문화에 따라 변화하며, 따라서 신의 이름도 역사가 있는 것이다.

게다가 신이 주요 주제가 아니거나 그런 낱말이 전혀 나오지 않는 유대인 역사서 〈에스델〉(에스더)이나, 얼핏 보면 연인 사이의 아름다운 듯 노골적인 연가와도 같은 〈아가〉도 신의 이야기로 읽힐 수 있듯이, 엘이나 야훼 이야기가 전혀 나오지 않는 한국의 역사서도 신의 이야기로 읽힐 수 있다. 무속에서 신으로 섬기는 최영 장군, 조선을 외세의 침략으로부터 구해준 이순신 장군, 세종대왕 등과 같은 분들이 신의 사자가 되는 것이다.

함석헌 선생이 『뜻으로 본 한국 역사』를 쓰게 된 것도 이런 안목에 따른다. 우리 역사서에 야훼와 같은 성서적 '하느님'이 등장하지 않는다고 해서 어찌 하느님의 말씀과 무관한 역사라 하겠는가. 하느님이 우리 민족 안에 없었던 적이 있는가? 그런 적은 없다. 하느님이 없던 곳과 때가 있다면 그 하느님은 우주적 창조자가 아니라 제한적 유한자에 지나지 않을 것이기 때문이다. 그런 식으로 세상을 보아야 하는 것이다.

"아버지께서는 악한 사람에게나 선한 사람에게나 똑같이 햇빛을 주시고 옳은 사람에게나 옳지 못한 사람에게나 똑같이 비를 내려주신다."(마태 5,45)는 예수의 메시지는 오늘날 그리스도인들에게 자타 혹은 선악 이분법을 벗어나 다양성을 살리도록 요청한다. 하느님이라는 낱말을 구경 한 번 할 수 없는 '아가'가 성서가 될 수 있듯이, 예수라는 말을 외치지 않는 곳에서도 햇빛은 비치고 비는 내린다.

야훼나 하느님이라는 말을 쓰지 않아도, 구원이나 그리스도라는 말을 쓰지 않아도, '자비의 윤리'가 구체화되는 삶의 현장이라면 하느님을 볼 줄 아는 안목을 신앙의 근저로 삼아야 한다. 본회퍼가 "그리스도는 새로운 종교의 창시자가 아니라 새로운 삶의 수여자"라고 말했듯이, 종교는 삶의 영역에 있는 것이지, 문자의 영역에 있는 것이 아니다. 진리의 보편성에 대한 인식 속에서 자비의 삶을 사는 것이 타자를 살리고 신을 진정으로 신 되게 해주는 행위이다. 이러한 인식을 확장시키고 종교를 삶 안에서 볼 줄 아는 문화를 확산시키기 위해서는 뜻을 같이 하는 이들의 연대가 필수적이다. 한국의 대표적 종교연합 조직인 한국종교인평화회의의 역할은 이 점에서 더욱 긴요해진다. 두 번째 축의 시대는 이런 연대적 자세를 가지고 기존 종교의 언어를 넘어서 자비의 윤리를 삶으로 표현해 내는 이들에 의해 열릴 것이기 때문이다.

오늘의 종교! 축의 시대 그리스 정신에게 묻다

이 한 영 연세대학교 한국기독교문화연구소 전문연구원

1. 왜 이 시대에 축의 시대의 정신을 다시 되돌아보아야 하는가?

'축의 시대(Achsenzeit)'란 철학자 칼 야스퍼스가 『역사의 기원과 목표 (Vom Ursprung und Ziel der Geschichte)』(1949)에서 제시한 개념이다. 야스퍼스는 동서양을 막론하고 전 세계적으로 인류 문화의 정신적 기원이 될 인물들이 대거 등장했던 시기를 이렇게 일컬었다. 카렌 암스트롱의 『축의 시대』는 야스퍼스의 이 시대적 개념을 거의 그대로 받아들였다(이 책의 원제목은 '위대한 변용 The Great Transformation'이다. 하지만 이 글에서는 번역서의 제목을 따른다). 『축의 시대』에서 그녀는 야스퍼스의 시대구분을 약간 수정하여 이 시기를 대략 기원전 900년부터 기원전 200년 사이의 시기로 설정했다. 바야흐로 인류가 끌고 나갈 공통의 정신적 기축, 인류 역사의 수레바퀴를 굴려 나갈 정신

적인 차축, 인류 정신의 자양분이 될 위대한 종교적·철학적 전통이 탄생한 것이다.

중국에서는 유교와 도교 등의 종교철학적 사상이 등장했고, 인도에서는 우파니샤드, 힌두교, 불교, 자이나교 등이, 이스라엘에서는 유일신교가 출현했으며, 그리스에서는 이성적 성찰에 바탕을 둔 철학이 발전했다. 공자·묵자·노자·싯타르타·예레미야·이사야·소크라테스·플라톤 등이 바로 이러한 종교와 철학을 탄생시킨 인물들이다. 놀라운 의식의 혁명을 이루어 낸 역사상 가장 경이로운 시기라고도 말할 수 있는 이 시기의 천재 사상가들은 사유와 직관을 통해 무엇을 발견했고 무엇을 이야기했을까? 그리고 이것은 우리 시대에 어떤 의미를 던져주는 것일까? 또한 그것은 다문화·다종교 시대를 살아가는 우리 시대의 종교에게 어떤 말을 건네고 있는 것일까?

카렌 암스트롱의 『축의 시대』는 바로 이러한 물음에 대한 하나의 방안을 제시하고 있다. 그것은 바로 축의 시대의 현자들을 통해 주창된 축의 시대의 종교 정신, 종교 영성이 이 시대의 위기를 향한 하나의 해결책을 제공해 줄 수 있을 것이라는 기대이다.

카렌이 축의 시대의 영성을 다시 거론하는 이유는 다른 어느 시대의 사상가들이나 마찬가지로 자기 시대를 향한 문제의식 때문이다. 즉 자기 시대의 문제를 느끼고 그것을 해결하지 않으면 안 된다고 하는 절실함 때문이다. 카렌은 이 시대를 미래를 전망하기 어려운 불확실성의 시대, 폭력과 환경재앙이 판치는 정신적 위기의 시대로 진단한다. 예를 들어, 히로시마 원자폭탄 투하, 아우슈비츠에서의 유대인 대학살, 르완다 종족 간 분쟁으로 인한 학살과 참사, 보스니아 사건 등은 위대한 정신을 잃어버린 지금 이 시대의 폭력성을 단적으로 보여주는 사건이라는 것이다.

그런데 이러한 위기상황 앞에서 이 시대의 종교는 무엇을 할 수 있는가? 이 시대의 종교는 이러한 위기상황을 극복할 의지와 힘이 있는가? 사실 종교야말로 이러한 시대의 위기를 극복할 수 있는 힘이 되어야 함에도 불구하고, 대부분 그 역할을 제대로 감당하지 못했다. 아니 오히려 대립과 갈등과 폭력을 조장해 온 측면도 있었다. 종교가 그 본래의 정신적 힘을 잃어버린 사이 사람들은 이로부터 벗어나기 위해 종교가 아닌 다른 대안을 찾기 시작했다. 하지만 문제는 이러한 대안물들도 이 시대의 곤경에서 벗어나 위기를 극복할 수 있는 궁극적인 힘은 되지 못했다는 점이다. 이러한 의미에서 카렌은 칼 야스퍼스가 '축의 시대'라고 부른 그 시대의 영성으로부터 그 힘을 얻고자 한다. 종교 간의 대화 문제도 대립, 갈등, 싸움, 전쟁으로 점철되어 온 종파와 종파, 종교와 종교 간의 문제를 둘러싼 이 시대의 문제이기도 하다. 이러한 의미에서 그녀가 이야기해 주는 축의 시대의 정신을 향한 4대 문명에서의 종교의 역사적 전개 과정은 이 시대의 종교 문제를 위한 하나의 좋은 지침이 될 수 있을 것이다.

2. 그리스 정신의 독특성: 로고스와 합리주의를 향한 걸음

이 글은 이 중에서도 그리스 문화를 중심으로 이러한 문제에 접근하고자 한다. 상대적으로 보아, 인도·중국·이스라엘 등 다른 세 개의 문명권과는 달리 로고스와 합리주의를 발전시킨 그리스 문명권에서 이 시대의 종교 문제를 위한 해법을 찾는다는 것은 다소 난망한 과제이기는 하다. 하지만, 종교적 영성 못지않게 내면을 향한 합리적 사고를 이루어 가는 과정들을 통해서도 이 시대를 위한 의미있는 통찰들을 발견해 낼 수 있을 것이다.

카렌에 의하면, 축의 시대의 정신이 모든 지역에서 같은 방식과 같은 속도로 균일하게 진행해 나갔던 것은 아니다. 중국, 인도, 이스라엘, 그리스는 상호 간의 왕래 및 교류가 없었다. 그러나 그들은 각자의 전통 속에서 시작했고 다른 길로 걸어갔지만 결국은 같은 축의 정신에 도달했다. 하지만 그렇다고 해도 그리스의 경우에는 나머지 세 개 지역과는 다른 점이 있었다.

같은 아리안 계열의 원민족 집단에서 출발했지만 페르시아 지역에 머물렀던 아리아인들은 조로아스터교를 창시하였고 이미 일찍부터 완숙한 축의 시대정신의 전조를 발견하기도 했다. 또한 인도로 간 또 다른 아리안 계열의 집단은 다른 어떤 지역보다도 축의 시대 진보를 향해 가장 앞서 나갔다. 이 정신의 진화를 통해 우파니샤드, 힌두교, 불교, 자이나교 등의 현자들이 배출되었다. 기원전 6세기 무럽 이스라엘 사람들은 잇따른 주변 강대국의 침공과, 포로로 살아야 했던 참혹한 포로기 생활을 통하여 오히려 새로운 시대를 갈망하는 선지자들의 강렬하고도 창조적인 경험이 이루어졌다. 이 시대에 이루어진 통찰은 결국 랍비 유대교, 기독교, 이슬람교를 탄생시킨 배경이 되었다. 중국에서는 춘추전국의 격동의 시대에 많은 사상가들을 배출했다. 축의 시대정신은 이렇듯 이 세 지역을 통해 일찍부터 내면의 탐구와 자기의 발견 그리고 공감과 자비의 영성이라는 방향을 향해 나아갔다. 그렇지만 그리스는 다른 지역보다 더 느리게 진행되었으며 또한 그 길도 다른 지역과는 달리 이성의 합리적 통찰이라고 하는 방향으로 나아갔다.

3. 사회적 격변, 전쟁 그리고 폭력

카렌은 정치, 경제, 사회, 제도 등의 변화가 인간에게 미치는 정신사적 영향에 대해 친절하게 설명해 주고 있다. 심지어는 군대의 변화가 한 사회의 변화에 어떠한 영향을 미쳤으며 그것이 정신에 어떠한 영향을 미치게 되었는가 하는 것을 보여주고 있다. 그런데 이러한 그녀의 언급에서 우리가 주의해서 보아야 할 것은 그녀가 이러한 변화를 이야기하면서 그 변화의 과정 속에 담겨 있는 경쟁, 갈등, 폭력의 고리에 주목하고 있다는 점이다. 그렇지만 카렌은 단지 이 사태를 고발하기만 하는 것이 아니다. 그녀가 이 폭력의 사태를 고발하는 이유는 인류의 지혜가 이를 통하여 오히려 위기를 극복하고 새로운 의식적인 돌파구를 찾게 되었다는 것을 주장하기 위함이다.

네 개의 지역에서의 문명은 찬란한 정신을 낳았다. 그러나 그 과정은 매우 험난하였다. 축의 시대의 정신은 그 시기와 상황은 달랐지만 이주와 정복을 거치면서 폭력과 전쟁을 통한 살육과 죽음의 상흔을 경험했고 내부적으로는 도시의 발달과 함께 이권과 권력 다툼을 통한 폭력과 경쟁의 아픔을 체험하였다. 축의 시대의 정신적, 영적인 의식혁명은 역사적으로 이러한 혼란기를 배경으로 하여 이루어졌다. 중국에서의 축의 시대는 주나라 멸망 이후의 춘추전국시대를 배경으로 형성되었고, 인도에서의 축의 시대는 마우리아 왕조에 의해서 제국이 통일되기 전까지의 혼란기에 형성되었으며, 이스라엘 민족에게서 축의 시대는 앗시리아와 바빌로니아에 의해 멸망당하고 추방당하고 죽임을 당하고 포로가 되었던 암흑의 시대에 형성되었다.

그리스 문명 역시 이 점에서 예외는 아니었다. 그리스에서의 축의 시대는 미케네 문명이 무너져내린 이후부터 시작하여 알렉산더 대왕 이후 마케도니아 왕국에 의한 통일로 끝나게 된다. 그런데 축의 시대를 향한 그리스 전통의 역사적 전개 과정은 처음부터 다른 어느 지역보다도 순탄치 않은 길을 걸어갔다. 그녀는 놀랍게도 그리스의 종교문화 속에서 세 개의 다른 문명에서보다도 더욱 더 강한 폭력성을 읽어 낸다. 어쩌면 다른 문명보다 폭력에 대한 트라우마가 더욱 강렬하게 세대를 통해 계승되고 있었다고 해도 과언이 아닐 정도다.

그리스 전통에 대한 그녀의 첫 이야기는 크레타 문명과 미케네 문명이 철저히 파괴된 시점부터 시작한다. 아리아인들의 일부는 기원전 2000년경부터 오늘날 그리스 땅에 정착하여 살았다. 그리고 그 지역에서 크레타 문명과 미케네 문명이 일어났다. 하지만 이 두 문명은 기원전 13세기에 참담하게 무너졌다. 그녀는 바로 여기서 자신들의 도시가 철저하게 붕괴되는 과정을 지켜보아야 했던 그리스인들의 원초적 트라우마에 주목한다. 이 기억이 그리스 종교를 염세적이고 음산하게 만들었고, 혼돈과 비극과 공포와 폭력에 대한 이야기들로 가득찬 그리스 신화를 만들었다고 보는 것이다. 그리고 이것이 이후의 그리스 정신에 상당한 영향을 미쳤다고 본다.

기원전 8세기가 되자 그리스는 암흑기를 벗어나 주변 강대국의 군사적 위협이 없는 비교적 평화로운 시기를 맞이한다. 이 시기는 카렌이 〈케노시스(kenosis)〉의 시대(기원전 800년-700년경)라고 제명한 시기이다. 즉 비움의 시대이다. 하지만 그리스는 그렇지 못했다. 이 시대를 읽는 그녀의 독법은 여전히 경쟁, 폭력, 희생, 비극 등에 맞추어져 있다. 이 시기에서 그녀는 도시국가 폴리스의 탄생과 이 과정 속에서 일어났던 경쟁과 폭력의 구조를 읽어낸다. 즉 외부와의 전쟁에 의한 폭력이 아니라 한 사회 자체에서 일어난 내적인 폭력에 대해 언급하고 있는 것이다. 이러한 사회 내적인 폭력은 사회 자체의 변화로부터 촉발된 것이다. 그것이 바로 이 시기의 가장 중요한 특징인 도시국가 폴리스의 출현이다.

폴리스는 모든 시민이 열린공간인 아고라에서 자유롭게 발언하고 토론하고 거래할 수 있는 문화가 형성된 곳이다. 그러나 노예와 여자는 예외였다. 카렌은 이 폴리스가 실은 호전적이고 남성적인 도시국가였음을 고발하며, 또한 자유로운 민주주의의 이상으로 여겨진 토론문화도 실은 정치적 경쟁이었고 시합이었으며 생존의 법칙을 전제로 한 아곤(경쟁)의 문화였음을 지적한다.

한편 기원전 8세기 말 무기 제조 기술의 발전으로 군대의 중심축은 소규모 귀족 전차부대에서 대규모 중무장부병체제로 옮겨 갔다. 즉 힘의 축이 귀족전사에서 인민의 군대로 옮겨갔다. 기원전 7세기에 이르러서는 폴리스 전체가 군대가 되었다. 즉 시민이 곧 군대였다. 이것은 개인적 영웅 전사의 시대가 가고 집단적 시민 전사의 시대가 왔다는 것을 의미한다. 이로부터 그리스 민주주의의 기초가 생겨났다.

그러나 우리는 또한 다음과 같은 점을 생각해 보아야 한다. 카렌의 글을 통해 이 새로운 민주주의 체제가 가지고 있는 한계점을 읽어낼 수 있기 때문이다. 첫째로 그것은 귀족에 대한 복종에서 벗어났지만 집단에 대한 복종을 요구하는 체제였다. 둘째로 그것은 노예제를 바탕으로 한 사회였다. 셋째로 그것은 여성을 배제한 사회였다. 넷째로 그것은 전쟁을 위한 전사들의 사회였다. 그것은 집단의 개인에 대한 폭력, 노예에 대한 폭력, 여성에 대한 폭력, 주변 민족

등 타자에 대한 폭력성을 가진 사회였다. 따라서 우리는 이 시대를 위해서 그리스 민주주의 체제가 내재적으로 갖고 있었던 폭력성을 간과해서는 안 될 것이다.

4. 그리스 신화와 고대의 희생제의 그리고 폭력

종교의 진화라는 관점은 카렌이 이 글을 다루는 하나의 중요한 관점이다. 다른 고대 민족들과 마찬가지로 아리안들도 처음에는 폭풍, 바람, 나무, 강 등 자연을 신성한 대상으로 숭배하던 자연신 신앙을 가지고 있었다. 그리고 모든 자연에 똑같이 존재하는 신성한 정신(마이뉴 또는 마나)을 믿는 애니미즘 신앙도 갖고 있었다. 시간이 흐르면서 이것은 각 신들의 집합소라고도 할 수 있는 만신전의 형태를 띠게 되었고, 이것은 또한 지혜·질서·정의 등의 의미와 결합된 신의 성격을 가지게 되었다. 그리고 신들에게 가축 등의 희생물을 바치는 희생제는 종교의식에 있어서 매우 중요한 부분을 차지하였다. 죽음과 탄생의 관계에서 아리아인들은 희생을 창조적 행위로 보았고 사제와 참가자들은 희생제에 사용된 음식들을 신들과 함께 나누어 먹었다. 그것은 존재를 다른 수준으로 끌어올리는 의식이기도 했다.

그런데 여기서 우리가 주목할 것은 고대 종교에서의 경쟁 원리와 폭력성에 대한 것이다. 예를 들어, 평화로운 초원지대를 떠나 폭력이 난무하고 힘이 정의가 되는 전쟁과 약탈경제 속에서 아베스타어계 아리아인들은 선과 악의 치열한 투쟁과 승리에 대해 이야기하는 조로아스터교를 탄생시켰다. 인도를 정복한 산스크리트어계 아리아인들도 정착 문명보다는 약탈경제로 삶을 유지했다. 그들은 전쟁의 상징인 영웅을 숭앙했으며 전쟁과 관련된 신들을 선호했다. 하늘에서는 데바와 아수라가 싸웠고, 지상에서는 인간이 생존을 위해서 서로 싸웠다. 그리고 이들은 천상의 전투를 종교적으로 재현했으며 성스러운 활동으로 만들었다. 이들에게도 희생제는 역시 중요한 종교제의였다. 그러나 이들의 희생제는 초원지대의 평화 시대와는 달리 경쟁적이고 호전적으로 변화했다. 그들은 노획물로 호사스러운 희생잔치를 벌였다. 희생제로 없어진 재산을 채우기 위해 노략과 약탈이 자행되었다. 폭력은 희생제 때문에 더욱 증가했다.

축의 시대 이전, 종교 영성의 지배적인 표현은 희생 제사로 대표되는 제의라고 할 수 있다. 과거에는 외부의 초월적 존재와 인간을 맺어주는 핵심적인 통로였던 제의가 사회적 격변이 일어나면서 사람들에게 아무런 도움이 되지 못하는 상황에 처하자 개혁가들은 제의를 재해석하게 됐다. 예를 들어, 축의 시대의 선두에 섰던 기원전 9세기 인도의 사제들은 제의를 드리는 대상에서 제의를 드리는 사람 자신에게로 눈길을 돌렸다. 그들은 제의를 드리는 사람의 정신적 상태를 강조하면서 본격적으로 인간 내면을 탐구하기 시작했다. 이때부터 진정한 '나'를 찾아가는 탐구가 시작됐다. 그러나 이 '나'라는 것은 불멸의 진리가 자리 잡고 있는 곳인 동시에 모든 고통의 출발

점이기도 했다. 현실이 고통이 될 수밖에 없는 원인이 자아 중심주의였기 때문이다.

여기에서 우리는 고대 종교에서의 폭력성을 읽는 카렌 암스트롱의 독특한 이해 방식을 읽을 수 있다. 이 이야기 속에는 축의 시대의 도래 과정을 위한 예비적 단계에 대한 카렌 암스트롱의 독특한 이해 및 장치가 들어 있다. 그것은 바로 경쟁, 폭력성 그리고 그 상처에 대한 것들이다. 축의 시대의 영성은 평화로운 시기에 만들어진 것이 아니다. 그것은 폭력에 대한 처절한 인식과 반성 그리고 성찰이 이룩해낸 것이다. 축의 시대의 영성은 이러한 폭력성에 맞선 비폭력의 영성인 것이다.

인도를 비롯한 다른 지역에서는 이러한 작업이 비교적 일찍 진행되어 나갔다. 그러나 그리스의 경우에는 조금 달랐다. 그리스에서는 밀레토스 학파, 소크라테스, 플라톤 등 합리성의 발견 이후 시대에서도 여전히 고대의 전통적인 희생제의가 광란, 혼란, 폭력, 죽음의 제의 속에서 행해지고 있었기 때문이다. 카렌은 그 이야기를 그리스의 잔혹한 역사와 비극의 신화 그리고 호전적인 종교적 제의를 통해 우리에게 전해 주고 있다.

그녀는 이것이 당대의 그리스 신화에도 적나라하게 반영되었다고 해석한다. 다른 신화와는 달리 그리스 신화에서는 태초의 자비로운 창조주 신이나 신성한 질서 등이 없다. 그리스 신들의 탄생에 관한 이야기는 소름끼치는 무시무시한 이야기로 시작된다. 신들의 가계

도는 부부, 부모와 자식, 형제, 신과 신, 신과 인간, 사람과 사람의 관계에 있어서 증오, 갈등, 적대감을 적나라하게 보여주고 있다. 신화는 처음부터 끝까지 투쟁과 싸움과 살육의 이야기로 일관한다. 그녀는 이것이 암흑시대에 자신들의 사회가 무너지는 것을 지켜보았던 그리스도인들의 참사의 기억이라고 말한다. 그리스인들의 의식 안에는 죽음, 공포, 해체, 적대감이 언제나 그 안에 잠복해 있었다는 것이다.

카렌은 축의 시대에 네 개 지역에서 창조된 종교 전통이 모두 공포와 고통에 뿌리를 내리고 있었다는 사실에 주목한다. 고난을 인정하는 것이야말로 깨달음을 위한 필수적인 전제조건이었다는 말이다. 술의 신을 기념하기 위한 디오니소스 축제도 사실은 죽음의 축제였다고 한다. 심지어 그녀는 올림픽 축제도 또한 종교적 제의로서 펠롭스의 무덤에서 제우스의 제단을 향해 행해진 장례의식과 결합된 희생제사의 연장선이었다고 말한다. 이러한 제의 속에 그리스인들은 신화를 모방하고 재현하려고 하였고, 카타르시스를 느꼈다. 그러나 문제는 그리스인들의 제의 속에 엑스타시스는 있었으나 자기성찰은 없었다는 점이다. 이 그리스 제의 속에서 그들은 공포, 슬픔, 고난을 체험하였으나 축의 시대의 정신인 내면적 성찰, 공감과 자비의 정신을 발견하지 못했다. 그리스는 다른 지역과 달리 트라우마의 상처가 더 깊게 더 오랫동안 배어 있었다고 할 수 있다.

기원전 8세기 인도의 종교는 '아힘사'(불살생, 비폭력)라는 축의 시대 이상을 향해 나아갔다. 그러나 같은 시기 그리스인들은 자아중심적인 전사의 영웅적 에토스를 찬양했다. 영웅 숭배 사상이다.

그런데 카렌은 이 영웅 숭배 사상도 또한 경쟁, 전쟁, 승리, 희생, 비극의 관점에서 바라본다. 그녀는 후일 그리스 성서라고 불리게 된 호메로스의 〈일리아스〉와 〈오디세이아〉를 통해 이것을 기록한 당시의 시대적 배경을 읽어 낸다. 영웅들은 지위와 명예를 중시하고 불멸을 추구하는 존재다. 그러나 영웅은 자기중심적 인간이며 전쟁하고 살육하는 것을 삶의 의미로 삼았던 존재이기도 했다. 이 영웅 신화 속에는 전사가 안고 있었던 지독한 아픔과 운명, 죽음과 결합된 필멸성 등이 그 배경에 놓여 있었다. 카렌은 이러한 의미에서 〈일리아스〉는 죽음에 관한 시이며, 〈오디세이아〉는 죽음과 암흑의 초월에 관한 이야기라고 말한다.

5. 비폭력 정신을 향한 첫 번째 움직임

우리를 놀라게 하는 것은 축의 시대의 놀라운 정신성이 평화의 시대에 만들어진 것이 아니라는 점이다. 축의 시대의 정신은 전쟁과 폭력, 죽음과 공포, 고통과 고난의 체험을 통해서 형성되었다는 공통분모를 가지고 있다. 이것은 아픈 현실에 대한 철저한 인식과 자각 그리고 인간성에 대한 뼈아픈 반성과 성찰이 없이는 불가능한 것이었다고 할 수 있다. 고통과 불안의 시대를 살아왔던 사람들의 삶 속에서 축의 시대의 정신은 타인과 고통을 함께하며 함께 슬퍼할 수 있는 공감의 정신과 자비의 정신을 발견했다. 그것은 또한 자기의 내면을 들여다 보는 자아성찰의 과정을 통해 자아중심적 사고에서 벗어나 탈자아적 사고로 나아갔기 때문에 가능한 것이기도 하였다.

기원전 700~600년 무렵은 카렌이 '앎의 시대(Knowledge)'라고 부르는 시대였다. 인도의 우파니샤드 현자들은 인간 내면의 불꽃을 발견했다. 그러나 그리스인들은 완전히 다른 길을 걷고 있었다. 인도의 현자들이 영웅적 규약을 버림으로써 아리아 전사의 원형인 인드라를 베다를 공부하는 낮은 지위의 제자로 강등시킨 반면, 그리스인들은 폴리스 전체를 군대로 만들고 있었다. 인도의 신들은 출가자의 정신적 과정 속에 통합되기 시작했지만, 그리스인은 자신들의 전통적인 신들에게 이전보다 더 중요한 의미를 부여했다. 그러나 그리스 사회에도 변화는 있었다. 기원전 7세기에 영웅의 시대의 종말과 사회정의의 외침이 등장하기도 했던 것이다. 카렌은 이러한 당대의 분위기를 농민 출신 시인 헤시오도스의 작품을 통해 읽어 내었다.

기원전 600년경~530년경은 카렌이 '고난의 시대(suffering)'라고 부르는 시기이다. 기원전 6세기 이스라엘은 본격적인 축의 시대에 접어들었다. 뜻밖에도 이 변화의 촉매는 충격적인 폭력의 경험이었다. 이 시기는 이스라엘 역사상 가장 비참한 시기였으며 엄청난 고난의 시기였던 예언자들의 시대였다.

이때 그리스 세계에서는 귀족과 농민들이 대립하고 갈등했다. 이

난국을 헤쳐나가기 위해 솔론이 집정관으로 임명되고 개혁을 시도하였으나 실패하고 참주정치가 시작되었다. 여기서 카렌이 주목하는 것은 페이시스트라토스 참주로 대표되는 그리스의 상황이다. 종교적인 측면에서 보면 그리스 종교는 페이시스트라토스 참주의 시기에도 여전히 고대의 제의적인 모습을 유지하고 있었다. 황소를 희생물로 바치는 희생제의 핵심은 폭력에 대한 공포였다.

그러나 그리스 세계에서도 소수의 그리스인들에 의해 전개된 두 가지 주변적인 운동을 통해 축의 시대의 전망을 향한 새로운 정신의 싹이 트기 시작했다. 첫 번째 예는 오르페우스 종파이다. 이 종파는 그리스 도시국가 폴리스의 호전적인 에토스를 거부하고 비폭력이라고 하는 이상을 끌어올렸다. 오르페우스교는 동물을 희생하는 의례적인 희생제를 올리지 않았으며 엄격한 채식주의를 고수했다. 그들의 모범은 그리스의 작고 조그만 주변도시 트라케의 신화적 영웅 오르페우스였다. 그는 폭력으로 인한 아내의 끔찍한 죽음을 목도한 비통한 사람이었지만 오히려 평화를 주는 사람이 되었다. 그는 폭력과 죽음의 공포를 희생제로 대신하려고 하지 않았으며, 다른 축의 시대 사상가들과 마찬가지로 폭력과 고난의 현실원인을 직시하고 그 속에서 비폭력과 평화의 정신을 찾아냈다.

두 번째 예는 사모스 출신의 수학자 피타고라스(기원전 582?-497?)이다. 그의 신비주의 종파는 고기를 멀리하고 희생제에 참가하지 않았다. 윤회를 믿고 몸을 정화했으며 과학과 수학적 정신을 통한 깨달음을 추구했다. 그는 내재성을 강조한 그리스 전통 또는 중심 세력들과는 달리 순수한 추상에 집중함으로써 물리적 세계의 독기와 멀리 떨어진 신성한 세계, 초월적 세계의 질서를 찾고자 했던 사람이다. 그러나 대부분의 그리스인들은 여전히 전통적인 방식으로 신을 숭배했다. 다른 지역 문명과 달리 공감과 자비의 영성으로 나아가지 못했다. 무엇보다도 그들은 고대의 잔재인 숙명론에서 벗어나지 못했다. 한편 기원전 6세기에는 이들과는 다른 새로운 방식의 의식의 변화가 일어나고 있다. 즉 철학적 합리주의가 꿈틀거리고 있었다.

6. 합리적 성찰과 공감의 발견

기원전 530년경~450년경은 카렌이 '공감의 시대'로 부르는 시기이다. 연민(sympathy)이 상대방의 처지를 불쌍히 여기는 측은지심의 감정이라면, 공감(empathy)은 상대방의 감정 상태를 받아들이고 그 사람의 입장이 되어 느끼고 이해하며 경험하는 능력이다. 전자는 다른 사람을 돕는 입장에 더 가깝고, 후자는 다른 사람과 함께할 수 있는 입장에 더 가깝다고 할 수 있다. 이 시기의 시대정신은 바로 이 공감을 발견했다는 말이다.

기원전 6세기가 되자 그리스 사회도 중대한 변화를 겪게 된다. 하나는 아테네 집정관 클레에스테네스에 의한 놀라운 민주적 개혁이다. 그는 귀족의 권위를 약화시켜 그때까지 고안된 가장 평등한 정치 체계를 만들었는데, 이 새로운 통치 체계는 그리스 세계 전체에 충격을 주었다. 아테네 사람들은 이 새로운 체제를 이소노미아(평등한 질서)라고 불렀다.

두 번째 중대한 변화는 철학에서 나타났다. 이 시기의 철학은 그동안의 아곤(경쟁, 싸움)적 사유뿐만 아니라 평형과 조화에 대한 그리스인들의 새로운 갈망을 반영했다. 예를 들어, 철학자 헤라클레이토스는 서로 경쟁하는 원소들의 질서를 유지하는 힘인 불, 즉 로고스의 힘에 주목하였다. 또한 그는 자기를 발견하는 성찰도 중요하게 여겼는데, 이것은 그리스인들에게는 완전히 새로운 활동이었다.

세 번째 변화는 전통적인 종교관에 대한 의구심이다. 그리스인들은 과거의 전통과 오래된 신화적 믿음에 의문을 제기하기 시작했다. 철학자 크세노파스는 신들이 인간을 닮았다는 이유로 신들을 거부했고, 파르메니데스는 순수한 이성에만 바탕을 둔 사고를 중시하여 가장 순수한 존재에 대한 철학적 탐구를 시작했다. 그러나 정치와 철학은 이렇게 점점 로고스(이성)를 찾아가고 있었으나, 종교는 여전히 고대종교의 제의 형식에 머물러 있었다.

더욱 중요한 것은 다음 세기인 기원전 5세기의 변화이다. 즉 더욱더 평등한 사회 체제로의 변화와 함께 다른 사람의 아픔에 참여하는 공감의 정신을 발견하게 된 것이다. 이 시기에 그리스 사회에는 결정적인 변화가 찾아온다. 페르시아와의 해전발발로 중무장보병 중심의 군대체제가 해체되었던 것이다. 이것은 전통과의 급격한 단절을 의미함과 동시에 사회 체제의 변혁을 의미하는 것이기도 했다. 이제는 무장을 할 경제적 여유가 있는 남자만이 중보병에 입대할 수 있는 것이 아니라, 시민이 아닌 사람을 포함한 모든 남성, 즉 귀족·농부·테테스(피선거권이 없는 최하급 계급 일용직 노동자)가 함께 앉아 노를 저어야 했다.

이때 주목할 것은 이러한 사회 변화와 함께 바로 폭력과 비극에 대한 관점의 변화가 생겼다는 점이다. 그리스인들은 자신들의 독특한 정체성을 신화를 통해 말해 왔고 제의를 통해 재현했으며 무대를 통해 극화했다. 그런데 이제까지 고대의 제의 속에서 희생제를 올리며 폭력과 비극을 통해 속죄의식에 흐느끼며 카타르시스를 느끼고 엑스타시를 경험했던 그리스의 축제무대에 새로운 가치관이 들어서게 되었다. 그중에서도 가장 중요한 변화는 축의 시대의 특성인 자기성찰이 반영되어 있다고 하는 점이다. 즉 이 연극들은 축의 시대의 새로운 자의식을 보여주고 있는 것이다. 비극작가들은 철학자들과 마찬가지로 과거에는 아무도 이야기하지 않은 신의 본성, 그리스 문명의 가치, 삶의 의미 등 모든 것에 새로운 질문을 던졌다.

무엇보다도 그리스 비극의 작가들은 〈고난〉을 무대에 올려놓았다. 그들은 폴리스(집단)보다는 고통받는 개인을 앞세웠다. 이전의 시기에 그리스인들은 폴리스를 위해 개인이 희생하는 윤리를 배웠으나 이제 작가들은 개인의 고난을 통해 내면을 성찰해 가는 과정을 보여줌으로써 관객이 그에게 공감하도록 만들었다. 카렌은 이를 두고 이 시기의 작가들이 축의 시대 영성의 핵심에 이르렀다고 말한다. 심지어 〈일리아드〉의 끝에서 아킬레우스와 프리아모스가 그러했던 것처럼 원수들에게서도 공통의 인간성을 발견하였다. 아테네 사람들은 큰 소리로 울었고, 모든 인간이 고난을 겪는다는 사실을 새롭게 깨달았다. 그들은 이제 카타르시스를 희생제사나 집단적 황홀경이 아니라 공감을 통해 얻을 수 있었다. 비극적 경험의 핵심이 죽음에 대한 불안과 공포가 아니라 이제는 타자와 함께 느끼는 능력이 되었던 것이다. 더욱 놀라운 것은 이러한 공감의 능력이 그들과 살라미스 해전에서 서로 죽이고 죽였던 페르시아 사람들에게까지 확장되었다고 하는 점이다. 기원전 472년 디오스소스 축제에 등장했던 아이스킬로스의 〈페르시아인〉은 살라미스 해전을 페르시아인의 관점에서 보게 하였다. 바로 몇 년전 페르시아인들이 그들의 성소를 더럽히고 도시를 파괴했음에도 이제 그들이 페르시아 전사들을 위해 울 수 있었고 그들의 죽음을 애도하고 그들의 용기를 칭찬할 수 있었다. 이는 놀라운 변화였다.

카렌의 분석이 옳다면 그리스 사람들은 오히려 합리적 이성과 철학보다는 그리스의 비극을 통해 축의 영성을 발견해 낸 셈이 아닌가 하는 질문을 던져 본다. 고대로부터 이어져 내려온 폭력적 희생제사와 살육제에 나타난 고통과 고난의 의미를 공감이라고 하는 새로운 차원의 영성으로 재탄생시켰다고 볼 수 있기 때문이다.

그러나 카렌은 이 시기의 그리스 종교는 여전히 옛 종교를 완전히 털어 버리지 못했다고 본다. 다른 지역에서는 이러한 한계를 통해 약한 자아의 안에서 절대적인 것을 찾고자 했고 또한 지고의 목적을 향해 나아가거나 삶의 고난을 넘어설 수 있는 영적인 기술을 개발하려고 노력했음에도 불구하고 이 시기의 그리스인들은 인간조건의 한계의 심연을 직시하는 데에 머물고 말았다고 본다. 한편 같은 시기 중국에서는 공자가 인을 이야기했고, 이스라엘에서는 제2이사야가 유일신 신앙을 새롭게 해석하여 새 하늘과 새땅에서의 정의를 부르짖었으며, 인도에서는 자이나교가 모든 피조물들은 평등하다는 깨달음과 비폭력이라는 아힘사의 이상을 통해 불살생, 자비의 실천을 주장하였다.

7. 폭력에 의한 로고스의 비극적 죽음: 소크라테스와 제자들

기원전 5세기 이스라엘에서는 선지자 에즈라와 요나가 활동할 무렵, 인도에서는 고타마 싯타르타가 깨달음을 얻고 가르칠 무렵, 그리스에서는 아곤(경쟁)의 원리로 말싸움을 통해 승리를 얻고 돈을 벌고자 했던 소피스트들이 활동했다. 이러한 때에 무지의 지혜를 가르쳤던 소크라테스가 등장했다. 소크라테스는 대화법(산파술)을 통해 사람들을 가르쳤고, 로고스(이성)를 통해 진리를 들여다보려고 하였으며, 내적인 성찰을 통해 진리를 찾고자 했다. 그는 언쟁에서 이기는 것이 목적으로 했던 소피스트들과는 달리 도덕과 정의에 관심을 갖고 있었다. 그에게 앎은 곧 도덕이었고, 선(goodness)의 본질을 알면 올바로 행동할 수밖에 없다고 믿었다. 소크라테스가 삶을 마감할 때 이렇게 말했다고 한다. "우리는 복수를 해서도 안 되고 상대가 어떤 악을 저질렀건 누구에게도 악을 악으로 갚아서는 안 된다." 이는 축의 시대의 영성이 도달한 황금률에 다름 아닌 것이다. 그러나 소크라테스는 기원전 399년 그리스의 민주주의에 의해 죽임을 당한다. 명목은 국가의 신들을 인정하지 않고 새로운 신들을 도입하고 젊은이들을 타락시킨 죄였다. 카렌은 이 의미에 대해 직접적인 설명을 하지 않았다. 하지만 이제까지의 그녀의 논리에 비추어 말한다면, 이것은 아곤(경쟁, 싸움)의 폭력에 의한 로고스(이성적 지혜)의 죽음이라고도 말할 수 있을 것이다. 이 비극은 젊은 플라톤에게는 지울 수 없는 큰 사건이었다.

플라톤은 소크라테스처럼 선의 본성을 찾으려 하였다. 그리고 주지하다시피 그는 서양사상사에 막대한 영향을 미치는 기초적인 틀을 놓은 사람이다. 하지만 카렌은 소크라테스를 높이 평가하는 것과는 달리 플라톤의 철학은 사변적 형이상학이라는 이유로 저평가한다. 물론 그녀는 플라톤 철학이 왜 속세를 떠난 이데아의 세계에 대해 말할 수밖에 없었는가 하는 현실적인 이유를 늘어놓는다. 스승의 죽음을 통해 현실의 폭력을 절감한 그는 차갑지만 순수한 추상성의 세계로 도피했다는 것이다. 또한 당시 그리스 도시들이 벌였던 끊임없는 갈등과 싸움, 빈부의 격차, 군중에 의한 폭력과 학살을 경험했던 플라톤 개인의 경험도 덕의 본성을 스승과는 달리 물질과 감각의 세계를 초월한 세계에서 찾았던 이유라고 본다.

카렌의 의도를 이해해 보면, 방식은 달랐으나 소크라테스나 플라톤이나 모두 현실의 폭력에 맞서기 위해 앎을 통해 덕의 본성을 찾으려 했던 것이라고 말할 수 있다. 그러나 소크라테스는 그것을 삶에서 찾았고 플라톤은 저 높은 초월적 객관의 세계에서 찾았다. 바로 이 점이 삶의 실천성, 자비의 영성을 강조하는 카렌으로 하여금 플라톤보다 소크라테스를 더 선호하게 만든 점이라고 할 것이다.

이 밖에도 카렌은 플라톤 철학의 한계들을 지적한다. 그것은 축의 시대의 영성이 발견했던 가치와는 전혀 다른 것이었기에 그녀의 마음을 불편하게 했을 것이라고 생각해볼 수 있다. 카렌이 주목하는 것은 플라톤 철학에 내재하는 새로운 형태의 폭력성이다. 그것은 계급적, 권위적, 엘리트적, 우생학적 세계관 등이다. 특히 카렌은 플라톤이 비극을 통해 공감과 자비를 보는 대신 비극을 통제하고 제거하고 싶어했다고 본다. 이것은 축의 시대의 영성과 플라톤의 또 다른 중요한 차이점이라고 할 수 있다. 플라톤은 잔인하고 암울한 비극적 현실을 그대로 받아들였던 전통적인 그리스인들의 현실 인식은 넘어섰다. 그러나 그는 세상과 맞서지 못하고 오히려 이 세상이 아닌 비현실적인 영원한 형상의 세계로 도피하였다. 다시 말해서 그녀는 플라톤이 축의 시대 영성가들처럼 고통이라고 하는 현실을 직시하지 못하고 저 피안의 세계로 도피했다고 보는 것이다.

카렌은 플라톤이 축의 시대로부터 멀어졌다고 파악한다. 그 이유는 윤리적 행동보다 사변적 형이상학을 강조했다는 점이다. 즉 플라톤 철학은 삶의 문제로부터 멀어졌다고 보는 것이다. 플라톤을 비롯한 그리스 철학에 대한 그녀의 최종 판단은 이것이다. 그리스의 축의 시대는 수학, 변증법, 의학, 과학에는 놀라운 기여를 했을지 몰라도 영성으로부터는 점점 멀어져 갔다.

그녀의 아리스토텔레스 철학에 대한 평가 역시 마찬가지다. 아니 오히려 축의 시대 영성으로부터 더 멀어졌다고 본다. 그녀는 아리스토텔레의 철학은 부동의 동자라고 하는 철학적 신을 만들었으며 그것은 이성적 사변이 낳은 산물에 불과하다고 비판한다. 또한 그 역시 현실의 비극을 직시하지 못했다고 비판한다. 그는 비극을 통제하려 했던 플라톤과는 달리 비극의 카타르시스적 기능을 인정했으나 그것은 개인적인 문학의 텍스트로 국한시켜 버리고 말았다고 평가한다. 아리스토텔레스는 거의 혼자서 서구과학, 논리학, 철학의 기초를 닦았던 대단한 천재라는 것을 인정하면서도 그녀는 이것이 오히려 그리스 사상을 축의 시대의 영성과는 완전히 다른 길로 가게 만들었다고 본다. 이러한 그녀의 평가가 정당한 것인가 하는 것은 여기서 논의될 사항은 아니다.

이후 그리스 세계는 제국의 시대(기원전 300-220년)로 접어든다. 카렌은 대개 축의 시대가 이 제국의 시기에 그 막을 내렸다고 진단한다. 그리스 세계에서도 축의 시대는 알렉산더에 의한 그리스 세계의 통일, 당시 알려진 세계 대부분을 망라하는 대제국의 창조, 헬레니즘 시대의 시작과 더불어 종언을 고했다.

8. 축의 시대 그리스 정신으로부터 무엇을 배울 것인가?

카렌 암스트롱은 축의 시대의 정신을 통해서 우리 시대의 위기를 극복하고자 한다. 그녀는 오늘날의 정신적, 영적인 위기를 극복하기 위해서는 합리적 교육으로는 불충분하며 이 잃어버린 축의 시대의 정신이 필요하다고 주장한다. 종교의 경우도 마찬가지일 것이다. 평화와 협력을 도모하고 세계를 위기로부터 구해야 할 종교가 오히려 우리 시대의 폭력과 절망을 반영하고 있기 때문이다. 세계는 종교적 동기에서 비롯한 테러, 증오, 불신, 불관용으로부터 몸살을 앓고 있다. 아무리 그 사상의 원천이 갖고 있는 깊이가 깊을지라도 기독교 근본주의와 이슬람 원리주의 등 어느 종교나 할 것 없이 무지와 아집, 독선과 편견, 불신과 증오 그리고 전투적 신앙에 바탕을 둔 근본주의 신앙이 판을 치는 한 그 종교에는 더 이상 미래가 없을 것이다.

그렇다면 이 시대의 종교가 이 시대의 위기를 극복하고 인류의 평화와 미래를 위해 축의 시대로부터 배워야 할 것은 무엇인가? 이 글의 내용을 통해 이 점에 대해 생각해 보자.

첫째, 내면에 대한 깊은 자각이다. 카렌에 의하면, 그리스의 내면적 성찰은 5세기의 극작가들의 경우처럼 공감의 영성을 발견하는 데에 이르기도 하였고, 소크라테스처럼 선의 본성을 탐구하는 합리적 성찰에 이르기도 했다. 그러나 우리는 이에 더해서 인간의 정신을 그 궁극까지 밀고 나갔으며 그것을 통해 인간의 연약한 자아 안에서 우주와도 같은 깊고 무한한 초월적 차원을 발견했던 축의 시대의 정신으로까지 나아가야 할 것이다. 깊은 자각에서 우러나오는 종교의 지혜 영성은 이념, 교리, 교파, 종파, 종교의 차원을 뛰어넘는 깊은 차원에서 서로가 서로를 만날 수 있게 해 주는 장소가 될 수 있을 것이다.

둘째, 현실에 대한 깊은 인식이다. 축의 시대의 정신은 평화의 시기가 아니라 처참한 살육과 전쟁, 폭력과 죽음이 난무하던 대혼란기를 거쳐 탄생하였다. 현실의 잔혹함에 편승해서 살아남기 위한 생존의 몸부림을 치거나 아니면 그것을 회피하거나 묵인하는 것이 아닌, 현실을 직시하고 오히려 사회의 정의를 위해 현실에 당당히 맞서는 자세가 필요한 것이다. 현실의 아픔에 동참하고 사회정의를 실현하는 길 위에서 종교는 모든 차이를 넘어서 함께 길을 걸어갈 수 있을 것이다. 비록 그리스 정신은 현실의 고통을 사회의 정의로 연결시키는 축의 시대의 정신까지 나아가지는 못했지만, 로고스(이성)를 바탕으로 하여 어느 정도 계급의 평등성을 이룩해 낸 아테네식 민주주의 체계를 구축하기도 하였다. 우리는 위에서 제시한 대로 이 체계의 한계를 분명히 인식하고 좀 더 깊은 차원에서 사회정의의 문제를 향해 나아가야 할 것이다.

셋째, 비폭력의 영성이다. 이것은 축의 시대 정신에서 카렌이 처음부터 끝까지 줄기차게 강조해 온 측면이다. 그리스 정신은 처음부터 끝까지 폭력으로부터의 트라우마와 거기에서 파생된 싸움과 경쟁의 원리인 아곤의 원리가 지배했다. 비극의 작가들을 통해 그것은 영혼의 정화인 카타르시스와 적군이며 원수인 페르시아인들의 아픔까지 공감하는 데까지 나아갔으나 그리스 정신은 비폭력의 정신을 종교의 깊은 영성으로까지 끌어올리지는 못했다. 오히려 그리스 정신은 죽음, 살육, 광란, 혼돈의 어두움을 폭력적 희생제의를 통해 속죄하고 정화하려고 하는 경향을 지속적으로 끌고 나갔다. 이러한 측면에서 보면 로고스의 등장은 이러한 어두운 측면을 이성에 의해 통제하려는 의식의 반동이 아니었나 한다. 하지만 오늘의 폭력의 문제는 이성의 통제보다는 자연의 뭇생명까지도 사랑하는 공감의 영성, 비폭력의 영성을 더 필요로 하지 않나 생각한다. 인류는 다양한 종류의 폭력을 경험했다. 그것은 차이를 차이로 인정하지 못하고 차별로 만들었던 과정이기도 했으며 차이를 하나의 축제의 장으로 만들지 못하는 과정이기도 했다. 뭇생명까지 사랑하는 비폭력의 정신을 통해 종교와 종교는 서로 대화하고 협력할 수 있을 것이다.

넷째, 자아 중심성에서의 탈피이다. 축의 시대의 깊은 자각은 자아의 새로운 발견과 함께 자아를 벗어나 타자를 향한 공감의 영성으로 나아가게 하였다. 이 자아 중심성으로부터의 탈피야말로 이 시대의 종교에게 가장 필요한 덕목 중에 하나일 것이다. 축의 시대 영성가들은 자아를 넘어선 완전한 새로운 인간으로의 변화를 요구했다. 모든 문제는 나를 고집하는 아집의 욕망으로부터 나온다. 종교는 전쟁과 정복의 신념으로 자아의 성을 구축하여 자아의 영토를 확장하려는 것이 아니라, 자기를 내려 놓고 자기를 열어 놓는 열린 정신으로 나와 타자를 가로막는 자아의 높은 벽들을 하나씩 허물어감으로써 경계 없이 서로 소통할 수 있어야 할 것이다. 내 종교의 자아 중심성을 탈피하지 못하는 한 종교는 폭력, 전쟁, 죽음, 비극의 역사를 끊임없이 되풀이하게 될 것이다.

다섯째, 사랑과 자비의 실천이다. 축의 시대의 정신은 단지 사회의 정의를 향한 외침이나 다른 사람의 아픔을 나의 아픔으로 여기고 함께하는 공감의 영성으로 끝난 것이 아니다. 그것은 바로 적극적인 실천인 사랑과 자비의 영성으로까지 나아갔던 것이다. 이것은 카렌이 대단히 강조하고 있는 것이기도 하다. 그녀는 형이상학적 사변으로서의 종교가 아니라 실천으로서의 종교를 강조한다. 사랑과 자비의 영성이야말로 그것 자체가 참 종교라는 것이다.

전통과 역사, 교리나 이념, 사상과 교훈이 서로 다른 각 종교가 이 지점에서 만나고 대화하는 것은 어려운 과제다. 하지만 깊은 자각을 통한 지혜의 지점에서, 현실의 고통과 고난을 직시하고 사회의 정의를 위한 실천의 지점에서, 폭력의 문제를 비폭력의 영성으로 해결하고자 하는 지점에서, 나 중심의 사고가 아닌 탈자아의 영성의 지점에서, 그리고 저 하늘 높은 곳에 따로 떨어져 존재하는 객관적 실체로서의 선이 아닌 사랑과 자비의 실천이라고 하는 지점에서 종교는 서로 만나고 협력할 수 있을 것으로 기대한다.

『축의 시대』의 원제는 '위대한 변용(The Great Transformation)'이다. 그것은 영혼의 변용, 새로운 인간의 탄생이라는 지혜 종교의 전통적 의미로도 해석할 수 있겠다. 그러나 그것은 또한 이 시대의 종교가 뼈를 깎는 아픔으로 참 종교로 다시 태어나야 함을 의미하는 말로 받아들일 수도 있을 것이다.

마지막으로 짚고 넘어가야 할 것은 민주주의, 여성의 문제, 환경의 문제 등 축의 시대가 다루지 못했던 영역들에 대한 진지한 반성과 성찰이 있어야 한다는 점이다. 축의 시대의 정신은 높았지만 축의 시대의 정신도 그 시대의 반영인 것이다. 축의 시대의 정신이 분명 우리에게 빛을 던져주고 있지만, 오늘의 산적한 문제들, 우리시대의 위기를 해결해나가야 할 사람들은 분명 이 시대의 사람들이다.

축의 시대에 나타난 불교

법현 열린선원 원장

기원전 900년부터 기원전 200년까지의 축의 시대는 인류의 정신에 자양분이 될 위대한 철학적, 종교적 전통이 인류의 주요 문명권에서 탄생한 시기이다. 축의 시대는 인도, 이스라엘, 중국, 그리스라는 무대를 중심으로 정리하였는데 이 시기의 네 지역은 정치적인 격동의 시대이자 폭력이 난무하던 시대였지만, 인류의 평화로운 공존의 기초가 될 사상과 종교가 탄생한 시기이기도 하였다. 저자는 축의 시대가 인류에게 남긴 가장 큰 유산을 인간 내면의 발견이라고 단언한다. 이전까지는 하늘로 향했던 눈을 돌려 인간 내면을 들여다보면서 불멸의 진리가 인간의 내면에 있음을 발견한 시대였다. 이른바 인류 역사상 최초로 코페르니쿠스적인 사유의 대전환이 일어난 시기였다. 축의 시대 철학자들은 대부분 교리나 형이상학에 전혀 관심이 없었는데, 붓다는 개인의 신학적인 믿음에 철저한 무관심으로 일관하였다. 축의 시대의 현자들은 모든 것에 의문을 제기하고 모든 가르침을 경험적으로 즉 자신의 개인적 경험에 비추어 검증하려고 하였다. 중요한 가치는 무엇을 믿느냐가 아니라 어떻게 행동하느냐였기 때문에 종교의 핵심은 깊은 수준에서 자신을 바꾸는 행동을 하는 것이었다. 축의 시대의 종교는 곧 자비(compassion)였다(8-9쪽). 축의 시대의 모든 현자들은 공감과 보편적인 자비의 영성을 가르쳤다. 각각의 전통은 각기 나름의 방식으로 '황금률(Golden Rule)'을 제시하였는데, 이는 모든 존재의 신성한 권리를 존중하는 정신이었다. 본고는 '축의 시대'에 보이는 불교에 대해서 정리한 글이다. 불교가 인도라는 토양에서 탄생하였기 때문에 인도의 전반적인 사상과 종교를 개관하면서 특히 불교에 초점을 맞추어 정리해 본다.

1. 축의 시대 문명 벨트에서 인도(기원전 1600년~900년)

러시아 남부의 초원지대에서 이주한 아리아인에 의해 축의 시대의 영성이 시작되었다. 이들 가운데 일부는 고대 산스크리트어를 사용하였다. 이들은 기원전 2000년경에 인도 지역에 정착하기 시작하였다. 이들은 기원전 1000년경까지 『리그베다』를 구전으로 전승해왔다. 『리그베다』의 시를 지은 이들을 리시라고 하였다. 이들이 인도 축의 시대의 기반을 닦았다. 기원전 10세기까지 평등한 사회구조가 무너져, 크샤트리아(힘있는 자)가 지배계급이 되었다. 평민인 바이샤와 비아리아인 노예계급인 수드라가 생겨났다. 이 시기에 리시들은 새로운 신학적 담론을 만들어 내었다. 신들 가운데 하늘을 지탱하는 브라만, 즉 프라자파티가 우주와 동일시되며 전면에 등장한다. 그리고 푸루샤 찬가를 통해서 우주를 대변하는 신 개념을 제시하였다. 기원전 10세기 말 리시들은 첫 번째 위대한 축의 시대 영성을 창조한 상징들의 복합체를 이러한 신들을 통해 확립하게 되었다.

2. 불안과 공포의 시대에서 발견한 내면(기원전 900~800년)

기원전 9세기에 본격적으로 시작된 인도의 축의 시대는 인더스 문명이 해체된 후에 시작되어 인도를 최초로 통일한 마우리아 왕국과 함께 끝을 맺었다. 인도인들은 항상 축의 시대 진보의 선두에 서 있었다. 인간 내면의 탐구는 기원전 9세기경에 인도에서 가장 먼저 시작되었고, 인도의 현자들에 의해 가장 깊이 가장 멀리까지 나아갔다.

기원전 9세기 인도의 제의 전문가들은 희생제를 분석하는 가운데 내적 자아인 아트만을 발견하게 되었다. 아트만은 한 인간을 독특하게 만드는 그 사람의 본질적이고 영원한 핵심을 말하였다. 이 아트만의 인간 내적인 불이었다. 이렇게 탄생한 새로운 자의식은 이후 영적인 탐구의 방향을 외적인 신이 아니라 인간 내면의 영원한 자아로 향하게 하였다. 이렇게 인도에서 축의 시대가 시작되었다. 하지만 내면의 자아의 추구가 자기중심주의로 변하지 않을 강력한 윤리적 의무가 아직은 결여되어 있었다.

3. 자아의 발견(기원전 800년~700년)

축의 시대의 첫 단계를 규정한 사람들이 제의를 담당했던 사제들
이었다면, 다음 단계에서 두각을 나타낸 사람들은 출가자(삼야신)였
다. 기원전 8세기가 되자 브라민 사제들은 눈에 보이는 신이 되었다.
이 시기에 일부 성숙한 브라민들은 스승 없이 혼자서 브라흐마차리
야(梵行)를 수행하게 되었다. 이들이 최초의 출가자가 되었고, 이들
은 제의를 통해 외적으로 표현하는 종교에서 내적으로 실행에 옮기
는 종교로 방향을 전환하였다. 이들은 삭발을 하고 비폭력(아힘사)를
실천하여, 씨앗과 동물을 해치는 것을 삼갔다. 이들은 말없는 현자
(muni, 무니)가 되어 언어 너머의 실재를 얻으려고 노력했다(석가족의
침묵의 성자라는 의미의 석가모니라는 명칭은 이러한 침묵 수행의 전통에 유래한
다). 이들은 '숲의 책'이라는 '아라냐카'에서 엄격한 금욕, 고행의
근거를 찾았다. 침묵의 현자들의 고행, 금욕이 내면의 자아를 찾는
제의가 되었다. 이제 더 이상 외적인 희생제가 필요치 않게 되었다.
이처럼 이 시대의 출가자들은 새로운 영적인 길을 걸어간 선구자가
되었다. 사회적 계급에서 자유로운 출가자들은 사람들의 존경을 받
았고, 축의 시대의 새로운 영웅이 되었다. 이들은 영웅적 전사가 아
니라, 자기 내면을 탐구해 스스로 절대적인 것을 발견하겠다고 결심

하고, 아힘사를 실천하는 수도자였다. 이들은 있는 그대로의 진실(야타부타)에 대한 깨달음을 추구하였는데 이것은 자신의 진정한 자아에 눈을 뜨는 것을 의미했다.

4. 앎을 향한 기나긴 여행(기원전 700년~ 600년)

베다의 종교는 베다의 끝이라고 불리는 『우파니샤드』로 발전, 성숙하였다. 기원전 7세기에서 기원전 2세기 사이에 나온 13권의 『우파니샤드』 문헌은 『리그베다』와 같은 지위를 얻었다. 『우파니샤드』의 사상의 정점은 아트만과 브라만의 동일성을 주장한 것이었다. 즉 범아일여(梵我一如) 사상이었다. 자기 존재의 내적 핵심을 발견하면, 자동적으로 궁극적 실재로 들어가 죽음의 공포에서 벗어나 불사(不死)를 성취하게 되었다. 이 시기의 중요한 교의 가운데 하나는 행동의 교의, 즉 카르마의 교의였다. 좋은 행동과 나쁜 행동에 의해 인간의 운명이 결정된다고 하는 카르마론이 인도 영성의 핵심적인 자리를 차지하게 된 것이 이 시기였다. 『우파니샤드』의 현자들은 인성의 핵심을 찾았다. 그 과정에서 말로 표현할 수 없는 기쁨과 평화를 경험했다. 아트만을 발견하는 핵심적인 길은, 스승을 존경하는 겸손한 삶과 금욕, 아힘사에 바탕을 둔 형이상학적 명상이었다.

5. 고난의 시대(기원전 600년~530년)

이 시기에 『우파니샤드』와 완전히 다른 새로운 '상키아(분별)' 철학이 등장했다. 이 철학은 우주를 24가지 구성요소(범주)로 분석하였다. 이들이 발견한 상키아는 『리그베다』의 푸루샤나 『우파니샤드』의 아트만과도 달랐다. 상키아의 관념들은 『우파니샤드』 영성에 만족하지 않는 출가자 집단에서 나온 것이 분명하다. 이들은 숲의 은거지에서 명상하면서 인간의 괴로움을 이해하고 그 괴로움을 넘어서는 방법을 찾으려 하였다. 그들은 인간을 구성하는 세 가지 기본 요소(guna)인 사트바, 라자스, 타마스를 제시하였다. 이 세 요소의 균형이 깨지면서 지성(buddhi), 에고 원리(ahamkara) 등이 전개되었다고 한다. 이러한 에고 원리로서의 자아를 버려야만 괴로움에서 해방을 성취할 수 있다. 상키아는 인도 영성에 두 가지 중요한 기여를 하였다. 인생이 두카(괴로움, 불만족, 뒤틀림)이라는 인식의 제공과 두카에서 벗어나는 영적 기술로 요가를 제시했다는 점이다.

6. 공감의 발견(기원전 530년~450년)

『우파니샤드』 시대에 논란이 되었던 카르마의 교리가 기원전 5세기 말에는 보편적으로 받아들여졌다. 기원전 6세기, 욕망에 뿌리를 둔 행동에 의해 윤회의 고통에 속박되어 있다는 의식이 팽배했고,

이 윤회에서 해방하는 길을 찾아 숲으로 들어가 은자가 되거나 탁발승이 되는 길을 선택하는 사람들이 생겨났다. 당시 사회는 농업과 상업의 발달로 도시 중심의 국가들이 형성되고 있었고, 브라민들을 그다지 존경하지 않았다. 마가다와 코살라가 가장 중심적인 국가였고, 마가다의 수도와 코살라의 수도를 중심으로 전통보다는 개인적인 창의와 혁신을 권장하는 사회적 분위기가 조성되었다. 이러한 발전은 긍정적이었지만 동시에 사회의 불안을 야기시켜 삶의 공격적인 면이 더욱 강해졌다. 공화국 내부의 분열과 국가 간의 전쟁도 빈번히 일어났다. 이 시기의 사람들에게는 다른 종교적 해법이 필요했다. 당시에는 출가자는 어디에나 있었다. 기원전 6세기는 신흥 사상가들이 많이 생겨난 시기였다. 불교 전승에 의하면 당시에 불교 이외의 대표적인 신흥 사상가들이 6명이 있었다고 한다. 이른바 육사(六師)였다. 이러한 새로운 가르침의 공통요소는 삶은 두카(고)이며, 두카에서 벗어나려면 금욕과 명상으로 카르마에 이르는 욕망을 제어하는 것이었다. 여섯 명의 신흥 사상가 가운데 붓다와 쌍벽을 이룬 사상가로 마하비라가 있었다. 그는 자이나교의 교주였다. 자이나교는 철저한 아힘사의 실천으로 유명하다. 아힘사야말로 해방에 이르는 길이었다. 마하비라는 요가에는 관심이 없었으나, 자이나교 수도자는 움직이지 않고 서서 두 팔을 옆으로 늘어뜨린 채 명상을 하였다. 마하비라만큼 아힘사라는 이상을 일관되게 추구한 사람은 없었다. 자이나교의 아힘사는 만물을 향한 적극적인 자비의 실천을 포함하고 있다. 자이나교는 그 나름의 황금률에 이르렀던 것이다. 자이나교의 새로운 이상은 단지 폭력을 삼가는 것이 아니라, 가없는 친절과 자비를 키워 나가는 것이었다.

7. 사유의 혁명(기원전 450년~398년)

기원전 5세기 말 무렵, 히말라야 산맥 산기슭에 자리 잡은 샤카 공화국의 왕자 고타마 싯다르타는 인간의 삶의 '늙고, 병들고, 죽고, 슬퍼하고, 부서지는 것이' 생사를 거듭하며 반복되는 괴로움을 극복하는 길이 있을 것으로 확신했다. 그는 이런 행복한 해방을 '니르바나'(불어서 끄다. 팔리어로는 '닙바나', 涅槃)라고 불렀다. 그를 묶고 있는 열정과 욕망이 불처럼 꺼질 것이었기 때문이다.

늙음과 병과 죽음이라는 삶의 피할 수 없는 고통, 두카에 대한 자각이 생기자, 고타마는 출가를 결심한다. 인간 조건에서 벗어날 수 없는 부분인 고통이 우리가 경계하여 세워 놓은 장벽을 뚫고 들어오면, 우리는 두 번 다시 세상을 전과 같이 볼 수 없다.

그는 한때 당대 최고의 명상 수행자 2명을 따라 깊은 황홀경도 체험하지만 만족하지 못하고, 고행주의자 그룹에 합류해 6년 동안 고행을 하기도 했지만 목적을 이루지 못한 것을 자각해서, 결국 자신의 통찰에 의존해서 답을 찾으려 하였다. 그는 어린 시절 명상 경험을 통해 순수한 기쁨으로 이끌었던 기억을 떠올리며 그 경험을 통해서 깨달음에 이를 수 있을 것이라고 사유한 후에 자기 나름의 특별한 명상을 시작했다. 우선 명상의 전 단계로 '깨어 있음'(사티, mindfulness)을 훈련을 했다. 이 과정에서는 매 순간 자신의 행동을 면밀하게 살폈다. 의식의 파동과 더불어 감정과 감각의 들고남에 주목했다. 고타마는 삶이 두카이며, 우리의 고난은 무지에 뿌리박은 욕망(渴愛) 탓이라고 확신했다. 깨어 있음의 훈련을 거치며 고타마는 인간 존재의 덧없는 본성과 헤아릴 수 없이 많은 좌절과 실망을 훨씬 더 예리하게 인식하게 되었다.

고타마는 매일 명상을 하여, 의식의 다른 상태로 들어갔으며 각각의 연속적인 황홀경을 세계 전체를 향한 적극적인 자비의 감정과 융합했다. 그는 이런 명상을 '한량없는 마음(四無量心)'이라고 불렀다. 고타마는 정신의 깊은 곳으로 들어가는 명상의 매 단계에서 의도적으로 자애의 감정(慈)을 불러일으켰으며, 그 감정이 세상 모든 곳으로 향하게 했다. 이 단계에서 다른 존재의 고통에 대한 연민(悲)과 '더불어 기뻐하는 마음(喜)'을 길러냈으며, 그의 마지막 단계에서는 명상의 대상에 완전히 몰입하여 고통이나 쾌락을 넘어섰으며, 만물을 향한 완전한 평정 상태(捨)에 이르러 아무런 집착도 반감도 느끼지 않게 되었다.

전통적인 요가는 요가 수행자에게 무감각한 자율의 상태를 구축했던 반면, 고타마는 자신의 전 존재를 타인들에게 개방하는 법을 체계적으로 익혔다. 그 결과 다른 모든 피조물에 대한 공감과 자비

속에서 자아를 넘어섰다. 마음은 평상시의 이기적인 제약에서 벗어나면서 넓어지고, 제한을 모르고, 높아지고, 증오나 편협한 악의에서 벗어났다.

네 가지 고귀한 진리(사성제)에서 돌파구가 된 것은 네 번째 진리, 즉 괴로움에서 벗어나 니르바나에 이르는 길을 발견한 것이었다. 이것이 '팔정도'이다. 이 길은 윤리[戒], 삼매[定], 지혜[慧]로 이루어진 행동 방침이다. 이것을 바탕으로 수행자들은 고타마의 가르침을 직접 이해하고 자신의 일상생활과 통합할 수 있다. 그는 자신이 인류를 속박하는 갈망과 증오와 무지를 이미 제거했다는 사실을 발견했다. 어떤 것도 그의 내적인 평화를 건드릴 수 없고 그에게 정신적 고통을 줄 수 없었다. 니르바나는 각 사람의 내적 존재 안에서 발견되며, 완전히 자연스러운 상태다. 니르바나는 삶에 의미를 주는 고요한 중심이다. 니르바나는 '탐욕, 증오, 무지가 소멸된 상태'였다. 니르바나는 '오염원이 없고, 약해지지 않고, 허물어지지 않고, 침해할 수 없는' 것이며, '괴로움이 없는 상태, 적개심이 없는 상태'였다. 그것은 '진리, 미묘한 것, 피안, 평화, 영속적인 것, 최고의 목표, 순수, 자유, 독립, 섬, 피난처, 항구, 의지할 것, 넘어선 것'이었다. 니르바나는 인간과 신 모두에게 최고의 목표였으며, 불가해한 고요였으며, 완전한 피난처였다.

인도의 다른 현자나 신비주의자와 마찬가지로 붓다도 인격화된 신이라는 발상은 제한적이라고 생각했다. 인격화된 신이 아니라, 내적인 깨달음인 니르바나를 찾음으로써 붓다는 자신의 목표를 달성했지만 그것이 그의 삶과 사명의 끝은 아니었다. 그는 단지 자신의 구원에 이른 사람이 아니라, 계속 다른 사람들의 고통에 공감할 수 있는 사람이었다. 애초에 그에게 깨달음을 안겨준 것은 세상 모든 것을 향한 공감과 연민이었다. 그의 다르마는 그에게 저잣거리로 돌아가 슬퍼하고 괴로움에 빠져 있는 세상에 관여하라고 요구했다. 그가 보리수 아래에서 얻은 통찰의 핵심은 타인을 위해 사는 것이 도덕적인 삶이라는 것이었다.

니르바나를 얻는 가장 대중적인 방법 가운데 하나는 아나타(anatta, 無我)라는 독특한 불교 교리에 대한 명상이었다. 붓다는 영원한 자아(아트만, 푸루샤)가 최고의 실재라고 인정하지 않았다. 붓다는 '깨어 있음'을 훈련함으로써 인간이 늘 변한다는 것을 알았다. 모든 지각 있는 존재는 그저 존재의 일시적이고 변하기 쉬운 상태들의 연속에 지나지 않는다. 그러나 그에게 아나타는 형이상학적 교의가 아니라 그의 모든 가르침이 그렇듯이 행동 강령이었다. 자아를 앞세우면 질투·증오·자만·오만·잔인함이 생기며, 자아가 위협받는다고 느낄 때 폭력도 생긴다. 붓다는 '자아'는 없다는 사실을 깨닫게 하려고 노력했다. '깨어 있음' 수행의 전문가가 되면, 이제 지나가는 정신 상태에 자기를 던져 넣는 것이 아니라, 두려움과 욕망을 자신과는 관계가 없는 멀고 덧없는 현상으로 여기게 된다. 탐욕이 희미해지고 갈망이 사라지면, 마음의 해방을 경험하게 된다.

불교의 신앙은 붓다에게는 깨달음, 즉 니르바나를 얻었다는 사실을 받아들이는 것, 니르바나가 존재한다는 믿음과 그것을 실현하겠다는 결의를 의미했다. 붓다는 늘 자신이 가르치는 모든 것을 시험해 보라고 제자들에게 강조했다. 붓다는 제자가 자기 내부에서 진리를 발견하기를 바랐다. 자신의 마음을 들여다보면 이미 올바르게 사는 법을 알고 있음을 깨닫게 될 것이다. 붓다가 칼라마 사람들에게 제시한 원칙에 의하면, 자신 속에서 탐욕 없음·분노 없음·무지 없음은 도움이 되고 탐욕·분노·무지는 도움이 되지 않는다는 것을 안다면, 다른 누가 뭐라 하든지 도움이 되는 것은 지니고 도움이 되지 않는 것은 버리라고 하면서, 붓다는 한량없는 마음에 관한 명상(사무량심)의 형태를 일반 신자에 맞게 제시하기도 하였다. 붓다의 설법에는 자비가 열쇠였다. 자신이 소중하고 사랑스럽다면, 다른 사람도 소중하고 사랑스럽다는 사실을 알아서 '자기를 사랑하는 사람은 남을 해치지 말아야 한다'고 가르쳤다. 이것이 황금률의 붓다식 표현이었다.

붓다는 폭력적이고 슬픈 세상에 살던 자기 시대의 많은 사람들에게 평화로운 안식처 역할을 했다.

축의 시대의 많은 사람들은 세상으로부터 구별되고 떨어져 있으면서도 동시에 놀랍게도 세상 안에 있는 장소, 불편부당하고, 철저하게 공정하고, 차분한 장소, 어떤 역경에도 불구하고 우리 삶에는 가치가 있다며 자신감을 채워 주는 장소를 찾는 마음으로 하느님,

브라만, 니르바나를 찾았다. 붓다는 그런 장소를 인격화하고 있었다.

붓다는 소크라테스나 공자와 마찬가지로 '인격의 모범', 인간이라면 될 수 있고 되어야만 하는 목표를 예증한 사람이었다. 이 축의 시대의 선각자들은 원형적 모델이 되었다. 다른 사람들도 그들을 모방함으로써 그들이 구현한 고양된 인간성을 성취하는 길로 조금이라도 더 나아갈 수 있었기 때문이다. 붓다는 인간 본성의 새로운 잠재력을 드러냈을 뿐이다. 이 고통의 세계에서도 스스로를 다스리고, 자신을 비롯한 모든 생물과 조화를 이루며 평화롭게 사는 것이 가능하다. 브라민은 붓다를 어떻게 묘사해야 할지 알 수 없었다. 그러자 붓다는 그에게 말했다. "나를 깨어 있는 사람, 붓다로 기억해 주시오."

8. 귀환(기원전 2세기~)

기원전 2세기에서 기원후 2세기까지 인도에서 가장 인기 있는 종교는 불교와 자이나교였을 것이다. 붓다 자신은 생전에 늘 개인 숭배를 막았으며, 제자들의 관심을 붓다 자신에 아니라, 자신의 가르침으로 향하게 하려고 애를 썼다. 기원 전후에 불교는 두 흐름으로 나뉘는데, 전통적이고 보수적인 상좌부와 진보적인 대승불교였다. 역사적으로 이 두 흐름 사이에 적의나 경쟁은 거의 없었고 평화롭게 공존하였다. 전통 상좌부가 깨달은 성자인 아라한의 이상을 내세운 반면, 대승불교는 보디사트바(보살)이라는 새로운 영웅을 내세웠다. 이들은 개인적인 니르바나를 얻는 데 관심이 없었다. 이들은 자비의 새로운 모델이 되었으며, 축의 시대의 오래된 이상을 새로운 형식으로 번역한 존재였다.

9. 맺는 말

기원전 900년에서 기원전 200년 사이의 축의 시대를 중심으로 인도의 사상적 흐름과 불교에 핵심적인 내용을 정리해 보았다. 기원전 900년, 제사를 담당하던 현자들이 인간 내면의 아트만을 발견하는 데에서 시작된 축의 시대의 영성 탐구는, 윤리적인 의무가 부족한 상태였지만 출가자(삼야신)에 의해 확고하게 자리 잡게 되었다. 석가모니 붓다에게로 이어지는 침묵의 현자(muni)들은 더 이상 외적인 희생제를 필요치 않게 되었고, 자신의 진정한 자아에 눈을 뜨게 되었다. 그리고 이어지는 『우파니샤드』의 범아일여 사상과 카르마의 발견은 이후 인도 영성의 중심 사상이 되었다. 우주에 대한 새로운 분석을 시도한 상키아 철학은 두카라는 인식의 제공과 요가라는 영적 기술을 제공하면서 인도 영성을 풍요롭게 하였다. 농업과 상업의 발달과 함께 등장한 개인주의적 성향은 도시와 국가의 성립과 함께 사회적 불안을 야기하여 기원전 6세기 인도는 전쟁과 폭력이 빈번하게 일어났다. 이때 등장한 신흥사상가 가운데 자이나교의 마하비라는 비폭력과 자비의 적극적 실천을 강조하였고, 동시대의 붓다는 깨어 있음(사티, mindfulness)에 근거한 윤리·삼매·지혜를 통한 무아의 체험, 즉 니르바나의 이상을 스스로 실현하고 제자들을 인도함으로써 탐욕·분노·무지를 극복한 인격의 모범이 되었다. 이러한 붓다의 지혜와 자비의 모습은 이후 기원 전후의 대승불교의 보디사트바로 이어지는 새로운 영웅으로 탄생의 배경이 되었다.

붓다라는 인격이 탄생하게 된 인도의 사상적 배경에서 우리는 축의 시대의 선구적인 움직임을 보았고, 내면의 발견과 비폭력, 자비의 실천, 괴로움에 대한 인식, 명상과 요가의 실천의 기반 위에 붓다의 깨달음과 교화 활동에서 지혜와 자비의 의미와 가치를 되새길 수 있었다. 붓다가 말한 '자신을 사랑하는 사람은 남을 해쳐서는 안된다.'는 붓다식 황금률이 적극적으로 자비희사(慈悲喜捨)의 사무량심(四無量心)의 실천으로 제시되었다는 점은 현대의 다종교, 다문화 사회에 살고 있는 우리에게도 여전히 평화로운 공생과 공감의 가르침이 될 수 있을 것이다.

축의 시대는 재현되는가?

정혜정 원광대학교 HK연구교수

1. 축의 시대와 우리 안의 종교성

인류 정신의 "비등점"이자 "초월적 변형"을 축의 시대라 명명할 수 있다면 현시대에도 그 '축의 시대'는 다시 구현될 수 있는 것일까? 이 물음을 위해 먼저 축의 시대를 말한 사람들의 입장을 정리해 보자. 카렌 암스트롱이 제기한 '축의 시대'라는 말은 칼 야스퍼스가 그의 저술 『역사의 기원과 목적』에 먼저 사용했던 용어이다. 야스퍼스는 축의 시대를 B.C. 500년을 전후한 시기로 잡아 중국의 공자와 노자, 인도의 붓다, 이란의 조로아스터, 팔레스틴의 예언자들 그리고 그리스의 철학자, 비극작가, 역사가들을 여기에 포함시켰다. 이는 인류 정신의 진보이자 전환점을 야기한 것으로서의 역사적 축을 의미했다. 이 역사적 축은 보다 순수하고, 보다 정의로우며 보다 완전함을 의미하는 것으로, 사물을 보다 더 우주적으로 설명하는 것이었다. 이렇게 야스퍼스가 말한 축의 시대는 실재(Reality)의 모델로서 신비적이고 예언적이며 또한 이성적으로 표현되었다.

아르날도 모밀리아노(Arnaldo Momigliano)는 축의 시대를 두 측면으로 특징지었다. 하나는 '축의 시대'가 보다 발전된 사회적 배경을 특징으로 한다는 것이고, 또 다른 하나는 정신적 영역, 즉 정치적·윤리적·종교적·철학적 영역에 인류의 새로운 발달을 가져온다는 점이다. 야스퍼스는 개인 혹은 인물 중심에 초점을 두어 축의 시대를 읽는 반면 모밀리아노는 사회적 반향에 보다 초점을 두어 축의 시대를 읽고 있다. 그러나 야스퍼스나 모밀리아노 모두 인류의 문화와 위대한 전통이 바로 이 '축의 시대'로부터 기원한다는 것에는 의견을 같이하고 있다.

또한 '축의 시대'에는 군사적 불안정의 요인이 가해져 있다는 통찰이 있다. 야스퍼스는 '축의 시대'에 일어났던 고대 그리스나 이스라엘 왕들의 전쟁, 북부 인도와 중국 등 작은 국가들 사이의 끊이지 않았던 전쟁들을 언급하고 있다. 카렌 암스트롱이 말하고자 했던 '축의 시대' 역시 생존과 투쟁으로 점철되는 시대를 배경으로 한다. 그리고 동시에 이는 지적·심리적·철학적·종교적 변화가 가장 생산적으로 이루어졌던 때로 지칭된다.

암스트롱은 야스퍼스나 모밀리아노가 피력한 '축의 시대'를 개념적으로 계승하면서도 인류 역사에 있어서 정신적 변화, 또는 종교성이 폭발적으로 분출했던 현상을 시대별·지역별로 접근하여 다각적인 측면에서 '축의 시대'를 관찰하였다. 그러면서도 그녀는 어느 시대를 막론하고, 어느 누구나 종교 창시자와 같은 종교성을 구비하고 있음을 간과하지 않고 있다. 이 점에서 그녀의 탁월성이 돋보인다고 하겠다.

우리 모두 자신의 성장 과정을 떠올려 보면 우리는 개념화되지 않는 자기 자신의 종교성을 어렴풋이 기억해 낼 수 있다. 우리 자신 안에 있는 종교성이란 다양하게 정의내릴 수 있겠지만 '현상적 나'와 '주어진 삶의 틀' 속에서 순간순간 삐져나오는 '단절'의 이미지라 부를 수 있다. 또한 우리가 다른 세계를 갈망하고, 나 자신을 그 '다른 곳'으로 데려가게 하는 '심연의 힘'으로 종교성을 정의 내린다면 그 종교성은 끊임없이 현실에 기반하면서도 현재의 지평을 넘어서는 '진실된 공간'으로 명명될 것이다. 그러나 오늘날 형식화된 거대 종교는 그 '초월적인 다른 곳'에 대한 갈망을 각기의 종교로 틀 지우고 표준화하며 각자의 종교 안에 사람들을 가두어 기독교인, 불교인, '○○종교인'으로 명명하기에 급급하다.

톨스토이는 젊은 시절 사랑과 겸손, 자기 부정, 그리고 악을 선으로 대하라는 예수의 가르침에 감동되어 그 가르침 속에서 자신의 종교성을 키워 나갔다. 『사람은 무엇으로 사는가』라는 그의 동화처럼 그는 자신이 살아야 할 바를 신(神)의 가르침인 사랑 속에서 찾아 나가고자 했고, 그는 분명 러시아 정교회에의 도움을 받았다 할 것이다. 그러나 그는 교회에 귀의하자마자 자신의 종교성이 부자연해짐을 깨닫게 되었다고 훗날 말한다. 교회는 도그마를 통해 독단의 신조를 규정하여 신앙을 틀 지운다. 거기에는 살아 움직이고 자유로워야 할 종교성이 감옥에 갇히게 되고, 획일화되고 마는 그 무엇이 있다. 그래서 그는 "현대의 기독교인이 정통(Orthodox)이라는 쇠사슬에서 자유로울 때 성령의 생명이 춤을 출 것"이라 말했다.

카렌 암스트롱이 말하는 '축의 시대'도 톨스토이와 같은 통찰을 느끼게 한다. 사람들은 흔히 "믿음을 어떤 교의에 속하는 명제들을 믿는 것"이라고 여기는데 그녀는 여기에 비판을 가하고 있다. 실제로 우리는 종교적인 사람들을 신자(believer)라고 부른다. 마치 우리들은 특정 종교의 어떤 조항에 동의하는 것이 신자의 주요 특징이라고 보는 것 같다. 그러나 대부분의 종교 창시자들은 교리나 규정된 명제에는 관심이 없었다는 것이 암스트롱의 주장이다. 자신이 그것을 위해 살아야 할 바의 진리와 정의는 교의를 넘어서서 상황과 현실에서 살아 움직이는 것이기 때문이다. 이 종교성은 인간 존재의 내면 깊은 곳에서 움직이는 초월적 차원이다. 그래서 카렌 암스트롱은 말한다. "현자들은 이런 궁극적 실재에 관한 자신의 관점을 다른 사람들에게 강요하려 하지 않았고, 강제적인 교리를 고집하기 시작하는 것 자체가 종교 창시자들의 시대가 동력을 잃는 신호"였다고 일침을 가한다. 우리 시대 역시 종교 창시자들의 동력을 잃고, 도그마에 갇혀 영적 자유와 종교성을 유린당하며 스스로 물신주의에 젖어 있다고 판단된다면 '축의 시대'는 재현되지 못할 것이다.

2. 축의 시대와 유(儒)

카렌 암스트롱은 고대 중국 요/순/우의 통치 시대를 의로운 통치자의 시대로 규정하면서 상 왕조(殷나라)의 이야기를 축의 시대와 관련시키고 있다. 암스트롱은 상 왕조를 상나라라고 표기하면서 상나라는 평등한 사회가 아니었으며 위계와 서열을 몹시 따지고 전투는 귀족만이 할 수 있고 야만인을 토벌했다고 기술하고 있다. 또한 왕들은 자신들이 신의 아들이라고 믿었고 왕만이 상제(帝)에게 직접 접근할 수 있으며 살아 있는 자들의 운명이 그들 조상의 혼령과 묶여 있다고 기술했다. 그리고 귀족들은 요/순/우의 통치를 간직하고 있고 영토에 대한 야심이 별로 없으며 전쟁과 사냥을 동일시했던 것으로 상세히 묘사하고 있다.

여기서 상 왕조에 대한 국내의 연구를 반영한다면 암스트롱의 기술에서 드러나지 않은 관점을 통해 그녀의 의도를 좀 더 명확히 파악할 수 있을 것이다. 먼저 암스트롱의 기술을 좀 더 음미해 보자. 암스트롱은 상나라 귀족이 농촌 풍경에서 풍부한 영적 의미를 찾아냈고 산, 강, 바람, 네 방위 등은 모두 중요한 자연신이 되었으며 이 자연신들은 땅에 속하는 동시에 천신인 제(帝)에 대응하는 신적 존재였다고 말한다. 그러면서도 그녀는 이러한 자연신들보다는 왕가의 조상이 훨씬 더 중요했으며 그들에게 드리는 제사가 상나라 종교의 핵심이었다는 점에 주목한다. 제례를 통한 조상신 숭배의 전통이 종교적으로 고착될 수 있었던 단초는 상 왕조로부터 비롯된다. 유가에서 제례를 중심으로 이루어지는 조상 숭배는 조상과 후손이 공생하는 관계로써 조상은 후손을 통해 영멸을 이루고 후손은 조상으로부터 이어지는 가문의 계승과 번창을 통해 현세의 삶을 도모한다.

한편 기존 연구에 의하면 상족, 즉 은나라 왕 조갑은 제례를 정비하여 이전에 있던 모든 토템, 즉 황하신, 천신 등에 대한 제례를 폐지하고 자신의 직계 혈족들의 제례만을 강화해 나갔다. 이는 자신의 정치적 위상의 강화를 위한 고도의 전략으로, 주변 부족들에게 자신들의 조상이 모든 토템과 샤머니즘적인 숭배 대상들보다 높은 초월적 존재임을 과시하기 위해 선택한 정치적 전략이었다. 또한 유교 문화의 족보 만들기, 족보 캐기 등의 출발은 바로 여기에서 비롯됐으며 자신의 씨족 혈통의 우월의식 또한 여기에 뿌리를 둔다. 이 조상신 숭배는 훗날 공자에 의해 유교 문화의 토대로 활용된 바 있다. 그러나 은의 자기 조상의 강조로 인한 폐쇄적이고 자만적인 외교 분위기는 여러 부족의 반발을 사 주(周)를 선봉으로 하는 부족연합에 의해 멸망당한다. 그러나 주(周)는 은나라의 제례 전문가들(儒者)을 살려두었고 상 왕조들이 행했던 방식을 그대로 이용하여 유자들로 하여금 주나라의 족보를 체계화하도록 했다.

주(周) 시대에서도 살아남은 은나라 출신의 유(儒)들은 더욱 진보하였고, 지나친 자기 조상의 권위 강화가 타 부족의 불만을 일으켰고 마침내 정권 붕괴로 치달았음을 깨달아 이번에는 보완책을 마련했

다. 그들은 제례 대상을 두 가지로 나누는 이원화 정책을 펼쳤던 것
이다. 즉 왕실 내부적으로는 주나라의 왕통 족보를 다시 다듬었고
외부적으로는 타 부족과 공통으로 숭배할 수 있는 존재인 하늘, 즉
천신(天神)을 제시한 것이다. 그리고 "주나라의 위대한 문왕이 하늘
의 커다란 천명을 받았다."라고 선언하여 유일하게 주나라의 왕만
이 하늘의 아들(天子)이라는 사상을 만들어 냈다. 이에 천자는 자신들
의 아들을 각 지역의 제후로 봉하여 '천하일가(天下一家)'를 이루었
다. 천자와 제후의 통치 체제는 근본적으로 혈친 관계를 이루는 종
법(宗法) 정치였다. 이는 또한 대종(大宗)과 소종(小宗)의 관계를 통해
천하를 혈연사회로 만드는 대동사회(大同社會)였다. 그리고 그들은 혈
연적인 제후들을 확보하기 위해 축첩 제도와 부부유별 사상을 만들
어 냈다.

한편 암스트롱의 텍스트에서는 주 왕조의 통치적 정당화가 천명
사상에 있음을 강조하고 있다. 앞에서 언급했던 국내의 기존 연구가
주 왕조 통치의 정당화가 제례의 이원화에서 비롯되었음을 강조하
는 설명 방식과는 다소 차이가 있다.

은을 멸망시킨 주나라가 여전히 대평원에서 살고 있는 상나라 귀
족의 마음을 얻으려면 연속성이 핵심이었다. 주나라는 자신의 조
상과 더불어 상의 죽은 왕들도 섬기고 싶었다. 그러나 상의 왕조를
파괴해 놓고 어떻게 상의 영혼들을 섬긴단 말인가? 주공은 그 해결

책을 천명에서 찾았다. 상나라 왕들이 부패하여 압제를 일삼았고 하늘은 백성의 고통을 가엾게 여겨 상에게 위임했던 천명을 도로 거둔 뒤 새로운 통치자로서 주나라 왕조에게 위임되었다. 마침내 주나라의 왕들은 천상제(天上帝)의 새로운 아들이 되었다.

암스트롱은 천명이 상 왕조로부터 주 왕조로 이어지고, 천명에 자비와 정의 등의 윤리적 이상이 도입되며 통치자가 이기적이고 잔인하며 억압적이면 하늘은 그를 지지하지 않고 통치자는 몰락하게 된다는 사상이 주나라 때 확립된다고 보았다. 또한 주공으로부터 덕(德)이 카리스마보다 중요하다는 신념이 표출되어 의로운 자가 천명을 받을 자격이 있음을 부각시키게 되고, 이것이 공자에게로 계승된다는 관점을 그녀는 피력했다. 그리고 주나라 때 확립된 제의(祭儀) 역시 주나라의 독특한 업적으로서 제의 자체가 신보다 큰 힘을 지닌 것으로 그녀는 이해했다. 소수의 지식인들은 제의의 마법적인 효능에 대해 비판적이었지만 중국 역사는 제의를 약화하는 것이 아니라 강화되는 쪽으로 흘러 유교 문명의 근간을 이루게 되는데, 그녀는 상 왕조에서 주 왕조로 넘어오는 천명사상의 통치를 배경 삼아 공자가 형성해 낸 천명사상과 인의(仁義)의 통치를 긍정적으로 묘사해 갔다.

그러나 여기에는 반대적 해석도 가능하다. 천명사상이나 예(禮)에 의한 통치는 공자에 의해 새로 태어났다고도 볼 수 있다. 공자는 "군자는 정교한 예절 규범을 따르며 살았다."고 즐겨 말했고, 그에 의해 관습법이 기록되어 일관된 체계를 갖추기 시작했다. 또한 새로운 제의의 학문은 새로운 제사학자들을 형성해 냈다. 고대 갑골문에서 유(儒)는 제사를 지내기 전 목욕재계하는 모습을 형상화한 글자였다. 유(儒)라는 글자는 제사장을 뜻했다. 제사장은 제의 전문가 집단의 지도자였으며 그 지도자는 여러 경험과 학식을 갖춘 사람이어야 했다. 그러나 점차 시간이 흐르면서 유(儒)는 학자나 지식인을 가리키는 개념으로 쓰이게 되었다.

한 연구에 따르면 유(儒)는 제례를 총괄하고 집행하는 인물로 일종의 정치적 분위기를 주술적으로 통제하는 존재였다. 유(儒)라는 글자는 亻+雨+而(성인 남자+비+남자 수염의 형상)로 구성되어 있다. 유(儒)는 농업사회가 소중하게 다루는 비를 부르고 멈추게 하는 존재였고 정치적으로는 왕에게 종속되어 있었다. 유(儒)는 동양 문화의 핵심을 이루며 동양 사회의 발전을 주도했던 인물들이다. 이들 유(儒)를 동양 사회의 핵심 자리로 끌어들인 장본인이 바로 공자라 할 수 있고, 유(儒)라는 글자가 주나라 이후에 등장한 것은 새로운 사회적 필요가 주나라 이후에 생겼다는 것을 의미한다.

공자는 바로 유(儒) 집단의 이데올로기를 정통으로 받아들인 인물이고, 주나라의 종법제도를 제자들에게 집중적으로 가르쳤으며 그는 주나라의 종법제도가 완벽한 것임을 강조하기 위해 은나라의 모든 역사적 · 정치적 사건들을 점차 미화하기 시작했다. 그는 증자에게 말하기를 "옛 왕들은 모두 진실하고 정직함으로 나라를 다스렸다. 백성들은 언제나 화목했고 관리와도 아무런 원한이 없었는데 너는 이 사실을 알고 있느냐?'라고 확인시켰다.

그러나 암스트롱도 지적하고 있듯이 귀족의 제의화된 생활양식은 귀족들에게 겉으로는 서로를 존중하며 겸손하게 행동하도록 가르쳤지만 보통의 경우 예의 특징은 자기 이익이었다. 귀족은 특권과 명예를 선망했으며 예를 이용하여 자신의 지위를 높였다. 예는 인간관계를 수직적으로 위계화하고 거기에 각각의 분수를 정하여 상위자에게 보다 많은 특권을 주는 관습이라 할 수 있다. 따라서 유(儒)는 분명 동양 문화의 핵심을 이루며 동양 사회의 발전을 주도했던 인물들이지만 동시에 동양 사회를 처절한 실패의 구렁텅이로 몰아넣었던 인물들로 평가된다. 그러나 암스트롱은 예의의 기본 정신과 요순이 구가하고자 했던 '백성을 위한 의로운 통치'가 바로 중국 문명 속에서 영감의 원천이 되었음을 말하고자 한다.

3. 카렌 암스트롱이 본 유교: 예(禮)의 신성함

기원전 7세기로 넘어가면 중국은 실리를 제의(祭儀)의 아름다움에 종속시켜 전쟁을 제어하려고 시도했다. 이 시대 제후국의 삶은 예로써 세밀하게 규제되어 사회, 정치, 군대 생활이 주나라 조정의 정교한 제의적 의식을 재현하기 시작했다. 암스트롱은 이런 조직화된 순응은 축의 시대의 정신과 거리가 먼 것 같지만 이런 의식 가운데 일부는 상당한 영적 잠재력을 지니고 있었다고 주장한다. 절제와 자제로 우아한 삶을 사는 군자들로 그들의 사회를 건설하는 것이 당대의 일차적 목적이었고, 예(禮)는 전례를 실행에 옮기는 사람을 변화시킬 뿐 아니라 이런 의식에 관심을 쏟는 자의 신성함도 높여 준다는 것이다.

예는 전쟁의 규칙에도 적용되어 전투에서 허용되는 폭력을 엄격히 제한했고 자산들이 적의 약점을 이용하는 것을 금지했으며 전사들이 신사처럼 싸우도록 했다. 전쟁은 종교적 전례였다. 영적인 묵상에서 시작해 조상에게 올리는 기도와 희생제로 이어졌다. 그러고 나면 전쟁 담당 대신은 적의 의도를 가늠해야 했다. 적이 정말로 싸울 의사가 있는가? 적이 오랑캐 부족이거나 도를 잃은 군주라면 죽기를 각오한 전투가 벌어졌다. 귀족 전사가 사람을 너무 많이 죽이면 체신을 잃었다. 늘 예의가 능률보다 우선이었다. 군자는 이기는 것을 진정으로 원치 않았고 벌거벗은 야심은 천박한 것이며 열등한 인간의 표시였다. 가족 생활도 똑같은 정신이 지배했다. 아버지와 아들의 관계는 자연스러운 애정이 아니라 제후와 봉신의 유대에 기초를 두었다. 아들은 아버지를 미래의 조상으로서 숭배했고 아들의 의무는 아버지의 모든 기분에 공감하는 것이었다. 아버지가 건강하면 행복해야 하고 아프면 슬퍼해야 하며 아버지가 식욕이 좋을 때는 먹어야 하고 병이 들었을 때는 굶어야 한다. 이렇게 해서 아들은 서

(恕)라는 공감의 덕을 배웠으며 이것이 중국의 축의 시대에 중심적 역할을 했다. 아버지가 죽으면 아들은 최대한 죽음의 경험을 같이 했다. 그는 가족의 집으로부터 나와 움막에 살면서 흙덩어리를 베고 땅바닥에서 잤다. 아들은 3년 동안 아버지의 혼령을 신으로 바꾸는 애도 의식을 치렀으며 애도 기간이 끝나면 아버지의 신격화가 완성되었고 예기에서 말하는 대로 조상의 빛나는 신과 교제하여 완벽한 깨달음을 얻는다.

현대적 관점에서 보면 인간관계의 적절함을 예(禮)로 규정하는 것은 매우 거추장스럽고 부자연스러워 보인다. 왜냐하면 상황에 따라 유동적이고 생성되는 관계에 유연하지 못하기 때문이다. 부모와 자식의 관계가 먼저 있고, 이로부터 사랑과 존경이 형성되어 예(禮)가 표출되는 것이 아니라, 부모와 자식의 실존이 있기 이전에 관계의 규율을 먼저 규정하는 예(禮)가 먼저 존재한다는 사실이다. 유가의 예(禮)는 인간 실존에 앞서 있는 정초적 틀이다. 분명 예(禮)의 조목과 규정은 프로크루테스의 침대처럼 인간의 자유와 생명을 억압하는 것으로 비판될 수 있다. 그러나 암스트롱은 그 예(禮)의 신성함이 중국 역사 속에서 하나의 축의 시대를 형성해 갔고, 그것이 위기에 처할 때 이를 다시 회복하고자 한 인물이 공자임을 다시금 주장한다. 즉 공자로부터 중국의 축의 시대가 바야흐로 시작되었다는 것이다. 공자는 어려서부터 제의 전문가들에게 마음이 끌렸고 주 왕조 가운데서도 특히 주공에게 매료되었던 인물이다. 주공은 가끔 공자의 꿈에 찾아오기도 했고 그가 서른이 되었을 때는 예(禮) 공부를 마칠 수 있었다. 공자는 제의의 깊은 의미를 이해했고 그것을 제대로 해석하면 중국 사람들을 천도(天道)로 돌이킬 수 있다고 확신했다.

그러나 과연 공자는 축의 시대를 열었다고 할 수 있을까? 암스트롱은 공자에 대해서 다음과 같이 기술하고 있다. "공자는 스스로 독창적 사상가라고 주장한 적이 없다. 그는 가르침을 받은 대로 전달하였고 옛것에 충실하고 옛것을 사랑했다. 그는 그저 과거를 사랑하고 과거를 연구하는 데 부지런한 사람이었다. 그러나 옛것을 익혀 새로운 것에 관한 앎을 얻는 데 열중했던 혁신자였다."는 것이다. 공자는 내세보다 현실에 집중했고 형이상학에 관심이 없었으며 신학적인 잡담은 권하지 않았다. 그의 궁극적 관심은 하늘이 아니라 도(道)였고 제의는 올바른 방향을 안내해 줄 지도였으며 예(禮)는 인간성을 갈고 닦는 완벽한 방식이자, 이기심을 버리고 이타적 요구에 복종하는 길이었다. 분명 예는 우리가 다른 사람들을 경솔하게 대하거나 그들과 모욕적인 관계를 맺지 않도록 한다. 또 쓸모나 자기 이익에 따라서만 자신을 움직이지 않게 한다. 예를 거행하는 정신은 모든 동작과 표정에서 나타난다. 만일 경멸이나 짜증으로 한다면 그 예는 모욕이 될 수 있다.

공자에게 있어 예란 양보의 정신으로 이를 진지하게 거행할 때에만 의미가 있는 것이었다. 아들은 아버지에게 양보해야 하며 전사는 적에게 양보해야 하며 왕은 가신에게 양보해야 한다. 공자는 인도의 출가자들과는 달리 가족 생활이 깨달음에 장애가 된다고 보는 대신 종교적 탐구의 극장이라고 보았다고 암스트롱은 말한다. 모든 가족 구성원에게 다른 사람을 위해 살도록 가르치기 때문이라는 것이다. 이런 이타주의가 군자의 자기 계발의 핵심이었다는 것인데, 과연 공자는 혁신가이고 이타주의를 자기 계발의 핵심으로 삼는 보편주의자일까?

먼저 유가의 전형이 된 오륜의 규범을 떠올려 보자. 흔히 오륜은 주나라 중심의 봉건시대를 배경으로 형성되어 온 것으로 말해진다. 군신유의(君臣有義)는 대종과 소종의 군신 관계에 있어 신하가 임금에게 충성을 표하고, 쿠데타의 의지가 없음을 보이며 자신들의 자녀들을 중앙으로 보내 혼인 관계를 맺는 데서 나온 덕목이다. 부자유친(父子有親)은 농경사회와 씨족 중심으로 이어지는 제사 상속 제도에서 나온 덕목이다. 자식은 아버지의 뜻을 따르고 조상의 제사를 이으며 가문을 계승하는 의무를 갖는다. 부부유별(夫婦有別) 역시 가부장적 사회를 배경으로 하여 여자가 다른 남자와의 관계를 맺지 않고 정절을 지켜 후손의 순수성을 지킬 의무를 갖는 것이었다. 장유유서, 붕우유신 역시 농경사회를 반영한 것이다. 농경사회에서 노인은 지혜로운 자로서 추앙되었고 벗과의 사귐에서 신뢰는 사회적 신뢰와 보수성을 반영하는 것이었다. 이렇게 볼 때 오륜의 윤리를 이타주의, 보편주의, 혹은 영성적 잠재력이라고 표명하는 것에는 의문의 여지가 있다.

공자는 주나라의 예로 돌아가고자 한 복고적 인물이고 온고지신 (溫故知新)을 말하면서도 과거를 답습하는 데 치중했으며 현상을 직시하기보다는 과거를 통해 사물을 보도록 하여 새로운 상황을 올바로 볼 수 있는 눈과 마음을 거세했다 할 수 있다. 이러한 거세는 후대 유자들에 의해 더욱 강화되었다. 한 연구자는 유교의 공부란 옛 성현의 말과 경전을 암기하고 답습하는 것이지 비판과 창조가 끼어들 수 없는 것이라 비판한다. 유교의 텍스트를 통해 겉으로는 가장 도덕적인 가치로 무장한 것처럼 표방하지만 실제로는 거짓과 권력과의 타협을 학습한다는 것이다. 유교 근본주의자들은 토론을 원천 봉쇄했다. 언로가 막혔다는 것은 사회의 부패가 시작되었음을 알리는 바로미터이다. 유자들은 모든 가치를 검증 불가능한 과거의 기준에 놓고 과거를 왜곡하고 미화하여 인간 자유의지의 발휘를 본질적으로 가로막는 위험한 사람들이었다고도 볼 수 있다. 이렇게 보면 공자는 축의 시대정신을 대표한다기보다 동양 사회 전체를 완고하고 정체되게 했던 장본인이라 할 수 있다. 이는 공자가 아니더라도 누군가의 권력에 의해 만들어졌을 인물의 전형이다. 역사적으로 유교는 권력들에 의해 어용화되어 이용당해져 왔고 그들에 의해 본래의 취지마저도 왜곡되었다 할 것이다. 춘추전국시대에 공자보다 법가들을 환영했던 군주들도 점차 유가를 수용해 자신들만이 법망을 피해 가고자 했던 것도 참고해 볼 일이다.

4. 묵가 공동체와 축의 시대: 공감의 사상

카렌 암스트롱은 묵가를 급진적인 '공감의 사상'이라고 표현했다. 묵가는 180명으로 이루어진 엄격한 규율을 갖춘 공동체를 이끌었고 평등주의적인 윤리를 추구했으며 구성원들은 농민이나 장인처럼 검은 옷을 입었다. "묵자는 민중 계급의 소박한 에토스를 반영한 사회를 원했다."고 암스트롱은 기술하고 있다. 그러나 암스트롱은 묵자를 공자의 사상 뒤로 사라진 미미한 인물로 묘사하고 있다. 그녀는 중국 역사에서 '축의 시대 정신'을 빚은 인물로 공자에 이어 묵자를 꼽고 있지만 묵자에 대한 비중은 크지 않고, 그에 대한 기술도 간략하게 묘사하고 있다. 그도 그럴 것이 권력을 지닌 자들이 취했던 공자의 사상과는 달리 권력에 반기를 걸었던 묵자의 사상과 기록이 온전히 보전되었을 리는 만무하기 때문이다. 분명 암스트롱도 의식하고 있듯이 묵가와 공자는 반대적인 성격이 강하다. 묵자는 주 왕조에 매우 비판적이었고 공자의 영웅이 되었던 주공도 별로 좋아하지 않았다. 그는 공자에게 그토록 큰 영감을 주었던 주나라의 제의, 음악, 문학에는 거의 관심이 없었고 오히려 비악(非樂)과 절장(節葬)을 주장했다. 또한 공자가 친애(親愛)를 주장했다면, 묵가는 겸애(兼愛)를 주장했다.

이에 묵가에 대한 일반적인 이해를 살펴보자.

묵자의 묵(墨)은 성이 아니라 노동으로 인해 살이 검게 탄 모습을 가리킨다. 이는 묵자가 처한 신분이 평민이었던 탓이라고 말하는 역사가도 있지만 그의 평민 지향적, 평민 애호적 사상을 드러내 주는 표현이기도 하다. 묵자는 능력 위주의 사회질서가 거부되고, 명분 없는 침략 전쟁이 빈번하며, 도탄에 빠진 인민이 유리걸식하는 사회가 장기간 지속되는 전국시대의 현실을 몸으로 맞선 사람이다. 그는 자신의 이상을 실현하기 위해 앉은 자리가 미처 따뜻해질 겨를도 없이 천하를 주류하였고 힘써 사람들을 가르쳤다. 강인한 실천정신과 희생정신을 바탕으로 그는 평생에 걸쳐 겸애라는 차별없이 사랑하기와 비공(非攻)이라는 반전, 평화주의를 일관되게 설파하였다.

잦은 전쟁과 일상화된 국가 폭력으로부터 벗어날 수 있는 삶의 기반과 사회적 힘의 필요가 제기됨에 따라 여기저기서 묵자사상을 추종하는 묵가들이 나타났고 작지만 강한 공동체가 출현하였다. 당시의 지배계층은 기본적으로 세습에 의해 사회적 신분이 결정되는 귀족적/씨족적 질서 위에 서 있었기 때문에 "차별없이 사랑"하기를 내건 묵가 공동체는 그들이 보기에 매우 불온하고 위험한 집단이었다.

묵가들은 공동체에 거자(鉅子)라고 불리는 지도자를 두고 그의 영도 아래 무술을 연마하고 군사를 연구했다. 그들은 주로 하층민으로 구성된 집단이었지만 강학도 게을리하지 않았다. 그 결과 묵가의 전투력은 적수가 없을 정도로 막강해졌다. 실제로 묵자가 약소국인 송나라를 명분없이 침공하려던 초나라의 야욕을 분쇄했던 것처럼, 초나라와 같은 강대국조차 그들의 작지만 강했던 전투력을 함부로 하

지 못했다.[1]

축성(築城)과 병기 제작, 수성술 등에 밝았던 묵가 공동체의 성원들은 부(部)·반(班) 등의 소규모 군대 조직으로 편제되어 일상을 영위했다. 묵가 공동체가 소수였지만 강한 힘을 발휘할 수 있었던 것은 능력 본위의 공동체 질서 덕분이었다. 서민 특히 장인(匠人)을 중심으로 기존 질서에서 소외되었던 전사, 무의(巫醫), 농민, 상인, 말단관리 등으로 구성된 묵가 공동체가 거자의 지도에 따라 일사분란하게 움직이며 고도의 전투력을 지속적으로 발휘할 수 있었던 것은 공동체를 지속적으로 굴릴 내재적 동력을 확보하고 있었기 때문이다. 묵자는 "관리라고 하여 늘 높은 신분인 것만은 아니며 백성일지라도 항상 낮은 지위에 머무는 것은 아니다."라고 선언했다. 즉 관리 임용의 기준은 타고난 배경이나 능한 처세가 아니라 관직을 맡아 그 직분을 수행할 수 있는 능력이라고 하였다. 묵가가 이해한 인간은 노동하는 존재로서의 인간이었다.

인간은 본래부터 고라니나 사슴, 나는 새나 기어 다니는 벌레와 같은 짐승들과는 다른 존재이다. 고라니나 사슴, 나는 새나 기어다니는 벌레들은 자신들의 깃과 털로써 옷을 삼고 발굽과 발톱으로써 신발을 삼으며 물과 풀을 음식으로 삼는다. 그래서 수컷은 씨 뿌리고 김매지 않아도 되고 암컷은 길쌈하고 옷 짓지 않아도 되니 입고 먹을 재화가 본디부터 갖추어져 있기 때문이다. 그러나 사람은 이

와 달라서 자신의 힘(力)에 의지하여 살아가는 존재이니 힘에 의지
하지 않으면 곧 살지 못하게 된다.(非樂篇 上)

묵자는 공동체 전체의 이익 실현에 기여하는 노동을 강조하였고
육체노동만이 아니라 임금이나 관료들이 맡고 있는 정사나 행정, 사
법 등도 동일한 노동으로 보았다. 피지배층이든 지배층이든 누구든
간에 '노동하는 인간'이라는 본성 차원에서는 모두가 똑같으며 동
일한 본성을 구현한다는 차원에서 그들이 행하는 노동 사이에는 어
떠한 위계도 존재할 수 없게 된다.[2] 이는 인간 본성으로서의 노동이
세습적 종족 질서를 넘나들 수 있는 평등의 근거이자 능력들 사이의
위계를 인정하지 않는 철학적 근거가 되었다. 능력 본위라는 윤리와
능력의 공유화는 엄격한 규율을 요구했던 묵가 공동체가 자신들의
활력을 유지하는 동력원이었다.

신체적 힘이 있는 사람은 열심히 다른 사람을 도와야 하고 재력이
있는 사람은 힘써 다른 사람에게 나누어 주어야 하며 지식을 지닌
사람은 힘써 가르침을 베풀어야 한다.(상현편 하)

한 사람을 죽여 천하가 보존됐다 해도 살인은 천하를 이롭게 하는
것이라고 말할 수 없다. 그러나 자기를 죽여 천하가 보전됐다면 자
기를 죽인 것은 천하를 이롭게 한 것이라고 말할 수 있다.(대취)

묵자에게 있어 현명함이란 자연 상태의 혼란을 제거하고 공동체를 안정되고 질서 있는 상태로 이행시키는 능력이다. 또한 윗사람과 아랫사람 모두가 가치판단의 기준을 하나로 통일하여 온 천하가 이롭게 되는 경지로 공동체를 이끌어가는 능력이다. 그에게 있어 천자는 세상에서 천하를 가장 이롭게 할 수 있는 능력을 지닌 자여야 하며 널리 세상을 이롭게 하고자 하는 하늘의 의지에 절대적으로 복종해야 하는 자로 설정되었다. 따라서 천하의 공리가 아닌 천자의 사적 이익을 추구하게 되면 그는 더 이상 천자의 자리에 있을 수 없게 된다.

묵자의 겸애는 이러한 "현자(능력자)와 하나 되기"를 온전히 실천하기 위한 강령이기도 하다. 겸애는 차별 없음의 지향이다. 그는 노동들과 능력들 사이의 위계를 단호히 부인함으로써 사회적 위상과 타고난 능력의 차이로 인해 고착화될 수 있는 사회적 차별을 무화시켰고 겸애를 통해 천성적 이기심의 발로로 인한 사회적 차별을 미연에 방지하고자 했다. 그리고 여기에 이익의 균등한 분배라는 강령을 추가함으로써 재부의 차이로 인한 사회적 차별의 발생을 억제하고자 했다.

공자에게 성왕의 도는 "천명을 받은 성인인 천자가 신민을 다스린 말씀"에 있었으나 묵자가 말하는 성왕의 도는 "백성에 의해 선출된 천자가 천제(天帝)의 뜻을 실천하는 것"에 있었다. 그리고 그 하늘의 뜻은 "하늘의 신민인 백성의 뜻과 민(民)의 이익"이라고 보았다.

이 점에서 묵자는 공자와 다르다. 공자는 성왕의 도를 주례(周禮)라고 했으나 묵자는 성왕의 도를 겸애(兼愛)라고 했다는 점에서 또 다르다. 다시 말하면 공자는 지배계급의 시각이었고 묵자는 민중적 시각이었다. 그의 비악(非樂), 절용(節用), 절장(節葬), 비공(非攻) 등의 주장도 온 천하를 이롭게 하자는 구상의 일환이었다. 만민의 이로움을 해하는 것이라면 설령 그것이 높은 성취를 이룩한 문명의 소산일지라도 결단코 멀리해야 한다는 입장이었다. 암스트롱은 묵가의 사상을 공감의 사상이라고 했지만 실질적으로 지배계급에게는 공감을 불러일으킬 수 없는 사상이었다.

지금까지 암스트롱의 관점을 기술한 필자의 입장은 반(反)공자, 친(親)묵자에 편향되어 있다고 볼 수 있겠으나 보다 본질적인 필자의 관심은 어느 한 곳에 편드는 것이 아니다. 필자는 오로지 현재 이 시대에 "축의 시대는 재현되는가?"에 관심이 있다. 현시대에 축의 시대를 열어간다는 것은 무엇을 의미하는가. 지금까지 말했던 것처럼 암스트롱은 중국의 축의 시대를 연 대표적인 인물로 공자와 묵자를 꼽았지만 축의 시대가 재현된다는 것은 그들의 부활은 아닐 것이다. 묵자도 현재의 관점에서 얼마든지 비판될 수 있다. 순자가 묵가들을 비판하여 "노예의 사상"이라고 명명한 것처럼 묵가는 문명적 평준화에 치중했고 민중의 현실적 삶에 도움이 되지 않는 음악이나 문화를 배제한 것에서 파시즘적 요소도 얼마든지 찾아볼 수 있는 일이다. 어떻게 보면 묵가들은 공동성만 치중할 뿐 개별성은 염두에 두

지 않았다고 비판될 수 있다. 묵자들은 개인이 개별자로서의 정체성
이 무시된 채로 단일 실체로서의 공동체라는 집체의 일부로 귀속되
는 양상을 보이기도 했던 것이다. 그러나 그 시대에 있어 묵자들 역
시 고통받는 민중과 함께하고 권력자들의 전쟁 놀음을 비판하며 겸
애와 평등을 추구하여 "신의 뜻을 정의로 삼는 새로운 영감"을 주었
던 것은 분명하다. 오늘날도 귀족계급에 이용되었던 공자보다는 권
력자들에 의해 사장되었던 묵가가 더 매력적으로 보이는 것은 우연
이 아니다.

　축의 시대를 연다는 것은 각 시대마다의 수준을 한 단계 올리는
것에서 찾을 수 있고 공자나 묵자 모두 그러한 의미에서 축의 시대
에 포함시킬 수 있는 인물이 될 것이다. 그러나 우리 시대에 '축의
시대'가 재현된다면 그것은 공자와 묵자를 뛰어넘는 것이어야 하고,
우리 각자의 종교성이 자유롭게 춤추게 하는 일이 될 것이다.

두 번째 축의 시대와 동학

김용휘 한양대 강의교수

1. 우리 시대의 두카

공포와 불안이 우리 삶 깊숙이 곰팡이처럼 스며들어 있다. 사람들은 늘 자기 시대를 가장 힘든 시기로 기억할 것이다. 하지만 오늘날처럼 변화가 빠르고 미래가 불투명한 시대는 없었다. 오늘날처럼 주변 사람들에 대한 신뢰와 존중이 경쟁과 성과에 자리를 내주며 상실된 적은 없었다. 돈이 세상을 움직이는 최고의 힘이자 원리가 되었다. 돈이 진리가 돼 버린 세상에서 인간은 상품이 되거나 소비자로 전락하였다. 인간은 점점 자신의 자리를 잃어 가고 있다. 인간의 존엄, 신성함은 우스꽝스런 용어가 되어 버렸다. 삶은 곳곳에서 무너져 내리고 있다.

종교는 기댈 곳 없는 현대인들의 심리와 성공, 출세의 신화를 부추기며 합리성이 지배하는 21세기 최첨단 시대에도 승승장구하고 있다. 하지만 그것이 종교 본연의 모습은 아닐 것이다. 종교는 본래 케노시스(kenosis), 자기비움의 영성이 그 핵심이다. 자기의 에고, 자기중심주의를 버릴 때, 그 자리에 종교가 추구하는 궁극적인 대상이 자리를 잡게 된다. 그럴 때 그 인격은 이전과는 다른 초월적 차원으로의 전면적인 변화가 일어날 것이다.

하지만 우리 삶은 점점 더 탐욕스럽고 사려 깊지 못한 소수의 사람들에 의해 지배되고 있다. 모든 부분에서 경쟁만 강조하면서 삶의 또 다른 원리인 협동과 유대, 존중과 배려가 사라진 숨막히는 현실과 마주하고 있다. 생명과 생태계 파괴는 더 심각해지고 있다. 세계 곳곳에서 기상이변이 속출하고 있으며, 이산화탄소 증가로 인한 기후변화는 미래의 큰 위협으로 다가오고 있다. 또한 세계는 여전히 전쟁과 내전, 분쟁과 갈등, 테러와 대테러, 대량학살, 기아와 질병 등으로 고통받고 있다. 신자유주의의 전면화 이후로 민주주의 역시 후퇴하고 있다. 국민들의 기본권조차 시장원리 속에서 침해당하고 있다. 그러나 정부는 자본에 포섭당해 공정한 조정자의 기능을 방기하고 있다.

카렌 암스트롱의 『축의 시대』(원제목 The Great Transformation)[1]는 기원전 9세기에서 2세기까지의 기간 동안 각 대륙에서 동시다발적으로 발생한 사유의 창조적 혁명, 새로운 종교적 기원을 놀라운 통찰력으로 서술하고 있다. 이 시기는 인류 역사에서 첫 번째 정신문명이 꽃핀 획기적인 시기이다. '축의 시대'(또는 차축시대)라는 용어는 원래 야스퍼스가 1949년의 논문에서 이 시기를 문명의 축이 크게 한 번 전환한 특별한 시기로 일컬으면서 쓴 용어였다. 그러나 이 정신 문화는 그냥 꽃핀 것이 아니다. 고난과 고통 위에 핀 꽃이었다. 이 시기는 그야말로 전쟁의 시대였다. 철기 문명과 관개시설의 발달로 농업생산이 늘자 더 넓은 땅이 필요해졌다. 폭력과 죽임이 일상화되던 시대였다. 그러한 고통과 고난에 대한 응답으로 참된 인간의 길을 제시하면서 나온 것이 그리스 문명, 히브리 문명, 인도 문명, 중국 문명이었다.

2. 희생제의에서의 다양한 분기 - 신 관념의 변화

네 지역에서 문명이 특징적으로 분기되기 전의 삶의 모습은 크게 다르지 않다. 고대사회에서 가장 큰 어려움은 천재지변과 같은 자연의 불가해한 힘, 또는 질병 같은 불가항력적인 불행들, 그리고 먹을 거리의 부족으로 인한 빈곤, 주변 부족들과의 잦은 전쟁, 폭력으로 얼룩진 일상의 삶 등이었다. 이 중에서도 자연은 늘 인간들에게 두려움의 대상이자 경외의 대상이었다. 문명은 이러한 자연의 불가해한 힘, 불가항력의 운명, 삶의 고통과 폭력에 대한 대응에서 나왔다고 할 수 있다.

고대 사회에서는 삶에서 일어나는 대부분의 고통의 원인을 신(神)과 관련해서 생각했다. 그 신에 대한 관념은 조금씩 달랐지만, 보이지 않는 힘이 운명에 작용한다고 생각했다. 그래서 신의 분노를 사지 않고 그의 뜻을 살피고 비위를 맞추는 것이 중요했다. 희생제의는 이렇게 해서 고대의 모든 사회에서 공통적으로 나타났다. 신화적 이해 방식이었지만, 불가해한 고통에 대해서, 알 수 없는 운명의 원인에 대해 이렇게라도 설명하는 것이 나았다. 그래야 삶이, 공동체가 통제 가능해질 터였다. 그래서 신에게 제물을 바치며 기원을 드리는 희생제의는 모든 공동체의 삶에서 가장 중요한 부분을 차지했다. 그런데 시간이 지나 신과 세계를 이해하는 방식이 달라지면서 희생제의는 각 지역마다 조금씩 다른 방식으로 전개되었다.

인도의 경우 희생제가 내면화되는 방식으로 나타났다. 초기 인도인들은 모든 자연에 신이 깃들어 있다고 생각했고, 자연을 의인화해서 중요한 자연물을 지배하는 신이 있다고 생각했다(인드라, 아그니등). 그러나 시간이 지나면서 신에 대한 이해가 달라졌다. 신은 바깥에 있지 않았고, 인간의 내면에서 발견할 수 있는 것이었다. 한 인간을 독특하게 만드는 그 사람의 본질적이고 영원한 핵심을 추구하는 것이 영적 탐구의 초점이 되었다. "기원전 9세기에 이르면 인도의 제의 전문가들은 인도의 축의 시대를 여는 전례 개혁에 나선다. 그들은 희생제를 체계적으로 분석하는 과정에서 내적 자아를 발견한다."[2] "그들은 희생제의 방향을 원래 가리키던 곳에서 다른 곳으로 틀어, 아트만, 즉 자아의 창조에 초점을 맞추었다. '아트만'이라는 말은 점차 한 인간을 독특하게 만드는 그 사람의 본질적이고 영원한 핵심을 가리키게 되었다."[3] 이렇게 인도의 영적인 탐구는 외적인 신이 아니라 '내면세계의 발견' '영원한 자아'에 초점을 맞추게 되었다. 이것이 명상, 요가 등의 체계적인 신체적 정신적 훈련의 기술로 발전되었다.

그리스 역시 처음에는 인도와 마찬가지로 자연에 신성한 힘이 깃들어 있다고 생각했다. 우리가 그리스 신화에서 흔히 접해 왔듯이 수많은 신들이 있었다. 이들은 대체로 자연의 힘을 대표하거나 삶에서 중요한 것들을 관장하였다. "축의 시대의 다른 민족들이 낡은 신들에게 불만을 느끼거나 신성의 관념을 바꾸고 있을 때, 그리스인은 과거의 종교 양식에 더욱더 헌신했다. 그들은 신성을 초월적인 것으로 여기는 대신, 전통이 가르쳐 주는 대로 자기 신들의 내재성을 다시 확인했다."[4] "신이 인간과 얼마든지 양립할 수 있다고 느꼈다. 모든 뛰어난 성공이나 특별한 성취에는 신 또는 여신이 드러났다. 신들은 한 개인으로서 독립적이고, 개별적으로 고립된 인물로 볼 수 없었다. 각각은 전체의 불가결한 구성요소였으며, 다른 가족 구성원과 비교를 할 때에만 이해할 수 있었다."[5] 그리스 세계에서 일신 숭배는 금기였으며, 끔찍한 벌을 받을 수도 있는 행위였다.[6]

그러나 그리스의 사유의 발달은 불가피한 자연현상, 삶의 불가해한 고난과 운명의 원인을 신에게서 찾는 방식을 그치고 점차 이성적으로 사유하기 시작했다. 이런 흐름에서 자연을 합리적으로 설명할 수 있는, 우주를 구성하는 근원적 질료를 찾고자 하는 철학자들이 나타났다. 이어서 수사학과 측량술 등 삶의 기술(테크네)을 탐구하는 소피스트들이 나타났다. 신 관념이 완전히 사라진 것은 아니었지만, 그들의 신 관념은 자연의 신성한 힘을 의인화한 것이었고, 점차 그런 관념과 결별하면서 자연과 인간의 삶을 합리적이고 이성적으로 사유하고자 하였다.

이스라엘의 신 관념도 초기에는 다른 지역과 마찬가지로 다신관이었으며, 지역을 대표하는 신이 있었다. 그러나 이스라엘은 다른 지역과는 달리 야훼 신앙이 점차 다른 신앙을 제거하면서 유일신앙을 확립하는 방향으로 전개되었다. 원래 야훼는 유대 지역 남쪽 산들의 신이었다. 그런데 다른 부족들이 남쪽에서 고지대로 이주하면서 야훼를 데려왔다고 성경학자들은 추정한다.[7] 기원전 6세기까지 이스라엘의 종교가 사실상 이 지역의 다른 민족들이 섬기는 종교와 별로 다르지 않았다. 아브라함, 이사악, 야곱은 '엘', 즉 가나안의 최고신을 섬겼으며, 뒤 세대들은 엘 신앙을 야훼 신앙과 합쳤다."[8] 가나안에서 엘은 결국 최고신 대부분과 같은 운명을 맞아, 기원전 14세기에 엘 숭배는 시들해지기 시작했다. 대신 사람들은 역동적인 폭풍의 신이자 신성한 전사인 '바알'을 섬기기 시작했다. 바알은 또한 풍요의 신이기도 했다.

"이스라엘 사람들은 아직 일신교도가 아니었다. 야훼는 특별한 신이었지만, 그들은 다른 신들의 존재도 인정하고 그들을 섬겼다. 야훼가 유일한 신이 되는 것은 기원전 6세기 말이다. 초기에 야훼는 신들의 모임에 속한 '신성한 자들' 또는 '엘의 아들' 가운데 하나일 뿐이었다."[9] "고고학자들이 발견한 대로, 주민 대다수는 야훼 외에도 다른 현지 신들을 섬겼으며, 바알 숭배는 기원전 6세기까지 이스라엘에 널리 펴져 있었다." 그러나 소수의 예언자들은 야훼만 섬기고 싶어했으며, 야훼가 그의 민족이 원하는 모든 것을 제공할 수 있다고 확신했다. 엘리야는 배타적인 야훼 숭배를 고집한 첫 예언자였다. "그는 이스라엘에 유일신을 섬길 것을 제안하여 전통 종교에 새로운 긴장을 불러일으켰다."[10] '야훼 유일 운동'으로 이전의 "신성한 자원이 축소되고, 친숙하고 사랑하던 신성한 의무들을 사라지게 함으로써 중동의 신화적이고 종교적인 합의와 단절하는 외롭고 고통스러운 여행을 이스라엘은 택하게 되었다.[11]

중국의 경우는 고대부터 상제라고 불리는 최고신의 관념이 있었다. 기원전 16세기 이후 황허 유역을 다스려 온 중국 상(商) 왕조(은나라)의 왕들은 자신들이 신의 아들이라고 믿었다. 그들은 최고신 제(帝)를 섬겼다. 왕만이 제에게 제사를 드려 백성의 안전을 지킬 수 있었다. 상나라는 농촌사회였다. 상나라 귀족은 농업에는 관심이 없었지만, 농촌 풍경에서는 풍부한 영적 의미를 찾아냈다. 산, 강, 바람은 모두 중요한 신이었으며, 네 방위의 주인도 마찬가지였다. 이 자연신들은 땅에 속했으며, 천신인 제(帝)에 대응하는 신적 존재였다. 그러나 이 신들보다는 왕가의 조상이 훨씬 중요했으며, 그들에게 드리는 제사가 상나라 종교의 핵심이었다.[12] 조상 숭배가 중국에서는 더욱 중요했다.

　기원전 11세기 주나라가 상을 대신해서 중국을 통치하였다. 주나라는 상나라를 따라 자연신과 조상을 섬겼으며 계속 제를 섬겼지만, 제를 '천(天)'이라고 부르는 자신들의 천신과 합쳤다. 주나라는 상의 귀족들과 백성들을 끌어안기 위해 '천명'이라는 개념을 고안해 내었다. 하늘은 백성의 고통을 가엾게 여겨 상에게 위임했던 천명을 도로 거둔 뒤 새로운 통치자를 찾았다는 것이다. '천명' 개념으로 주나라는 그때까지 도덕성에 관심이 없던 종교에 윤리적 이상을 도입하였다. 하늘은 통치자의 윤리적 실천에 반응한다는 것이다. 그래서 통치자의 '덕'이 중요한 관건이 되었다. 원래 '덕'은 천명을 얻을 수 있는 독특하고 신비로운 힘을 의미했다. 그것은 왕만이 가질 수 있는 것이었다.

　중국의 축의 시대는 이전 왕들이 시행했던 고대의 제의를 더 깊이 이해하고 발전시켰다. 제의는 왕의 봉신들에게 군주가 천자(天子), 즉 '하늘의 아들'임을 일깨워 주었다. 그는 하늘의 최고신인 천상제로부터 중국 백성을 통치하라는 천명을 위임받았다. 오직 천자만이 최고신에게 제사를 드릴 수 있었다. 그러나 중국의 종교는 최고신에 대한 인격적인 숭배로서의 제의를 일상의 예(禮)로 만들어 나갔고, 점차 우주의 자연 질서를 보전하는 데 몰두해 있었다. 예를 통해서 인간 사회와 '하늘의 도'[天道]의 일치를 추구하였다. "중국인들은 '저 바깥'에서 뭔가 신성한 것을 찾는 일보다는 이 세계를 하늘의 원형과 일치시켜 더 신성하게 만드는 데 관심이 있었다. 우주와 자연의 진행 과정에서 드러나는 하늘의 도는 높은 곳에 있는 분명하게 규정된 어떤 신보다도 중요했다. 그들은 여기 땅에서 모든 것을 하늘의 도와 일치시키는 일상적이고 실용적인 노력을 하면서 신성함을 경험했다."[13]

고대에서의 신 관념은 대부분 자연의 힘을 의인화하였고, 지역을 관장하거나 특정한 삶의 요소를 관장하는 신이 따로 있다고 생각하였다. 그렇기 때문에 대부분 다신관이었고, 희생제를 통해 공동체의 안녕을 기원하는 것이 사회를 유지하는 가장 중요한 행위였다. 그러나 그것이 전개되는 과정에서 인도는 전례의 개혁을 통해 '내면의 탐구'로 가고, 그리스는 이성을 통해 자연의 힘을 합리적으로 설명할 수 있는 철학적 탐구로 나아갔고, 이스라엘은 야훼를 중심으로 다른 민족신들을 통합하면서 점차 최고신, 유일신의 개념으로까지 확장시켜 나갔다.

반면 중국의 경우는 고대부터 최고신의 관념이 있었지만 주나라 이후 최고신으로서의 천상제는 점차 천명, 천리, 도(道)로 대체되면서 이법화되는 한편, 생활 속의 예(禮)를 통해 도(道)와 합치되는 삶을 추구하는 방향으로 전개되었다.

3. 비극과 두카, 그리고 인간의 변화 가능성

축의 시대 네 지역에서 창조된 종교 전통은 모두 공포와 고통에 뿌리내리고 있다. 축의 시대는 공통적으로 전쟁의 시대였다. 다양한 부족국가들이 공존하던 시대에서 거대한 통일 제국을 만들려 끝없는 전쟁이 진행되었던 시대였다. 고통과 고난이, 폭력이 일상이었던 시절이었다. 그러나 삶의 고통, 고난을 부정하지 않고 인정하는 것이 깨달음의 필수 조건이기도 했다. 석가모니는 그것을 두카(dukkha)라고 하였다. 두카에 대한 냉철한 인식이 해탈의 전제조건이었다. 그러나 고통의 원인에 대한 현실 분석과 그 극복 방법은 네 지역이 모두 달랐다.

그리스는 인간과 삶의 어두운 측면에 더 주목하였다. 삶은 불가해한 것이었다. 언제 어디서 알 수 없는 운명의 거대한 힘은 마을의 평화를 깨고 삶을 파국으로 만들고 가족들을 뿔뿔이 흩어지게 할지 모르는 일이었다. 그리스인은 폭력과 재난의 이미지에 시달렸다. 삶은 언제든지 붕괴될 수 있었다. 인간의 본성은 선과 악 어느 하나로 규정될 수 없었다. 마음은 늘 분열적이었다. 그래서 "그리스인들의 제의와 신화는 늘 말로 표현할 수 없고 금지되어 있는 것, 무대 뒤에서, 바로 눈 밖에서, 보통 밤에 벌어지는 끔찍한 사건들을 암시한다. 그들은 삶이 불가해하게 뒤집혀 버릴 때, 금기가 깨질 때, 사회와 개인을 제정신으로 유지하던 경계들이 갑자기 갈갈이 찢길 때, 그런 파국 속에서 신성함을 경험했다."[14] 그리스가 축의 시대에 종교적으로 가장 크게 기여한 점은 '비극'이었다.

그리스인들은 미래에 대한 낙관적 전망으로 들떠 있기보다는 현실의 삶이 언제든지 붕괴될 수 있다는 비관적 냉정함을 잃지 않았다. 현실적 모순과 부조리를 있는 그대로 똑바로 보고자 하였고, 무엇보다도 욕망하는 존재로서의 이기적 본성과 분열적인 인간 내면의 복잡함을 깊이 간파하고 있었다. "그리스인들은 자신들이 이룬 것이 순식간에 사라질 수도 있으며, 죽음, 해체, 적대가 언제나 잠복해 있다는 사실을 의식했다."[15] 이러한 '비극의 감각'은 삶에 대한 중요한 통찰이었다. 붕괴될 수 있는 삶의 안전장치였으며, 다가올 파국에 앞선 마음의 대비였다. 그리스인들은 제의를 통해서 비극을 재현해 내었으며, 나중에는 연극으로 일상화했다. 깊은 상실감을 경험하지 않고는 생명과 환희를 얻을 수 없다는 것을 그들은 통찰하고 있었다. 집단적 제의와 공연을 통해 그들은 결코 '비극의 감각'을 잃지 않았고, 그들이 겪은 트라우마를 집단적으로 치유하기도 하였다.

그들에게서 철학이 시작된 것은 우연이 아니었다. 철학적 사유는 삶과 인간의 본성을 냉정하게 있는 그대로 가감 없이 바라볼 수 있는 이성의 냉철함에서 시작될 수 있는 것이었다. 비극은 이후 철학의 기저에서 흘렀고, 유럽에서 오이디푸스왕에 대한 재해석으로 프로이트가 나온 것은 결코 우연이 아니었다. 반면 인간의 변화 가능성에 대한 낙관적 전망도, 적극적인 실천도 없었다.

이스라엘 역시 인간의 나약함에 주목했다. 인간의 죄성에 대한 고백으로부터 그들의 종교는 시작된다. 스스로의 힘으로 윤리적 삶을 지탱하는 것은 불가능하다고 보았다. 야훼를 유일신으로 고백하고 받아들임으로써만 은총을 받고 구원을 얻을 수 있는 것이었다. 인간은 결코 신과 하나될 수 없다. 에덴의 이야기는 인간 본성의 나약함에 대한 이야기이다. 인간의 나약함, 불완전함을 깊이 고백함으로써만 그분에게 자기를 내맡길 수 있다. 아브라함이 그랬듯이 '힌네니'(예, 여기에 있습니다)라는 내려놓음이야말로 필요한 모든 것이다. "야훼여, 내 마음은 교만하지 않으며 내 눈 높은 데를 보지 않사옵니다. 나 거창한 길을 좇지 아니하고 주제넘게 놀라운 일을 꿈꾸지도 않사옵니다. 차라리 내 마음 차분히 가라앉혀, 젖 떨어진 어린 아기, 어미 품에 안긴 듯이 내 마음 평온합니다."[16] 예언자들은 신에게 '사로잡히고' 열정적으로 감정이입을 하는 과정에서 자기 자신을 버렸다. 자기를 비우는 케노시스야말로 약자의 편에 서서 정의를 실천하는 가장 강력한 무기였다. "정의를 강물처럼 흐르게 하라. 서로 위하는 마음이 개울처럼 넘쳐흐르게 하여라."[17] 약자 보호는 오래전부터 고대 근동 전역의 공통된 정책이었다.

인도의 영성은 조금 다르다. 축의 시대의 최고의 성취를 이룬 석가모니의 깨달음의 핵심 중 하나는 '두카'에 대한 통찰이었다. 보통 '고(苦)', '고통'이라고 번역되는 두카는 인간의 실존적 존재 조건을 가리킨다. 쾌락에 반대되는 고통을 의미하는 것은 아니다. 그리스의 비극과도 다르다. 비극이 인간 삶의 온갖 부조리와 붕괴 가능성, 죽음·적대·해체·분열에 대한 냉정한 인식이라면, 두카는 인간 개개인이 놓인 현실의 제약을 의미한다. 몸을 가진 인간 존재로서의 유한성, 한계, 문제 상황, 속박을 의미한다. 우리는 누구나 이런저런 끈들에 결박되어 있다. 그것을 벗어나 진정한 평화와 자유를 실현하는 것이 해탈이다. 불교는 우리가 이런 저런 것들에 결박되어 반복되는 고통 속에 있다는 사실을 뚜렷이 자각하는 데서 시작한다. 그리고 그 고통의 원인이 집착이라는 것을 알고 그것을 벗어나는 길로서 팔정도(八正道)를 수행하면 그것에서 벗어나 진정한 자유, 해탈·열반이 가능하다고 설하는 종교이다. 불교의 사성제(고제·집제·멸제·도제)는 바로 인간의 존재 조건으로서의 두카와 그것의 원인, 그리고 그것이 완전히 소멸된 상태로서의 열반과 그 길을 제시하고 있다.

인간의 실존적 존재 조건에 대한 철저한 인식을 강조하면서도, 그것으로부터 벗어나 진정한 평화와 자유가 가능하다고 보는 것이 인도가 그리스와 다른 점이다. 내적 성찰을 통한 인간의 변화 가능성에 대한 열망이 인도 영성의 중요한 축을 이루고 있다. 다만 인도는 개인 차원의 두카에는 민감했고, 그것을 극복할 수 있는 적극적인 수행의 길을 제시하고 있지만, 사회적 차원에서의 두카, 삶의 온갖 부조리와 약자의 고통에 대해서는 적극적인 목소리를 내지 못하였다.

인간의 선한 가능성에 대한 변함없는 열망에 기초한 수양이 강조된 또 다른 지역이 중국이다. 중국의 정신은 최고신에 대한 제의를 생활 전반에서의 예의 실천으로 전환하는 인문화 과정으로 전개된다. 최고신으로서의 천, 상제는 우주적 질서로서의 천리의 개념과 인간에 내재된 천명 개념으로 바뀐다. 예(禮)가 정치와 생활 전반을 규제했다. 천명 역시 처음에는 천자만이 하늘로부터 받아서 세상을 다스릴 수 있는 것이었지만, 점차 모든 인간의 본성에 선천적으로 내재된 도덕적 원리로 바뀌게 되었다.

성선(性善)에 대한 열망이 점차 중국인들의 가슴에 넘쳐났다. 인간의 또 다른 이기적 본성을 있는 그대로 보고 예의 훈련과 교육, 때로는 가혹한 형벌로서 통제해야 한다는 주장도 없었던 것은 아니었지만, 중국은 인간의 완전함에 대한 열망을 더 중시하는 길을 택했다. 공부의 목적은 성인이 되는 데 있을 따름이었고, 본래 천명으로서 내재된 선한 본성을 실현하고, 그렇게 도덕성에 바탕한 선한 정치를 추구하고자 한 것이 공자와 맹자가 제시한 인간의 길이었다. 정치와 도덕은 분리될 수 없는 것이었다. 정치의 세세한 부분에 대한 실무적 지식보다는 지도자의 도덕적 품성이 결정적이었다. 그러나 정치의 문제를 도덕의 문제로 환원하는 것이 늘 좋은 것은 아니었다. 모든 것을 인간의 도덕성의 문제로 해결하려 하고, 주체의 문제로만 바라보면, 오히려 현실에 대한 냉정한 비판의 시선을 결하게 되고, 현실적 모순과 부조리를 간과할 수 있다. 또한 약자를 제도적으로 보호하고 사회적 악을 견제하는 장치를 통해 사회정의를 실현하는 노력에는 둔감할 수 있다.

인격적 최고신의 관념을 대체한 우주적 이법으로서의 도를 이 땅에서 구현하는 것이 덕(德)이다. 덕은 본래 '천명을 얻을 수 있는 독특하고 신비로운 힘'을 의미했다. 그것은 천자만이 가질 수 있는 다분히 정치적인 함의를 띠고 있었지만, 점차 도덕성 일반을 의미하는 개념으로 전환되었다.

도와 덕을 중시하는 것은 노자와 장자의 도가(道家) 역시 마찬가지였다. 다만 도에 대한 관념이 조금 달랐다. 유가의 도 관념에는 우주적 원리 이외에도 도덕적 원리, 절대선 같은 관념이 같이 들어 있었다. 그렇기 때문에 도에 순응하는 삶을 살겠다고 다짐한 인간은 당연히 선을 실천해야 하는 것이었다. 그러나 노자는 도라는 것은 선과 악 어느 것으로도 규정될 수 없다고 보았다. 노자는 선악이라는 것은 인간이 자의적으로 만든 것이라고 보았다. 본래 자연은 그렇게 선악, 미추, 장단, 고저 등의 이분법적으로 나눌 수 없는 말 그대로 '스스로 그러한' 것이다. 오히려 인간이 그것을 인위적으로 규정하고 재단하는 데서 모든 문제가 생긴다고 보았다.

그래서 노자의 도는 '스스로 그러한 것'이었다. 그렇기 때문에 '덕'은 도의 스스로 그러한 본성을 따라서 어떤 인위적인 것을 배제한 '무위'의 삶을 실천하는 것을 의미했다. 그러나 무위는 아무것도 하지 않는 방임을 의미하는 것은 아니다. 소의 살과 뼈 사이의 자연한 결을 따라 칼을 놀리고, 시기에 맞춰 씨를 뿌리고, 농약이나 비료를 쓰지 않고 땅의 자연한 생명력을 높이며, 강이 제 흐름대로 흐를 수 있게 하고, 모든 생명이 편안히 제 숨을 쉴 수 있도록 해 주며, 모든 백성이 임금이 누군지를 몰라도 밥걱정 안 하도록 하는 실천이 무위인 것이다. 우주적 원리와 흐름, 자연의 본성과 결을 잘 알아서 거기에 맞는 실천을 하는 것이 무위이다. 도가의 무위는 자연과의 조화로운 공존을 강조한 영성이라는 측면에서 오히려 오늘날 더 요구되는 가르침일지도 모른다.

현실의 두카를 냉철히 인식하는 것은 매우 중요하다. 그것이 개인적 차원에서의 두카이든 사회적 차원에서의 두카이든 말이다. 냉정한 현실인식, 비관적 전망, 인간의 본성에 대한 냉정하고 객관적 분석은 필요하다. 그리스와 이스라엘은 모두 이런 냉철한 이해에 기초하고 있다. 인간의 불완전성, 죄성, 이기적 본성을 모든 실천의 기초로 삼는 것은 현명할지도 모른다. 하지만 오늘날의 문명이 예증하듯이, 인간의 변화가능성에 대한 희망이 없다면 그 문명은 너무 메마르고 삭막하게 될지도 모른다.

4. 공감과 자비의 영성

축의 시대 영성은 네 지역에서 각기 다른 모습으로 피어났지만, 모두 인류의 정신을 비약적으로 높이는 데 기여하였다. 네 지역을 관통하는 영성의 공통된 점도 있었다. 카렌 암스트롱은 그것을 '고통에 대한 공감과 자비의 실천'으로 요약하고 있다. 네 지역은 모두 전쟁과 재난, 폭력에 시달렸다. 그 속에서 특히 피지배 민중들은 엄청난 고통을 당하고 있었다. 축의 시대의 현자들은 그 고통에 깊이 공감하며 같이 아파하고, 그 응답으로서 폭력을 제거하고 사랑과 자비를 실천할 것을 가르쳤다. 한마디로 '공감과 자비의 영성'이었다. 현자들에게 중요한 것은 완전히 다른 종류의 인간을 창조하는 것이었다. 그러기 위해 자기중심주의와 탐욕, 폭력과 무례를 버려야 한다고 강조했다.

그들에게 신학적·형이상학적 질문은 중요한 것이 아니었다. "신은 존재하는가." "신이 존재한다고 믿는가."라는 질문은 적절한 질문이 아니었다. 중요한 것은 무엇을 믿느냐가 아니라 '어떻게 행동하느냐' 하는 것이었다. 종교의 핵심은 "깊은 수준에서 자신을 바꾸는 행동을 하는 것"이었다. 보통은 믿음을 어떤 교의에 속하는 명제들을 믿는 것, 특정 종교의 어떤 조항에 동의하는 것으로 여긴다. 그런데 "축의 시대 철학자들은 대부분 교리나 형이상학에는 관심이 없었다. 어떤 현자들은 많은 사람들이 종교에서 기대하는 절대적 확실성을 찾는 것이 미숙하고, 비현실적이고 잘못된 태도라고 주장"하였다. 진정한 종교는 '신학적 탐구'와 다르다. 중요한 것은 '신 존재 증명'이 아니라, 내면에서 신을 발견하는 것일 터이다. "인간 의식의 한계를 밀고 나가 인간 존재의 내면 깊은 곳에서 초월적 차원을 발견"하는 것이다. 그리고 '하느님' '니르바나', '브라만', '도'를 만날 수 있는 유일한 방법은 자비로운 삶을 사는 것이다. 종교가 곧 자비(compassion)이다.

황금률에 대한 강조도 공통적으로 나타났다. 황금률은 "네가 당하고 싶지 않은 일을 남에게 하지 말라."로 요약된다. 모든 존재의 신성한 권리를 존중하는 것이다. 호전적 태도, 폭력에 대한 원칙 있는 거부이다. 그러나 폭력의 원인을 외부에서만 찾지 않고, 마음에서 찾아냈으며, 내면의 세계로 뚫고 들어갔다. 내 안에서 탐욕과 성냄과 무지를 극복하는 것이 더 근본적인 것이다.

'케노시스' '자기 비움' 자기중심주의'를 버리는 것이 축의 시대 '공감과 자비'의 영성을 관통하는 핵심이다. 이것이 종교의 본질이다. 자기비움에서 겸허한 인격과 타인에의 존중, 자비의 실천이 가능하다. 에고를 내려놓고, 자기 내면에서 이상적이고 원형적인 자아를 발견하는 것이 보이지 않는 신을 느끼는 가장 핵심적인 방법일 것이다.

5. 동학과 제2의 축의 시대

우리는 동양과 서양의 구분법에 익숙하다. 하지만 『축의 시대』는 세계를 동양과 서양으로 나누는 것이 얼마나 거친 구분인지를 알게 한다. 굳이 에드워드 사이드의 『오리엔탈리즘』을 거론할 것도 없이 말이다. 그런데 생각을 조금만 확장하면 이 네 지역 외에도 크고 작은 지역에서 이들 못지않은 탁월한 영성을 이룬 예를 얼마든지 발견할 수 있다. 그 한 예가 티벳과 아메리카 인디언이다. 특히 인디언들이 자연 속에서 신성을 발견하며, 침묵 속에서 신을 느끼며, 자연과의 조화로운 공존을 통해 이룩해 온 존엄한 삶의 방식은 결코 과거의 유산으로 잊혀질 것이 아니다. 오히려 우리의 '오래된 미래' 여야 할지도 모른다.

이처럼 세계 각지에서 수없이 많은 잊혀진 영적인 성취들이 있었다. 비록 큰 제국을 이루지는 못했지만, 자연과의 조화로운 공존을 꿈꾼, 소박해서 오히려 널리 퍼지지 못한 위대한 성취들이 있었다. 한국의 영성도 여기서 빠질 수 없다고 생각한다.

한국의 영성을 대표하는 한 예가 동학이다. 동학은 당시의 혼란한 세상을 바로잡아 보려는 수운의 보국안민(輔國安民)의 열망에서 나온 가르침이다. 동학의 창시자 수운(水雲 崔濟愚, 1824-1864)은 모든 사람들이 내면의 이기심[各自爲心]을 극복하고 자기 안에 모셔져 있는 신성한 하늘을 발견해야 한다고 역설하였다. 밖의 하늘을 섬기는 것이 아니라 자기 내면에서 하늘을 발견하고 섬기는 것이 참다운 경천이라고 강조하였다. 그것이 수운이 깨달은 시천주(侍天主)의 가르침이다. 자기 안에서 하늘의 신성을 발견한 자는 다른 사람들에게서 나아가 다른 생명들에게서 역시 신성을 발견하고 하늘처럼 공경할 터이다. 동학은 모든 존재들이 하늘로서 존중받는 세상을 꿈꾸었다.

그런 점에서 동학 역시 축의 시대의 케노시스의 '자기 비움', '공감과 자비'의 영성과 맥을 같이하고 있다.

그러나 동학이 탄생한 19세기의 상황은 축의 시대의 그것과는 다른 새로운 문제에 직면하고 있었다. 수운은 당시를 '다시 개벽'의 시대라고 하여 다시 한 번 '새로운 문명의 대전환'을 역설하였다. 이 시기는 근대 물질문명의 혜택을 확장시킨 측면도 있지만 서양 근대의 급속한 팽창으로 인한 산업화와 제국주의적 탐욕은 아시아, 아프리카, 라틴아메리카 민중들에게는 엄청난 충격과 고통을 안겨준 시기였다. 그때부터 지금까지의 시기는 여전히 전쟁과 폭력, 빈곤에서도 완전히 벗어나지 못했지만 새롭게 대두된 문제들, 즉 계급적 평등 문제, 인권, 성평등의 문제, 인간성 상실과 소외, 핵과 대량살상 무기, 규제되지 않는 자본의 탐욕과 그로 인한 빈곤층의 증가, 그리고 무엇보다도 생태계 파괴와 기후변화로 인한 회복 불능의 환경 위기에 직면하고 있다.

이러한 새로운 문제들은 비상한 지혜가 나타나지 않으면 자칫 인류 전체가 절멸될지도 모를 심각한 위기적 국면으로 치닫게 하고 있다. 하지만 위기는 곧 기회이기도 하다. 지금 인류는 수운의 '다시 개벽'의 부르짖음처럼, 역사에서 두 번째 문명의 대전환점에 와 있다고 볼 수 있다. 이 시대는 각 문화권으로 분화되었던 인류의 정신적 유산들이 지구촌 시대를 맞아 통합적 영성을 요구하는 시대이기도 하며, 제1의 축의 시대가 몇몇의 뛰어난 종교적 천재를 낳은 것과

는 달리 대중의 집단적 영적 도약을 예고하고 있다.[18]

동학의 '다시 개벽'은 이러한 문명적 전환기에 새로운 정신적·영적 도약의 가능성을 예고하고 그 길을 제시한 사상으로 해석할 수 있다.[19] 오늘날 동학을 주목해야 할 이유는 다음의 몇 가지 점에서 찾아볼 수 있다.

첫째, 동학은 비주류 변방의 별 볼 일 없는 제3세계 대다수 힘없는 약소국의 고민을 대변한다는 점이다. 이제 학문이 유럽 중심주의와 백색 신화를 넘어 포스트콜로니얼(postcolonial)을 고민할 때, 동학은 하나의 좋은 사례가 될 수 있다. 두 번째, 동서 문명이 충돌하여 만나는 19세기의 공간에서 수운의 학문적 사색이 시작되고 있다는 점이다. 다시 말해 수운의 동학에는 동양과 서양, 일신론과 범신론, 초월과 내재 등의 대극적 요소들이 창조적으로 어울리고 있다는 점이다. 셋째, 근대문명의 위기가 하늘의 신비, 초월성, 종교적 영성을 잃어버린 데서 연유한다고 할 때 동학은 잃어버린 하늘을 인간의 내면에서 다시 발견하고 있다는 점이다. 그리고 그 영성에 바탕해서 모든 생명과의 조화로운 공존, 모심과 살림의 생명사상이 배태되었다는 점이다. 넷째, 수운 스스로가 변두리 경주, 몰락 양반의 그것도 재가녀의 자식이라는 신분적 한계 속에서 계급과 신분 차별 문제, 서민들의 간난신고(艱難辛苦)를 온 몸으로 체험한 데서 나온 민중의 사상이라는 점이다.

그러므로 19세기 수운의 고민은 동서가 충돌하고 서민들의 삶이

나락에 떨어지고, 하늘과 인간의 괴리가 심해지면서 생긴 총체적 위기를 떠안고 있다. 그리하여 그 안에는 자연스럽게 밑바닥 민중의 고난과 고통에 입각하여 동양의 유불선 삼교를 바탕으로 서학의 충격을 흡수하고 있고, 천인 관계의 재정립을 통해 보이지 않는 차원을 아우르면서 서양 근대문명의 한계를 바라보고 있다. 그러므로 동학은 오늘날 서양 근대문명이 한계점에 부딪혔을 때 하나의 대안이 될 수 있는, 비록 변방의 사상이지만 보편성을 가진 미래의 사상이라고 할 수 있다. 이것이 새로운 영적 각성이 요구되고 있는 제2의 축의 시대를 맞아, 동학을 다시 깊이 읽어 내야 할 이유이다.

묵자사상의 현재적 이해

이 찬 구 한국민족종교협의회 기획국장 · 가톨릭대학교 강사

종교인 사이에 카렌 암스트롱의 『축의 시대』가 관심을 끌고 있다. 이 책은 기원전 900년부터 기원전 200년까지 사이에 인류의 여러 민족 가운데 네 민족 즉 인도, 이스라엘, 중국, 그리스가 서로 교류가 없었는데도 불구하고 비슷한 시기에 어떻게 놀라운 사유의 혁명을 일으켰는지를 탐구한다. 이 시대에 중국에서는 공자, 묵자, 노자가 활동했고, 인도에서는 우파니샤드, 자이나교, 석가모니(고타마 싯다르타)가 등장했으며, 이스라엘에서는 엘리야, 예레미야, 이사야가 나타났고, 그리스에서는 소포클레스, 소크라테스, 플라톤이 차례로 태어났다.

1. 인류는 지금 위험한 시대를 살고 있다

저자는 이 책의 마지막 장인 "축(軸)의 시대의 귀환"에서 지금 인

류의 형편이 축의 시대 당시와 거리가 멀어졌기 때문에, 그 축의 시대의 소중한 영성을 되돌아보고, 지금의 "위험한 시대"에 다시 깨달음을 얻어 미래로 나아가자고 설파하고 있다.[1]

지금은 과연 저자의 말대로 "위험한 시대"인가? 이 말 속에는 위험이라는 경고와 함께 반성의 메시지를 담고 있다.

현실은 전쟁과 테러가 만연하고, 그들의 과격한 언행이 모든 사람들에게 나쁜 영향을 끼친다. 상대방의 공격에 대해 우리는 늘 방어나 반격을 준비한다. 이 자체가 위험이며, 위협적 상황이다. 이에 대해 저자는 초월할 것을 주문한다. 상대의 적대적인 언행에 거부의 유혹을 느낄 때, 그 순간 우리는 자신의 숨을 고르고 자신을 넘어서야 한다는 것이다. 그것이 초월의 순간이다. 이것을 모든 종교의 핵심으로 보았다. 현인들은 우리가 초월해야 할 대상―탐욕, 자기 중심주의, 증오, 폭력―에 집중해서 그것들을 극복했다.[2] 종교적 교리보다 우선해야 할 것은 그 영적 핵심을 찾는 일이다.

2. 새로운 전망을 만들자 ― 자기비판으로부터

인류는 다가오는 시대에 대비하여 새로운 전망을 만들어야 한다. 새로운 전망을 만든다는 것은 새로운 변화를 시도하는 일이다. 변화 없는 전망은 있을 수 없다. 그러기 위해 먼저 자기 비판이 있어야 한다. 자기 눈의 들보를 먼저 보는 것이다. 다른 종교에게 깨끗한 행동을 하라고 지적하기 전에 자신의 전통, 경전, 역사를 살피라는 말이다. 자신의 행동을 먼저 고쳐야 한다. 먼저 자기 자신을 개혁하기 전에는 남의 개혁을 바랄 수 없다. 자신에 대한 반성, 그리고 비판을 하는 일이다. 비판을 멈추면 그 종교, 그 신앙은 시들해진다.

그다음은 현인들의 본을 따라야 한다. 현인들은 유토피아를 꿈꾸는 사람들이 아니라 실용적인 사람들이었다. 그들은 오늘날 의사들이 암치료법을 찾아내는 것처럼, 인류의 영적 불안의 치료법을 찾는 데 정렬을 쏟아 부었던 것이다. 현인들이 가졌던 살림의 정열을 우리는 본받아야 한다.

3. 묵자의 겸애설에 대한 재조명

저자는 강조한다. 내가 만일 나의 개별적 자아를 절대적 가치로 만들어 버리면, 인간 사회는 유지가 불가능해진다는 것이다. 그러므로 우리는 양보하는 것을 배워야 한다. 우리의 과제는 이런 통찰을 발전시켜, 여기에 전 지구적 의미를 부여하는 것이다. 저자는 '이웃 사랑' '자비의 정신'과 함께, 묵자(墨子)가 말한 겸애설(兼愛說)에 주목한다. 겸애는 '모든 사람에 대한 관심'을 계발하라는 요구로 해석한다. 그러니까 겸(兼)한다는 말에서 묵자사상의 핵심을 찾은 것이다. 등잔 밑이 어둡다는 말이 있다. 같은 동양인임에도 불구하고 우리는 묵자에 대해 깊은 생각을 하지 않았다. 서양인의 눈에 묵자가 새롭게 보였다면 그 이유는 무엇일까? 우리는 그동안 너무 타성에 젖어 온 것은 아닌지 모르겠다.

카렌은 이 책의 제7장에서 묵자와 그 공동체 집단인 묵가(墨家)를 사유의 혁명가로 본다. 때는 전국(戰國)시대로 들어가던 무렵이다. 공자가 죽은 후에 중국은 혼란으로 빠져들었다. 전국시대는 변화가 잇따라 일어나, 새로운 변화가 이전의 변화를 강화하면서 발전 과정이 가속화되어 사회의 근본적인 개조를 낳는 역사상 드문 시기에 속했다. 더 강한 폭력이 수반되었다. 살상도 잔인해졌다. 전쟁에 많은 인구가 강제동원되었다. 무기도 발달되었다. 발달된 무기만큼 희생도 늘어났다. 이런 와중에서 이전에 공자가 설했던 진리들은 너무 이상적인 것이었다. 현실의 해결은 현인이 아니라, 협객들의 몫이 되었다. 당시에 협객 가운데 많은 수는 하층 계급 출신이었다. 좀 더 귀족적인 유생들과는 달리 그들은 호전적인 행동형 인간들이었다.

손이양의 묵자한고

후기의 역사가에 따르면 그들의 말은 늘 진지하고 믿을 만했으며 그들의 행동은 빠르고 과단성이 있었다. 그들은 늘 자신들이 약속한 것을 지켰으며 자신의 몸을 돌보지 않고 위험에 뛰어들어 다른 사람들을 위협했다.

4. 검은 옷을 즐겨 입은 것은 평화공동체

그러나 기원전 5세기 중반에 협객 가운데 한 명이 이런 호전성에 등을 돌리고 비폭력의 메시지를 설교했으니 그가 바로 묵자(기원전 480~390?)다. 우리는 그에 관해서는 거의 아는 것이 없다. 그의 이름이 붙은 책에 기록된 대화는 논어보다 훨씬 더 비인격적이며 묵자라는 인간은 항상 공자의 뒤로 사라졌다. 그런 묵자가 오늘 재조명되는 이유는 그가 행동하는 지도자였다는 것 때문이다. 묵자는 180명으로 이루어진 엄격한 규율을 갖춘 공동체를 이끌었다. 느슨하게 조직된 공자와 그 제자들의 무리와 달리 묵자의 무리는 종파적인 행동대였다. 그들을 묵가(墨家)라 한다. 그들의 규칙은 엄격했으며 매우 평등주의적인 윤리를 추구했고, 구성원들은 농민이나 장인처럼 검은 옷을 입었다.[3] 이렇게 검은 옷을 입었기 때문에 그 성이 묵(墨)씨이다. 검은 옷은 자연성, 신성(神聖)을 상징한다. 그들은 평화공동체를 꿈꾸었다.

묵가 공동체 성원들은 용병으로 싸우는 대신 전쟁을 막으려고 개입했으며, 작고 약한 나라의 도시들을 찾아다니며 방어했다. 그러나 묵자는 철학자이기도 했다. 그는 규율 잡힌 행동을 하는 데서 그친 것이 아니라 여러 조정을 돌아다니면서 통치자들에게 독창적인 사상을 설파했다. 묵자는 원래 숙련공이나 장인이었던 것 같다. 그는 일하는 사람의 비유를 사용했다.

5. 공리적이고 실용적인 윤리

묵자는 유토피아의 꿈도 키웠다. 그는 사람들이 서로 미워하지 않고 사랑하도록 설득하는 것이 가능하다고 믿었다. 공자와 마찬가지로 그의 철학을 꿰는 하나의 실은 인(仁)이다. 묵자는 친족 이기주의를 이기주의로만 그치는 것이 아니라, 전체를 향한 이타주의로 대체하고 싶었다. 모두 타인을 향해서도 자신의 친족에게 느끼는 것을 느껴야 했다. "다른 사람들도 자신처럼 여겨야 한다."라고 묵자는 말했다. 이 사랑은 "모두를 포괄하고 아무도 배제하지 말아야" 했다. 개혁은 통치자들로부터 나와야 했다. 끔찍한 전쟁에서 중국인이 서로 죽이는 것을 막는 유일한 길은 그들이 겸애(兼愛)를 실천하도록 설득하는 것이었다.

6. 겸애는 실천하는 비폭력주의

겸애는 서양에서 종종 "보편적 사랑"으로 번역되지만 묵자의 공리적 에토스에 비추어 보면 너무 정서적인 느낌이다. 묵자는 중국인이 모든 사람에게 따뜻한 애정과 친절한 마음을 지니기를 기대하지 않았다. 그는 감정보다는 정의에 관심이 있었다. 겸애는 바로 비폭력으로 이어진다. 묵자는 비공(非攻)장에서 전쟁의 혜택과 비용의 차이를 세심하게 따져 본다. 전쟁은 농사를 망치고 민간인을 수도 없이 죽이고 무기나 말을 낭비하고 조상에게 제사 지낼 후손을 남겨두지 않는다. 이것은 전쟁의 비극이 얼마나 참혹한가를 말한다. 묵자의 비전(非戰)론은 저 멀리 고죽국 사람인 백이숙제의 사상과도 일맥상통한 면이 있다. 백이숙제도 묵씨였다.

묵자의 윤리적 전망은 엄격하게 공리적이었다. 사람들과 논쟁을 하여 이기심에서 벗어나게 해야 한다. 인간은 자기중심성을 타고났다. 묵가는 통치자들에게 공격이 그들에게 최선의 이익을 주는 것이 아님을 설득해야 한다. 전쟁은 그들의 백성이 고생을 겪게 할 뿐이다. 전쟁의 승리는 다시 증오와 질시를 일으킨다. 모든 사람이 서로 공정하게 대하고 자기 이해관계를 초월해야만 그들이 바라던 부(富)·행복·성공을 얻을 수 있다. 통치자들은 "자신에게만 관심을 가지지 않는 법"을 배워야 한다. 통치자들이 자신에게만 관심을 갖게 이미지를 조장하고, 이를 위해 이기적이고 폭력적이면 하늘의 진노를 부를 수 있기 때문이다.

7. 하늘의 의로움을 실천한다

하늘에 관하여 묵자는 공자보다 더 적극적으로 최고신인 하늘을
끌어들여 자신의 모든 주장을 뒷받침했다. 하늘은 차별 없이 모든
인간을 사랑하므로 겸애의 본보기가 된다. 겸애는 우리말에 겸상(兼
床)하여 밥 먹는다는 말을 연상해도 이해가 가능하다. 겸상은 구체적
으로 둘이 같이 하는 행위이다. 아우름이다. 서로 눈치 보거나 또는
무관심하게 밥 먹는 것이 아니다. 상대방에 대한 최고의 배려이며
평등심의 표현이다.

> 하늘은 넓고 사사로움이 없다.
> 은혜를 베풀면서도 덕이라 내세우지 않고,
> 그 밝음은 영원하면서 쇠하지 않는다. (4장 법의)

그렇다면 하늘은 또한 무엇을 바라고 무엇을 싫어하는가? 하늘은
마땅히 의로움을 바라고 불의를 싫어한다. 그러니 지도자가 천하의
백성들을 거느리고 의로움에 종사한다는 것은 곧 내가 바로 하늘이
바라는 일을 행하는 것이 된다. 내가 하늘이 바라는 일을 하면 하늘
역시 내가 바라는 일을 해준다고 믿는다.

이와 같이 묵자는 하늘의 본질을 의로움[義]으로 규정함으로써 모든 행위의 가치 기준으로 삼았다. 하늘의 개념을 인간을 초월한 외재적인 존재로서가 아닌 인간의 실질적인 행위 규범으로 사용하는 것이다. 이것은 허공의 일이 아니라, 구체적인 사회의 보편 현상에서 추론하여 하늘을 설명하려는 방식임을 알 수 있다.

> 결코 하늘은 사람들이 서로 사랑하며 서로 이롭게 할 것을 바라지
> 사람들이 서로 미워하며 서로 해칠 것을 바라지 않는다. (4장 법의)

묵자는 겸애(兼愛)를 통하여 상호 간에 이익을 가져올 수 있다는 것을 밝히고 있다. 겸애가 참 이익의 원천이다. 겸애로써 나오지 않은 독점적 이익은 인간이 바라는 참된 이익이 아니라는 말과도 같다. 인간의 행위가 하늘의 의로움에 어긋났을 때에 하늘은 곧 인간에게 벌을 내리는 존재임을 말해주고 있다.[4]

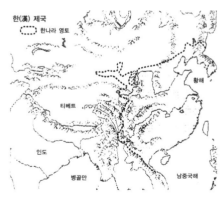

『축의 시대』 631쪽에 「한(漢)의 제국」이란 이 지도는 한나라 시기 동북아의 영토를 그린 것이다. 이 시기는 고조선 말과 삼국의 초기에 해당된다. 그런데 한반도의 대부분이 한의 영토로 표시되어 있다. 이는 역사왜곡된 지도를 확인없이 재인용한데서 온 오류로 보인다. 이 지도는 오류임을 지적하며, 이 점 착오없길 바란다.

02

종교 간 대화

종교 간의 대화가 오늘날 중요한 신학적 담론이 된 것은 서로 다른 종교적 신념을 절대시하면서 발생하는 배타주의를 극복하고자 하는 시대적 요청임에는 틀림없다. 하지만 이것이 단순히 시대적 요청에 따른 유행과 같은 것이 아니라, 이를 종교적 인간이 자신의 실존을 깊이 이해하고, 세상 속의 자아의 본질을 깨닫고자 하는 종교적 염원을 찾아가는 구도의 길로 보려는 시도가 늘고 있다. 따라서 오늘날의 종교 간 대화는 서로의 종교적 체험을 교정, 승화, 완성시켜 나가는 상호 인정과 존중의 관계성 안에서만 참된 결실을 맺을 수 있으며, 배타주의를 벗어나 상호 간의 타자성을 인정해 주는 동시에 서로를 배워가는 열린 자세로 임할 때 참된 종교 간의 대화가 가능할 것으로 보인다.

한국 종교 간 대화의 산실
- 크리스챤 아카데미 50년 역사

이 정 배 감리교 신학대학교 교수

주지하듯 일제치하에서 민족 독립을 위해 이 땅의 종교들이 협력하여 발표했던 독립선언서는 세계적으로 유래를 찾기 어려울 만큼 독특한 사건이었다. 조선으로서는 신생종교였던 기독교에게 독립 자금을 지원하며 민족독립을 추동한 당시 큰 교세를 떨쳤던 천도교(동학)의 영향 덕분이었다. 비록 선교사들이 정치적 사안에 눈감으라 했고, 이웃종교인들과 교제치 말라 가르쳤으나, 선교초기 기독교 지도자들은 이웃종교인들과 더불어 독립을 선교의 과제로 삼을 만큼 성숙했었다.

하지만 해방 이후 기독교인 대통령의 등장과 교회 중심적 선교 열정으로 기독교는 다수의 종교로 급성장했고, 급기야 한국 사회에 종교 간 갈등과 대립의 원인을 제공하면서 사회통합을 해친다는 평가를 받게 되었다. 이에 뜻있는 여러 종교 지도자들이 민족의 앞날을 염려하며 1919년에 있었던 종교 협력의 정신을 잇고자 1965년 서울 용당산 호텔에서 다시금 종교 대화 모임을 성사시켰고 시대가 요구하는 종교의 공동과제를 천명하였다. 본 모임을 발기했으며 주도적으로 대화 모임을 이끈 종교 지도자들은 각기 각 종단을 대표하는 인물들로서 이미 고인이 된 강원용 목사(개신교), 김수환 추기경, 류승국 박사(유교), 법정 스님 그리고 전팔근 교무(원불교) 등이었다. 이들에 의해 시작된 대화모임은 강원용 목사가 설립한 '크리스챤 아카데미'를 통해 지금까지 근 50년 동안 지속되었고 이후 7개 종단이 참여하는 한국종교인평화회의(KCRP)의 정신적 모태가 되었다.

크리스챤 아카데미 원장, 강원용 목사가 이끈 종교 간 대화 모임은 당시 한국 교회의 전반적 분위기(보수성)에 반하는 것이었다. 기독교 내 교파 갈등 역시 첨예했던 상황에서 종교 간 대화는 너무 요원한 주제이기도 했다. 그러나 이들 대화론자들은 종교전쟁을 일삼던 서구와 달리 1919년의 기억을 되살리며 종교 협력 내지 대화(평화)를 추진하는 것이 민족적 정서에 부합한다고 확신하였다. 따라서 강원용 목사는 사회적 갈등을 유발하며 민족 복음화를 외치던 주류 기독교와 달리 '선교가 아니라 대화'라는 획기적인 신학적 틀을 제시했다. 이는 종교 간 대화를 결코 선교의 수단으로 삼지 않겠다는 발상으로서 기독교계의 강한 반발에 직면할 수밖에 없었다.

물론 이런 강원용의 제안은 오늘날의 탈(脫)식민지적 종교 다원주의 사조에는 미치지 못한 부분이 있으나 당시로선 도발적인 하느님

선교(Missio Dei)나 인간화를 강조하는 성육신 사상에 잇대어 있었다. 즉 그는 교회가 아니라 세계를 하느님 활동의 장(場)이라 믿었고 모순과 갈등이 극복된 참된 인간성 회복을 성육신 신앙의 본질이라 여긴 것이다. 개종 자체가 그에게 신학적 주제가 될 수 없었듯이 종교 간 대화 역시 의당 인간화를 위해 필요한 작업이라 생각했기에 독재 정권 하에서 민주화를 위한 투쟁, 노동자들의 권익 보호 등의 일에 여러 종교들과 더불어 관심을 집중할 수 있었다.

80년대 말 90년 대 초에 이르러 강원용의 신학적 화두 혹은 종교 간 대화의 주제는 '인간화'로부터 '생명'으로 바뀌게 된다. 1988년도 서울에서 열린 올림픽 학술대회를 주관했던 그는 종교의 핵심 과제가 '생명' 혹은 '환경'으로 옮겨갈 것을 역설한 것이다. 이는 생명이란 더 큰 신학적·종교적 틀 안에서 인간을 보려는 시도로서 이전 관점과의 단절이라 볼 수 없다. 하지만 그에게 '생명'이 종교, 즉 기독교보다 크고 포괄적이란 암묵적 전제가 있었다고 말할 수 있을 듯싶다. 그의 호가 여해(如海)인 것이 말해 주듯 강원용은 늘상 바다와 같은 포괄성을 신학에게 요청했던 것이다. 이 시기 강원용 박사를 도와 함께 종교 간 대화 모임을 이끌어 갔던 학자는 감신대 학장을 지냈으나 '교회 밖 구원'을 주장한다는 이유로 종교재판을 통해 감리교단으로부터 출교를 당한 변선환 박사였다. 한때 강원용 박사는 변선환 교수와 더불어 축(軸)의 시대 종교들이 공존하는 세계 유일한 한국 땅에서 종교평화대학원을 세울 계획까지 갖고 있었다는 후문이다.

90년대 이후 크리스챤 아카데미 내 종교대화 운동을 실제로 주도한 변선환 박사는 본래 불교와 기독교의 대화를 주제로 특화시킨 종교 신학자였다. 그러나 이 땅의 민중들의 실상을 접하면서, 그리고 민중 신학의 도전을 수용하여 아시아 종교해방신학을 향하여 자신의 발걸음을 옮겼다. 따라서 그는, 서구신학은 아시아의 종교성과 민중성의 세례를 받은 후에야 이 땅에 정착할 수 있다고 주장했고, 그를 근거로 '타종교의 신학'을 선포하였다. 이로부터 그는 기독교의 배타성 극복은 물론 교회 중심주의와 결별했고, 급기야 교회 밖의 구원을 말함으로 인해 한국 교회로부터 출교를 당하는 비운의 신학자가 된 것이다. 그러나 그는 이 땅의 종교인들로부터 참 좋은 목사님으로 기억되는 영광을 동시에 누리기도 했다.

변선환 박사 이 외에도 크리스챤 아카데미는 폴 틸리히나 존 캅의 시각을 갖고 종교 간 대화를 실험했던 김경재 교수, 그리고 존 힉의 신 중심적 다원주의 원리를 철저화시켰던 종교학자 길희성 박사를 중용하여 이웃종교인들과의 거침없는 대화를 시도했고 종교 간 대화 원리를 정착시키고자 애써 왔다. 그간 크리스챤 아카데미를 거쳐 간 외국 신학자들의 수도 상당하다. 틱 낫한 스님을 비롯하여 H. 오트 교수, L. 스위들러 그리고 아시아 신학자들이 이곳에서 한국 종교인들과 만났던 것이다.

이런 과정을 통해 집적된 크리스챤 아카데미의 종교 간 대화의 결과로 다음과 같은 잠정적 결론에 이르렀다. 우선 어느 종교도 그 역사적 형태 속에서는 진리를 완전히 소유할 수 없다는 것에 동의하였다. 또한 종교 간 대화가 너와 나의 같음을 확인하며 공동의 과제를 발견하는 작업인 것을 상호 긍정한 바 있었다. 따라서 종교 간 평화 없이는 세계 평화가 불가능하다 여기며 그를 통해 상호간 대화를 적극적으로 추동했던 것이다. 물론 여기서도 종교들 간의 차이점이 간과되지는 않았으나 기독교의 배타성이 지나친 현실에서 오히려 서로가 서로의 일부일 수 있다는 공통점을 더욱 강조하지 않을 수 없었다. 종교 간 대화에 참여한 이웃종교인들로부터 기독교 역시도 하나의 문화일 뿐인데 타문화(종교)에 대해 규범적 성격을 갖는 것에 대한 제동이 걸렸던 탓이다. 궁극성을 표방한 기독교의 자기 정당화가 궁극성 자체를 소통 불가능하게 만들었다는 비판에 직면했던 것이다.

따라서 기독교 신학 안에서 전개된 대화 원리 뿐 아니라 종교 간 대화에 대한 이웃종교인들의 시각도 배워야 했다. 원효의 화쟁론(和諍論)에서 말하는 여신이취(汝言以取)와 득의이언(得意以言)이 바로 불교적 관점이다. 이것은 '말 그대로를 받자면 어느 것도 따를 수 없으나 뜻을 살려 들으면 어느 것도 내칠 수 없다'는 것으로 지구적 차원의 에큐메니칼 의식을 담고 있었다. 유교 역시도 '어떤 학설도 장단점을 갖고 있는 바, 장점이 모이고 단점이 보완되는 전체에 이르러서야 온전한 진리가 알려질 수 있다'고 말하면서 회통의 원리를 강조하였던 것이다.

　이런 이유로 크리스챤 아카데미는 그 어느 종교를 막론하고 종교란 자신 속에 자기 초월적인 보편적 지구의식의 보고(寶庫)인 것을 공식화했다. 그럴수록 개별 종교들 모두가 자신들 창시자가 명한 자기 초월적 수행의 과제 앞에 더욱 성실하게 임할 것을 강조해야만 했다. 두 번째 차축시대, 혹은 영성의 시대라 불리는 오늘의 현실에서 저마다 종교들이 만든 퇴행 현상을 치유하는 것이 무엇보다 종교가 할 일이라고 여기는 것이다. 이는 향후 KCRP를 통해 이루어야 할 지난한 과제가 될 것이다.

이웃종교를 보는 세계교회협의회(WCC)의 시각
- 10차 부산 대회의 의미를 생각하며

이 정 배 감리교 신학대학교 교수

1. 10차 WCC 총회가 한국에서 열리는 의미

우여곡절 끝에 2013년 10월 부산에서 제10차 WCC 대회가 열리게 되었다. 시리아 교회와 여러 차례 경합했으나 결국 한국 부산으로 결정된 모양이다. 한국 교회가 급성장한 까닭에, 그리고 대회 개최에 필요한 실제적 경비 등이 이유가 되어 세계교회가 한국의 손을 들어 준 것이다. 하지만 시리아 교회가 탈락된 것이 여러 모로 아쉽고 미안하다. 바울이 회심한 다마스커스가 수도인 나라, 이천년에 걸쳐 온갖 핍박에도 불구하고 이슬람 문화권에서 기독교적 정체성을 지켜온 시리아 교회를 세계교회가 좀 더 주목했어도 좋았을 것이란 판단이다.[1] 그렇게 되었다면 결과론적이긴 하나 시리아가 지금처럼 내전으로 수백만의 인명 피해를 피할 수도 있지 않았을까 상상해 본다. 무슨 모임이든 결국 재정이 문제인 상황에서 세계교회의 실리적 선택을 이해 못할 바도 아니다. 하지만 그럴수록 10차 대회가 아시아 지역, 더욱 한국에서 개최되는 적실하고도 당위적인 물음을 물어야 할 것이다.

주지하듯 3차 대회가 열렸던 뉴델리에 이어 부산은 아시아에서의 두 번째 개최지가 되는 셈이다. 이 점에서 필자는 금번 부산 대회의 의미를 다음 세 차원에서 생각해 보고 싶다. 우선은 한국이 세계 유일의 분단국가라는 점을 세계교회가 주목할 수 있으면 좋겠다. 특수한 형태이긴 하나 냉전 이데올로기로 갈등하며 고통 받고 있는 남북 분단 현실에 대한 이해가 확산되기를 바라는 것이다. 주변 국가에 휘둘리지 않고 남북이 함께 모여 세계사의 비극적 결과인 분단을 스스로 극복할 수 있는 길을 모색할 수 있도록 돕는 것이 옳다.

한국은 1990년 서울에서 기독교 공의회 형태로 소집된 JPIC 개최국이란 점을 부각시킬 필요가 있다. 실상 금번 대회가 내세운 슬로건 '생명의 하느님, 우리를 정의와 평화로 이끄소서(Life of God, leads us Justice and Peace)' 역시 JPIC의 연속선상에서 생각할 사안이다. 즉 분배 문제의 불균형, 전쟁(핵)무기의 과다 보유 그리고 생태계 파괴라는 지구적 모순을 응축하고 있는 이 땅의 실상을 한국교회가 깊이 인지하고 자신의 과제로 수용할 수 있기를 바라는 것이다.[2]

이와 함께 세 번째 사안은 본 논문의 핵심 주제로서 개최국인 한국의 종교적 실상에 대한 서구 기독교의 개방적 시각을 요청하는 것이다. 주지하듯 3차 대회가 인도 뉴델리에서 열린 것은 당시 제국주의적 선교 방식에 대한 반감의 확산이 한 이유였다. 이는 아시아의 독립으로 그 영향력이 확산되는 시점과 맞물려 있었기에 가능했다. 지금도 탈식민주의 해석학이 학문의 대세를 이루며 기독교 신학 안에도 구성신학을 넘어 다중신학(Polydoxy)이 회자 되고 있다.[3] 물론 WCC 내에 이런 경향에 대한 반작용이 없지 않겠으나 피할 수 없는 과제라 생각한다. 주지하듯 한국은 힌두교도들만의 국가인 인도와 달리 유불선을 비롯한 동아시아 종교들 모두가 살아 있는 세계 유일의 공간인 것을 세계 교회가 인정해야만 한다. 종교 영역에서 가치 다원주의의 여여(如如)한 실상을 이곳에서만큼 경험할 공간이 없는 것이다. 아울러 중국과 같은 유교문화권이 세계의 중심으로 부상되는 시점에서 본토보다 유교를 창조적으로 발전, 계승, 보전시킨 개최지 한국의 의미는 결코 작지 않을 것이다. 기독교에 앞서 유불선과 같은 차축시대의 종교들이 이 땅에 정착한 것은 기독교적 시각에서도 축복과 은총임이 분명하다. 함석헌이 지적했듯 그들 역시 이 땅의 민족들에게 '뜻'을 전해 주고자 했던 탓이다.[4] 어느 종교학자는 민족의 지닌 하늘 경험 속에는 이들 종교들이 제공한 미토스(불교), 로고스(유교) 그리고 데우스(기독교)가 중첩되어 있어 오히려 서구보다 풍부한 종교 유산을 함축했다고 평가하였다.[5]

여하튼 필자는 세계 교회협의회가 1910년 영국 에든버러 대회로부터 줄곧 종교 간 대화의 중요성을 적시했고 기독교와 이들 종교들과의 관계를 신학적으로 해명코자 한 것에 대해 경의를 표하며 그 입장을 존중한다. 하지만 WCC의 이런 행보를 국내외적으로 비판하는 기독교 단체들이 있는 것도 사실이다. 금번 10차 부산 대회 역시 이 점에서 난관에 부닥칠 개연성이 있다. 국민일보 등을 통해, 마르크시즘, 페미니즘과 대화하며 이웃종교들과의 만남을 강조하는 WCC 입장을 반성서(복음)적인 것으로 홍보하며 본 대회를 조직적으로 거부할 의지를 표출하고 있는 까닭이다.

최근에는 주무단체인 NCCK마저 이런 세력들에 굴복하여 세계 신학적 흐름에 역행하는 선언을 발표하여 에큐메니칼 진영을 자극하고 있다. 돈을 가진 기독교 보수 세력이 살아 역사하는 하느님의 활동마저 감옥, 즉 구시대적 세계상에 가두려고 하는 것이다. 그렇기에 거지반 100억을 감당하며 치른 WCC 10차 총회가 빛 좋은 개살구 형태로 끝날 공산이 크다. 이런 양상으로 귀결된다면 2017년 종교개혁 500주년을 앞둔 기독교 역시 개선(혁)의 여지가 없을 것이고 민족 독립을 위해 모든 종교가 하나 되었던 100년의 역사(2019년)조차 무가치 하게 내던져 버릴 듯싶다.[6]

이제 곧 다가올 제10차 WCC 대회가 우리 사회에 정의의 감각을 요구하고 그에 터해 생명과 평화를 구현시키고자 하는 바, 이 또한 종교 간 대화와 협력을 통해 이루어질 과제로서 거부할 이유가 전혀 없다. JPIC 주제는 결코 어느 특정 종교, 특정 이데올로기만이 감당할 수 있는 주제가 아닌 까닭이다. 그간 WCC와 소원했던 세계복음주의연맹(WEA)조차 다종교 사회를 인정하는 현실에서, 일부 국내 기독교 단체의 몰(沒)역사성은 이제는 지양돼야 마땅하다. 무엇보다 이웃종교를 향한 WCC의 신학적 입장[7]은 언제든 '이해를 추구하는 신앙'에 근거하기에 기독교 전통에서 벗어나지 않다. 이로인해 아시아적 교회의 시각에선 WCC의 신학적 입장이 지나칠 정도로 서구적이란 불만도 표출되는 정황이다. 최근 일신교(Monotheism)를 넘어서는 '다양성의 신학(Theology of Multiplicity)'[8]이 앞서 말한 '다중교리(Polydoxy)'라는 개념과 함께 회자되는 신학사조에 비춰 보더라도 WCC의 이웃종교관은 상당히 온건한 편이다.

이 글에서 필자는 에큐메니칼 차원에서 지난 세월 동안 WCC가 추구해 왔던 종교 간 대화의 여정을 정리하여 간략하게 소개할 것이다.[9] 기독교는 물론 이웃종교들의 전폭적 지지 하에 생명과 평화를 목적한 WCC 부산 대회가 성공적으로 마무리되기를 간절히 바라면서 말이다.

2. 1990년까지의 WCC 종교 간 대화의 배경 – 인류의 공동 모험

20세기 초반 동서가 교접하기 시작하면서 서구 기독교인들은 아시아 종교들을 점차 희랍철학과 조우했던 초대 기독교인 입장에서 이해하기 시작했다. 신약성서가 희랍적 사유를 필요로 했듯이 아시아적 종교들을 서구 기독교인들의 자기 이해의 토대로 여기기 시작한 것이다. 뿐만 아니라 종교 자체를 거부하는 세속화 물결이 거세진 서구적 상황에서 기독교는 아시아 종교들과 더불어 이에 공동 대응할 필요가 있었기에 더욱 상호간 적대성을 완화시켜야만 했다. 하지만 전쟁의 와중에 있던 세계교회는 H. 크레머[10]가 주축이 된 1938년 탐바라 선교회의(IMC)를 통해 기독교와 이웃종교들 간의 불연속성을 강조하는 쪽으로 잠시 방향이 선회된 적도 있었다. 종교로서의 기독교는 여타 종교들처럼 인간적 요소가 개입되나 하느님의 결정적 계시는 오로지 예수 그리스도를 통해서만 알려진다고 본 것이다. 즉 현상적으로 기독교는 여타 종교들과 차이 없으나 본질(계시종교)에서는 구별된다는 것이다. 아마도 기독교 이외의 종교들 명칭을 '-ism'으로 표기한 것은 이런 이중적 잣대의 반영이라 생각한다.

그러나 2차 대전 종료 후 아시아 아프리카 민족들이 해방되면서 그들 입지가 커졌기에 양자 간 불연속성에 기초하여 기독교적 우위를 강조하는 크레머적 시각 역시 급제동이 걸렸다. 1961년 비기독교 지역인 뉴델리에서 WCC 3차 총회가 열린 것도 이런 정황과 무관치 않다. 이를 계기로 아시아 기독교협의회(CCA)가 발족했던 바, 아시아 종교성과 기독교 신앙 간의 대화가 에큐메니칼 운동의 핵심 주제로 부상했으며 가톨릭교회의 참여로 더욱 고조 되었다.

당시 한국에서는 김수환 추기경의 역할이 대단히 컸다. 가톨릭교회를 개혁했던 2차 바티칸 공의회(1962-1965)의 영향이 그를 통해 아시아 지역에 뿌리내린 것이다. 주지하듯 2차 바티칸 공의회를 통해 가톨릭교회는 교회 밖 구원(익명의 기독교인)의 가능성을 주저 없이 말할 수 있었고 이슬람을 비롯한 아시아 종교들과의 관계를 전혀 새롭게 설정할 수 있었다. 이렇듯 아시아 종교들의 부상과 이들의 입지를 존중한 신구교의 공조로 인해 기독교와 이웃종교를 가르는 이분법적 시각(Henolrik Kraemer) 점차 흐릿해진 것이 사실이다. 이후 WCC는 아시아 종교를 '살아 있는 종교'라 칭하며 이들 연구를 목적한 부서를 별도로 만들 정도로 본 사안에 집중했다. 종교 간 대화국이 바로 그것이었다.

이처럼 종교 간 대화의 가시성이 신구교 양편에서 두드러지자 점차 대화의 방식 및 원리에 대한 관심이 고조되었다. 대화와 함께 항시 따라붙는 혼합주의(Syncreticism)에 대한 논쟁을 불식시키고자 함이었다. 자기 신앙 전통에 뿌리 내리면서도 이웃 신앙으로부터 자극과 도전을 받고 변화될 수도 있는 개연성을 인정하는 일종의 신학적 테크닉이 필요했던 것이다. 이로부터 '자기 종교만 알아서는 결국 자기 종교도 알 수 없다(One who knows one knows none)'는 종교학적 명제를 수용해야만 되었다. 하지만 WCC는 동시에 그리스도의 유일무이한 궁극성을 위협하는 혼합주의의 도전을 경계하지 않을 수 없었다. 이것이 위태롭게 될 경우 선교 자체가 불가한 상태가 초래될 수도 있다고 본 탓이다. 따라서 1977년 케냐의 수도 나이로비에서 열린 대회를 통해 WCC는 기독교적 가치(기초)에 좀 더 무게중심을 두는 쪽으로 방향을 재 선회했다. 이는 대화와 선교 간의 관계를 옳게 정립할 목적에서였다. 대화를 강조하면 선교가 어렵고 선교를 목적하면 대화가 성립될 수 없는 모순을 극복해야 할 신학적 과제를 인식한 것이다.

한편 가톨릭 측에서도 이탈리아의 섬 앗시시(1986)에서 열린 '기도의 날' 행사에서 '우리는 같은 방식으로 기도할 수 없으나 같은 주제를 놓고 기도할 수 있다'고 말함으로써 양자 간 모순을 실천적 방식으로 극복코자 했다. 가톨릭으로부터 일탈 경험이 있었던 개신교로서는 오늘의 다원적 세계상 자체를 긍정할 필요가 있었고, 그 상황에서 교회가 증언할 바를 더욱 새롭게 찾는 노력을 역설할 수밖에 없었다. 대화와 선교, 모순된 두 가치를 결합시켜 아시아 지역의 교회들과의 결속을 유지해야 했던 것이다.

이로부터 WCC는 태국 칭마이에서 열린 종교 간 대화모임을 기초로 '기독교와 타종교 간 대화에 관한 지침'(1979)을 만들었고 종교 간 대화를 교회가 감당해야할 '공동모험'이라 칭할 수 있었다. 명백한 정답이 제시되지는 않았으나 기독교는 인류 공동체의 유산들, 즉 이웃종교들과 공존해야할 사명을 지녔다고 천명한 것이다. 한국의 경우 기독교보다 앞서 이 땅의 정신세계를 이끌었던 불교, 유교는 기독교를 위해서도 여전히 축복이란 발상이 제공된 것이다. 인류 공동체를 위해 다양성은 부정될 수 없고 미래를 풍부하게 할 원천이란 생각 때문이다. 각 종교의 정체성은 오랜 역사와 전통에서 비롯한 것이기에 이들 간의 관계맺음을 추구하는 일은 역사 발전을 위해서도 필요막급한 일이다.

　하지만 본 지침은 이런 관계맺음을 항시 기독교적 관점에서 생각할 것을 요구하고 있다. 즉 역사를 진일보시키는 뭇 정체성을 하느님 창조의 산물로 믿고 세상을 사랑하는 하느님의 징표로서만 수용하라는 것이다. 인간 공동체를 다스리는 이가 궁극적으로 하느님이란 기독교적 정체성이 대화와 증언을 위한 선결 요건이란 주장인 셈이다. 이를 위해 교회 공동체에게 전 창조세계와의 충만한 교제(코이노니아)는 물론 그리스도 안에서 재창조를 통해 성, 계급, 인종 그리고 문화의 차이를 가로지를 절대 책임을 부가한 것이다. 비록 이웃종교를 정죄하지는 않았으나 결국 이들을 포함한 전 인류를 세상을 온전케 하는 하느님 약속이란 관점에서 바라볼 것을 요구했던 바이다. 바로 이것이 폭력이 아닌 대화를 통한 복음 전달 방식인 바, 거짓증거를 삼가는 일이자 이웃을 자신 몸처럼 사랑하는 일이라 여긴 것이다. 그렇기에 여기서는 혼합주의에 대한 우려가 전적으로 종식된다. 대화가 제3의 어떤 무엇을 만드는 일이 아니라 일차적으로 이웃종교들의 영적 경험과 진정으로 만나되 그를 기독교적으로 이해하고 해석하는 일인 까닭이다. 이런 시각은 분명 존재유비(Analogia Entis), 곧 이웃종교를 자신의 일부로 여기는 가톨릭 교회의 포괄주의적 입장과 확연히 구별된다. 가톨릭처럼 보편적 틀을 상정하고 그 빛에서 상대방을 보는 것은 일종의 획일화(자기화)의 덫에서 자유로울 수 없다고 판단했던 것이다.

이에 더하여 1982년 공표된 문서 「선교와 복음전도, 하나의 에큐메니칼 확언」에서는 인간 삶의 전환을 가져오는 회심을 대화에 앞서 강조하였다. 기독교적 정체성을 차이 혹은 다양성보다 강조할 목적에서다. 기독교의 우월성을 차이의 시각으로 해소시키고 싶지 않았던 탓이다. 물론 여기에는 전도(개인)와 선교(사회)의 관계를 옳게 정리할 의도도 있었을 것이다. 기독교인에게 있어서 회심은 인간 삶 전체를 새롭게 하는 획기적 사건인 바, 하느님 선교, 곧 하느님 나라 비전과 직결되는 사안이다. 따라서 기독교적 정체성의 표현인 회심은 이웃종교인들의 구원을 결코 배제할 수 없다. 그리스도 안에서 육화되신 하느님께서 만유와 만인 그리고 이웃종교들 속에서도 현존하고 활동한다고 믿는 까닭이다. 그렇기에 기독교인들은 더더욱 이웃종교의 맥락 속에서도 하느님 현존을 증거할 필요가 있다. 여기서 회심은 가장 좋은 증언으로서 측량할 수 없는 신적 활동의 산물이라 하겠다. 그렇기에 증언으로서의 회심은 일방통행적일 수 없고 오히려 평화 공동체를 위한 이웃종교인들과의 해후, 곧 손잡음의 과정이라 해야 옳다. 산 안토니오 세계선교와복음위원회(1989)의 다음과 같은 보고서는 이 점을 더욱 분명하게 고지한다.

"…우리는 하느님의 진리에 대한 완벽한 지식을 갖고 있다고 주장할 수 없다. 우리는 하느님 은혜의 수혜자일 뿐이다. 그리스도 안에 나타난 하느님 신비는 이해를 초월하며 그에 대한 우리 지식의 미천함으로 인해 기독교인들은 이웃종교인들의 심판자가 아니라 오히려 그들에 대해 증언자로서 부름 받았다."[11]

회심을 강조했던 '선교와 복음전도'에 견줘 다음의 진일보한 표현도 눈에 띈다.

"우리는 예수 그리스도 이외의 어떤 다른 구원의 길도 말할 수 없다. 그런데 동시에 우리는 하느님 구원 능력을 제약할 수도 없다."[12]

이런 시각은 오늘에 이르기까지 WCC가 견지하고 있는 바로서 기독교와 이웃종교 간의 긴장을 유지하는 한 방식이다. 하지만 그리스도 예수가 구원자라는 것과 그의 활동을 기독교(교회) 안에 한정 지을 수 없다는 양자의 긍정은 결국 증언과 대화의 쌍방적 관계를 재차 확인시킨다. 이웃종교 안에서도 하느님을 만날 수 있다는 가능성을 부정하지 않기 때문이다. 증언(전도)과 대화(선교)는 결코 적대하지 않으며 서로를 심화시키는 관계라는 것이 바로 산 안토니오 보고서의 핵심이다.

3. 1990년 바아르 선언 이후의 WCC 시각 – 기독론 중심의 이웃종교관

이렇듯 WCC 안에서의 종교 간 대화는 대화와 선교의 양면을 충족시키기 위한 지난한 여정 속에서 진행되었다. 이 노력은 1990년 스위스 바아르에서 그 절정을 이루게 된다. 본 모임에서 WCC가 명시적으로 다원주의에 대한 신학적 전망을 언급했기 때문이다. 사실 바아르 성명서는 그 이듬해 열렸던 7차 WCC 호주 켄버라 대회를 사전 준비한 것으로, 이전의 어느 것보다 신학적 모험의 산물이었다.[13] 특별히 WCC는 생태계 위기를 비롯한 JPIC의 범 지구적 실상에 직면해야 했고 그 해결을 위해 아시아 종교들의 축적된 지혜가 필요했던 바, 어느 때보다 이들과 기독교와의 연대성에 집중했던 것이다.

따라서 바아르 선언은 다양한 종교 전통들과 삼위일체 하느님 신비의 관계를 신학적으로 적극 언급하고 있다. 종교 다원성을 충분히 배려한 '적절한 종교 신학'(adequate theology of religion)을 공동 모험의 구체적 실상으로 제시코자 한 것이다. 이점에서 바아르 선언은 종래의 어느 입장보다 이웃종교에 적극 다가선 WCC 문서라 해도 과언이 아닐 듯싶다. 물론 기독교 고유한 입장, 곧 창조주와 그리스도 그리고 성령의 시각에서 이런 관계성을 언급했음에도 말이다. 즉 창조주는 만유 위, 아래 그리고 만유 그 자체를 통해서 일하시는 분이기에 모든 종교들 속에도 현존하시는 분이 틀림없다고 한 것이다.

이 점에서 이웃종교들 역시 나름대로 긴 세월 동안 하느님의 현존과 활동을 증언했다고 보는 것이 옳다. 교회 밖 구원 유/무 논쟁으로 한국 교회가 한때 시끄러웠고 지금도 인정되지 않으나 바아르 선언은 하느님 구원 능력이 그들 속에서 현존했었기에 제한될 수 없음을 공식화한 것이다. 오히려 종교 전통들의 다원(양)성을 영이신 하느님의 은사로 이해할 것을 적극 권하고 있다. "우리 주 예수 그리스도의 한 하나님과 아버지께서 도처에 자신에 대한 증거를 남겨놓지 않은 것이 아니다."[14]

그러나 종교들의 역기능 역시 좌시할 수 없을 만큼 크기에 기독교를 비롯한 종교 일체를 기독론 면전에 세울 수밖에 없다고 하였다. 여기에는 현상적으로 나타난 기독교 역시 예외일 수 없다. 즉 여타 종교들만이 아니라 현실 기독교 역시 비(非)기독론적인 경우가 허다하다는 신학적 판단이다. 주지하듯 기독론은 보편적 하느님 구원 활동이 예수 그리스도 안에서 특별하게 조우한 것으로서 특별계시라 불릴 만큼 기독교 신앙의 핵심중의 핵심으로 모든 것의 시금석이다. 하지만 기독론을 어떻게 해석하는가는 신학 안에서 복잡한 문제이다. 기독론 해석 폭에 따라 이웃종교를 바라보는 편차 역시 달라질 것이다. 다행히도 바아르 선언은 구원을 예수 그리스도 인격과 관계하는 개인적 차원의 신학을 넘어서 만유의 주이신 창조주 신앙에 합당한 '우주적 기독론'에로 신학의 폭을 확장시켰다. 하느님 현존은 어느 한 공동체나 문화에 국한될 수 없을 만큼 충분히 크다는 전제하에서다. 이런 우주적 그리스도는 바로 창조주 하느님의 보편성에 근거할 때 성립 가능한 이야기인 것이다. 우주적 기독론은 따라서 이웃종교인들의 구원을 배제할 수 없게 되었다.

그렇다 하여 본 선언이 그리스도 사건 속에서 하느님의 구원의지가 가장 선명하게 언표된 것을 부정한 것은 결코 아니었다.[15] 이는 구원의 명시성과 암묵(익명)성을 구별했던 가톨릭 신학자 K. 라너의 견해와 견줄 수도 있을 법하다.[16]

삼위일체의 또 다른 위격으로서 성령 역시 종교적 다원성을 설명하는 주요한 매체인 것을 바아르 선언이 공식화했다. 켄버라 대회가 성령을 생명의 영으로 언표 했고 그를 통해 파괴된 생태계를 복원시키고자 한 것도 실상 성령을 강조한 바아르 선언의 덕일 것이다. 여하튼 창조주, 그리스도에 이어 생명의 영으로서 성령은 종교적 다원성을 설명하는 WCC 종교 신학의 토대가 되었다. 생명 있는 것은 무엇이든지 하느님 영의 현존을 떠나서는 존재할 수 없게 된 까닭이다. 이로써 기독교 역사 속에서 상대적으로 홀대받았던 성령의 위상은 옳게 복원될 수 있었다.[17] 이렇듯 삼위일체 신론에 입각하여 바아르 선언은 이웃종교들과의 관계를 다음처럼 정리하고 있다. "…다양한 (이웃)종교적 증거를 진지하게 수용치 못하는 것은 만유의 창조주와 인류의 아버지인 하느님에 대한 성서적 증언을 거부하는 것과 다르지 않다."[18]

1998년 남아공 하라레에서 열린 WCC 대회는 새로운 선교적 상황으로서 '지구화' 문제를 집중 거론하였다. 동구권의 몰락과 함께 시작된 단일문화 현상으로서 지구화가 탈(脫) 현대주의의 이름하에 확산되고 있음을 주목한 것이다. 민족 개념을 비롯한 문화의 정체성이 해체되고 종교조차 사사화(私事化)된 개인적 관심사로 치부되며 미래는 없고 현재만 강조되는 탈(脫) 현대주의적 가치들에 직면하여 기존 선교의 패러다임을 달리하지 없었던 탓이다.

특별히 이웃종교와의 관계 속에서도 주목할 만한 변화가 감지되었다. 지금껏 증언과 대화의 양면 중에서 증언에 초점을 두었다면 하라레에서는 종교적 다원성 현실 자체를 대화를 위한 토대로서 더한층 강화시킨 것이다. 아시아, 아프리카 지역뿐 아니라 유럽 및 서구 한가운데서도 자리를 점한 이웃종교와 문화들의 현실 자체를 부정할 수 없었던 까닭이다. 이들 이웃종교인들에 대한 사랑과 존중이야말로 복음의 성실성–이웃 사랑–과 다른 주제가 아니라고 생각한 것이다.

따라서 이웃종교인들의 구원에 관한 물음이 이전보다 더욱 진지해졌다. 물론 앞서 언급한 대로 예수 그리스도외의 다른 구원을 말할 수 없음과 기독교적 상상력을 초월할 만큼 무제한한 구원능력 간의 긴장 자체를 논의의 토대로 삼은 것이 틀림없다. 하지만 교회 밖, 곧 이웃종교인들 속에서 감지되는 하느님의 현존과 활동에 힘껏 무게중심을 둔 것은 분명해 보인다. 증언과 대화 둘 중에서 인류 공동체를 위해 대화적 삶이 점차 중요해진 상황을 수용한 것이라 하겠다. "…대화란 예수님의 이웃 사랑 명령에 대한 증언의 한 형태이다."[19]

이로부터 2004년에는 「종교적 다원성과 기독교의 자기 이해」란 문서가 수 년에 걸쳐 준비되었다. 비록 WCC에 최종 상정되지는 않았으나 종교 다원성이 기독교의 자기 이해를 위해서도 대단히 중요한 것을 강조했던 것이다. 지구화 흐름 속에서 종교적 장벽을 넘어 세계적인 재난(JPIC)에 공동 대처할 책무를 온몸으로 느끼는 상황 때문이었다. 따라서 본 문서는 이웃종교와의 대화가 정작 '복음' 그 자체에 속하는 것이며 동시에 기독교적 선교의 요체인 것을 강력히 시사했다. 오히려 이웃종교인들과 관계할수록 기독교적 정체성이 더욱 완전하고 풍부해진다는 말도 덧붙일 정도였다.

또한 하느님의 성육(Incarnation)이 자신을 인간의 제 조건과 전적으로 동일화한 신비인 경우 그것은 자신과 이질적인 타자들을 전적으로 환대하는 일과의 유비 내지 관계성을 띨 수밖에 없다고 보았다.[20] 이미 성서 속에서 타자들에 대한 개방성이 당시 기준으로 허용될 수 없는 여인, 로마인, 사마리아인, 창기 등에까지 이르렀고 그리고 마태가 전한 예수의 족보 속에 이런 타자들이 공공연하게 언급된 정황에서 기독교는 자기 동일성을 넘어 타자성의 철학 곧 이웃종교인에게로 구원을 확장시킬 수 있어야 옳다는 것이다. 결국 구원은 하느님 자신의 일로서 기독교인이라 할지라도 인류에게 허락하는 하느님의 구원 활동을 제약할 수 없다는 앞선 논의를 좀 더 구체화 내지 명시화한 것이라 볼 수 있겠다.

2005년도 그리스 아덴에서 발표된 문서 「성령이여 오소서! 성령은 누구시고 왜 오시며 어떻게 오시고 무엇을 하시는가?」는 희랍 사람들 영성과의 접촉점을 강조한 바울의 아레오바고 설교를 환기시키고 있다. 사실 접촉점의 문제는 개신교에서 진일보된 신학의 결과물이다.[21] 오직 위로부터의 하느님 은총만을 강조한 나머지 E. 브룬너의 자연신학에게 신학적 사형선고를 내렸던 정통 개신교의 시각에서 그리스의 영과 하느님 간의 접촉점을 인정했다는 것은 대단한 변화가 아닐 수 없다. 하지만 이 역시 삼위일체론 시각에서 성령론의 입지를 강조함으로써 정작 가톨릭의 자연신학과 다른 맥락에서 접촉점을 설명할 뿐이다. 오순절의 성령 강림과 예수 그리스도 안에서 활동한 성령과 전 창조 속에 내주하는 성령이 다른 것이 아닌 까닭에 가톨릭의 존재 유비가 아닌 '신앙 유비'의 차원에서도 이웃종교를 소위 영기독론(Spirit-Christology)의 관점에서 관계지을 수 있다고 본 것이다.

특별히 성령은 불고 싶은 대로 부는 바람과 같은 이미지를 하고 있는 바, 인간이 만든 벽을 쉽게 허무시는 분이기에 현실 교회가 아성을 쌓고 교회 밖 구원을 원치 않더라도 얼마든지 그들과 접촉점을 만들어 낼 수 있다고 보았다. 하지만 이런 접촉점은 창조 세계와 구속 사이의 가교일 뿐 기독교와 이웃종교들 간의 본질적 유사성을 적시하지 않는다. 이웃종교들 속에서 일어나는 삶의 덕목들, 즉 정의, 평화, 창조질서의 보존 등은 항시 그리스도를 닮은 방식으로만 생기(生起)한다고 보았던 까닭이다.[22] 달리 말하면 예수 그리스도가 이웃종교들을 분별하는 기준이란 것이다. 이 점에서 J. 몰트만이 '예수 그리스도가 없다면 창조의 세계는 범(pan)허무주의에 빠져 버린다.'[23]고 한 것은 참으로 이런 정서에 부합된다.

이상에서 보듯 WCC 공식 문건들은 기독교와 이웃종교의 관계를 존재 유비를 설(說)한 가톨릭의 자연신학 전통과는 언제나 다르게 설정했다. 물론 초창기의 배타주의적 관점을 지양시켰으나 그렇다고 하여 양자 간의 존재론적 접촉이나 신(神) 중심적 동일성까지 인정한 것은 결코 아니었다. 혹은 슐라이에르마허나 R. 오토가 주장하듯 종교 속에 절대 의존의 감정, 두렵고 떨림의 감정 같은 공통의 속성(종교적 선험성)이 있다고 주장하지도 않는다. 이것들은 이웃종교들의 정체성을 인정하는 것이 아니라 역사적 · 사회문화적 다양성을 오히려 획일화시킨다고 보았기 때문이다.

그렇기에 WCC 문건들은 각 종교들의 고유성과 특수성을 강조할 뿐 아니라 기독교가 그들과도 얼마나 다른가를 여실하게 보여주었다. 본 문서들이 시종일관 삼위일체 신론, 우주적 기독론, 그리고 성령론의 시각 하에서 이웃종교를 바라본 것도 이런 이유에서였다. 이로써 아시아 지역 등에서 일어나는 종교 혼합주의 현상과의 결별을 의도할 수 있었던 것이다. 이웃종교의 언어로 기독교의 중심 메시지가 '과도하게' 해석될 경우 오히려 기독교 신앙이 이웃종교와 타협될 여지가 생겨남을 처음부터 방지코자 하였다. 즉 일본 교토학파에서 시도되듯 기독교의 하느님이 불교적 공(空, Sunjata)과 등가로 이해되거나 '임마누엘'이 불성(佛性)과 동일하게 해석되는 것이 거부되는 구체적 사례일 듯싶다.

하지만 이런 입장은 텍스트들 간의 해석학적 순환 가능성을 부정하는 반(反)학문성의 산물로 비판될 여지가 충분히 있다. 제3세계에서 발생한 간(間)주관적 토착화 신학의 가능성을 원천 봉쇄하는 것은 서구 중심주의에서 벗어나지 못한 결과일 것이다. 예컨대 한국적 유교토양에서 효(孝)를 기독교적 '신앙'의 관점에서 해석했던 윤성범의 유교적 기독교나, 십자가의 도(道)를 '일좌식일언인(一座食一言仁)'의 지난한 과정으로 풀었던 다석(多夕)의 '스승 기독론' 그리고 '예수 보살론'을 주장한 길희성의 불교적 신학 등은 기독교 서구가 여전히 자기 중심주의로부터 탈주하지 못한 탓일 것이다. 이런 입장은 결국 아시아 각지에서 일어날 수 있는 뭇 토착화 내지 민중신학의 태동에 부정적 영향을 비치게 될 것이다.

그럼에도 WCC 문서는 당당하게 기독교가 자신의 정체성—삼위일체 신론—을 통해 이웃종교들과의 관계를 이만큼 정립하였듯이 불교를 비롯한 이웃종교들 역시도 그들 자신의 고유 시각에서 논리를 세워 기독교를 바라볼 것을 주문하였다. 이웃종교들 역시 자신의 정체성을 지닌 이야기(담론)를 갖고 기독교와 자신들을 함께 엮어 내 볼 것을 제안한 것이다. 이는 모든 종교는 예외 없이 상대방을 향해 포괄주의적 입장을 취할 수밖에 없다는 많은 구원들(Salvations)의 저자 칼 하임을 상기시킨다.[24] 기독교 전통이 삼위일체 신비와 예수 그리스도를 포기할 수 없듯이 불교 및 유교 공동체 역시도 포기될 수 없는 고유 진리를 갖고 자신과 이웃종교들을 조망하고 그를 통섭해 보라는 것이다. 만약 이런 입장이 진정성을 지닌 것이라면 이웃종교인들 역시 기독교의 배타성에 항변만 할 것이 아니라 본 제안을 성심껏 수용해야만 한다. 그간 기독교 신학에 견줄 때 종교 간 대화를 위한 아시아 종교들의 해석학적 노력은 상대적으로 불충분했기 때문이다. 기독교가 불교를 아는 것 이상으로 불교학자 역시 기독교 신학에 정통할 필요가 있는 것이다.

그러나 정작 기독교가 자신을 향한 이웃종교들의 이런 정체성 표현-포괄주의-을 얼마나 긍정할지 의문이다. 마치 힌두교 인을 익명의 기독교인으로 인정했으되 기독교인을 익명의 힌두교인으로 보는 것을 허락하지 않았던 것처럼 그렇게 말이다. 서로에게 포괄주의를 요구하는 WCC의 이웃종교관은 현실 교회와는 달리 배타주의를 벗긴 했으되 이렇듯 충분히 다원적 색조를 지녔다고 말하기 어렵다. 따라서 WCC 공식 입장은 그리스도의 구원 능력을 제한할 수 없다는 산 안토니오 선언이후 여전히 답보 상태에 있다고 하겠다. 그렇기에 이웃종교는 '이해를 추구하는 기독교 신앙'을 위해 필요한 도구이자 자료일 뿐 한순간도 온전한 타자로서 인정된 적이 없었다. 이웃종교들의 영어명 끝자리가 예외 없이 '…ism'으로 언표되는 한 기독교 중심적 발상은 지속될 수밖에 없을 것이다.

4. WCC 입장을 넘어선 새로운 시각 – 다양성의 신학에서 보는 이웃종교관

그럼에도 이런 WCC의 이웃종교관은 기독교 내의 또 다른 파트너인 세계복음주의연맹(WEA)으로부터 긍정적으로 평가 받지 못했다. 보았듯이 WCC의 이웃종교관이 진보적이긴 했으나 여전히 기독교 중심성을 벗지 못했음에도 불구하고, WEA는 세계교회협의회의 신학적 기조를 자유주의적이라 비판했던 것이다. WCC 부산 대회를 앞두고 한국기독교 총연맹 측의 반대가 기승을 부리는 것도 이와 맥락을 같이한다. 하지만 국내의 경우와 달리 WCC는 점차 WEA는 물론 가톨릭과도 공조하여 2011년 「다원사회 속에서의 그리스도인의 증언」[25]이란 문서를 채택할 수 있었다. 이 점에서 WEA에 가맹된 한국 교회는 세계교회들의 열린 태도에 크게 고무될 필요가 있다. 본 문서는 그리스도 증언을 위한 7개의 초석을 제시하는 바, 4번째 항에서 그리스도인의 증언은 다종교 사회에서 필히 이웃종교인들과의 대화를 필요로 한다고 밝혀 놓았다. 이는 '예수 천당, 붓다 지옥'을 외치는 국내의 근본적 기독교인들에게 충격적인 내용일 것이다. 이를 위한 12개의 원칙을 제시하고 있는데 그중에서 핵심은 이웃종교의 경전이나 상징물을 함부로 파괴하고 종교 권력을 이용하여 차별을 부추기는 일체 폭력에 대한 거부였다. 아울러 이웃종교를 비방하고 훼손시키는 것이야말로 성서가 금하는 거짓 증거인 것을 명백히 선언하였다.

한국적 상황에서 이해하자면 기독교 정신으로 세워진 학교라도 신앙을 개인에게 강요할 수 없으며, 봉은사의 땅 밟기에서 보여지듯 이웃종교들을 경청하기는커녕 훼방하는 것은 폭력이자 거짓인 것을 옳게 적시한 것이다. 뿐만 아니라 인류의 공동선을 위해서 종교, 이념의 차이를 막론하고 관계를 만들어 가는 것을 적극 권장하였다. 이처럼 본 문건은 WCC를 비롯한 세 단체에서 협업한 것으로서 가장 큰 기독교 신앙 가족들의 에큐메니칼 정신을 담아 내었다. 그리스도 몸의 지체인 개 교회는 어느 교파에 속해 있든지 종교 간 대화를 그리스도에 대한 헌신의 한 표현으로 감당하라는 것이다. 이웃종교들에 대한 깊은 이해를 통해 결국 자신의 정체성과 신앙을 강화할 수 있다고 믿기 때문이다. 나는 항시 너를 통해서만 나일 수 있다는 말이자 내 종교만 알면 실상 내 종교도 모른다는 이야기도 될 것이다.[26] 그리스도의 구원 활동에 한계를 설정하지 말라는 주문이기도 할 듯싶다.

결론적으로 본 문서는 자신뿐 아니라 이웃종교의 자유가 옳게 행사되고 있는지를 살피고 이웃종교인들에 대한 악의적 언행을 삼가며 정의와 평화 그리고 생명 가치를 위해 상호 협력할 것을 강변하고 있다. 2011년 발표된 본 문서의 정신이 한국 교회에 뿌리내린다면 2013년 부산 대회는 한국 교회의 축복과 협력 속에 치러져야 마땅할 일이다. 유불선의 전통이 살아 숨쉬는 세계 유일의 장소인 한국에서 기독교인들 모두가 함께한다는 것은 그간 발표된 WCC 문서들의 정신을 옳게 실험할 수 있는 절호의 기회이다. 더구나 세계 유일의 분단국이자 JPIC 대회가 열렸던 곳인 이 땅에서 기독교인의 잔치가 열림으로써 민족통일이 앞당겨지고 생명평화가 신자유주의 그늘을 거둬 들일 수 있을 것이다.

글을 마무리할 시점에 이르렀다. 앞서 필자는 WCC가 표방한 종교 간 대화 이론의 한계와 아쉬움에 대해 아시아 신학자이자 토착화 신학자로서 의견을 짧게 개진하였다. 본고의 마지막 장에서 필자는 구성신학(Constructive Theology)의 한 형태로서 최근의 다양성 신학의 한 흐름을 언급하고 싶다. 상술한 WCC의 대화 이론이 현대 신학 사조에 비해 다소 뒤쳐져 있음을 각인시킬 목적에서이다.

주지하듯 필자는 앞서 '다양성의 신학(A Theology of Multiplicity)'이란 부제가 공통적으로 붙어 있던 '복수적 교리(Polydoxy)'와 '유일신론을 넘어서(Beyond Monotheism)'란 두 책을 소개한 바 있다. 이 책들은 모두 차이에 근거한 종교 간 대화를 위해서는 의당 일자(一者)의 논리, 기독교적으로 표현하면 유일신 사상의 포기가 전제되어야 함을 공히 역설하였다.[27] 한마디로 WCC가 표방했던 구원관, "예수 그리스도의 구원은 절대적이며 그의 능력과 범위는 인간이 알 수 없다."는 기독교 중심적 시각과 시대가 요구하는 '차이'에 근거한 다양성(Multiplicity)이 현실적으로 상호 공존하기 어렵다는 것이다.

최근 삼위일체론이 신학의 탈출구로서 호평을 받는 시대가 되었으나 그 역시 결국에는 한 분 하느님의 구원 사역에 대한 기독교적 신뢰의 표현인 한에서 일자(一者)의 논리와 다를 수 없다. 더구나 이 책들은 탈식민주의적 관점을 지녔기에 일자(一者)의 논리 속에 함의된 일체의 윤리적 관점을 근본적으로 회의한다. WCC 부산 대회가 지향하는 목표, '정의를 통한 생명 평화' 역시 이웃종교에겐 폭력이 될 수도 있다는 것이다. 이 땅에 존재하는 유불선 종교들의 존재가 더불어 인정되지 못할 경우 기독교가 내건 생명, 정의 그리고 평화는 그들만의 잔치로서 진정성을 의심받을 수 있다는 사실이다. 이 점에서 '다양성의 신학'은 기독교 신학 자체가 일자(一者)가 아니라 오히려 다양성에 토대를 둘 수 있고, 두어야 하되, 그 빛에서 종교들 간 차이를 긍정하고 그들 사이의 정의로운 관계에 주목하는 탈식민적 신학을 정초할 것을 요구했다.

주지하듯 WCC는 지금껏 '이해를 추구하는 신앙' 내지 '관계 유비'의 기독교적 관점을 갖고 이웃종교를 접해 왔다. 이를 위해 삼위일체, 즉 창조주, 구속주 그리고 성령이신 하느님의 보편성이 늘상 강조되어야만 했다. 하지만 이웃종교 역시 하느님 창조 영역 속에 있으며 그들 또한 그리스도를 통해서만 구원을 얻을 수 있고 또한 삼라만상에 내주하는 성령의 활동으로 인해 일체의 것이 하느님과의 관계 하에 있다는 논리는 기독교만의 논거로서 이웃종교인들이 수용키 어려울 것이다. 기독교에서는 이해를 추구하는 한 방식이겠으나 이웃종교들 시각에선 기독교 측의 논리에 자신들의 존재가 꿰맞추어지는 느낌을 지울 수 없을 듯 여겨지는 까닭이다.

이런 이유로 '다양성의 신학'은 삼위일체론을 전혀 다른 시각, 즉 기독교를 넘어선 차원에서 재구성했다. 무엇보다 하느님의 일자(一者)적 속성을 제거하는 중에 부정신학의 언표 방식을 빌려 온 것이 그 한 특징이다. 하느님은 결코 '알려질 수 없는 분'(Unknown)인 바, 그의 육화는 다양성(Multiplicity)으로 나타나며 성령은 이들 다양성을 상호 '관계시키는 존재(Relationality)라는 것이 '다양성 신학'의 골격

이다.[28]

여기서 다양성이 성육신 그 자체를 적시하고 있다는 사실 역시 새롭다. 신적 현실 자체가 어떤 형식이든지 간에 단순한 일자(一者, Unity)가 아니라 그 자체로 다양하다는 것이 본래 성육신이 적시하는 뜻이란 것이다. 당시 유대인의 유일신 사상과 희랍의 일자 철학이 지배하는 현실에서 예수가 하느님이란 고백은 신적 현실의 다양성을 말하지 않고서는 실상 불가능한 일이었다.[29] 이 경우 다양성(Multiplicity)은 소위 종교다원주의에서 말해온 다원성(Plurality)과는 전혀 다른 개념이다. 후자가 탈현대적 정조 속에서 각각의 분리된 개체들 간의 차이(다름)를 강조했다면, 전자는 오히려 그들의 관계맺음, 함께하는 결속에 무게중심을 둔 개념인 까닭이다.[30] 따라서 수많은 분리된 것들 간의 관계가 아니라 다양하게 뒤얽힌 특이한 것(Singularity)들 간의 관계가 오히려 핵심이다.[31]

'다양성의 신학'이 리좀적 사유에 주목한 것도 바로 이런 맥락에서이다. 이처럼 다양성이 알려지지 않는 신적 깊이로서 그의 육화된 표현이고 그것들을 상호 결속시키는 것이 성령인 한에서 기독교는 이제 전체성을 띠기보다는 오히려 신적 다양성 그 자체를 인정할 수밖에 없게 되었다. 이 경우 이웃종교 역시 WCC가 근간으로 삼았던 기독교(삼위일체)적 시각으로부터 전적으로 자유로울 수 있다. 기독교 안팎을 통해 생기는 다양성 자체가 신적 익명성이자 그의 육화인 까닭이다. 따라서 WCC가 삼위일체적 신론에 근거, 인류 미래를 낙관한 것에 반해 다양성의 신학은 단순화(일자)에 대한 저항으로서 오히려 불확실성을 자신의 본질로 삼는다. 관계적 다양성은 전체성과 짝할 수 없는 바, 불확실성이 오히려 신적 신비의 표현이라 믿기 때문이다. 이웃종교와의 관계에 있어 크게 달라진 것은 이들 간의 상호 영향력, 관계성 자체가 알려지지 않은 신적 신비의 본질이란 사실이다. 물론 이 점은 하느님의 구원 능력이 기독교 내에 한정되지 않았다는 WCC의 근본 입장과 맥을 같이 한다고도 보겠으나 예수 그리스도에 의한 구원을 확정짓지 않았기에 결코 동일한 것만은 아닐 것이다.

'다양성의 신학'을 선호하는 신학자들 중에는 이런 시각을 좀 더 진일보시킨 이들도 있다. 인도출신의 아시아 신학자 J. 타타마닐 같은 이가 그런 경우로서, 종교적 다양성을 삼위일체적 다원교리 (trinitarian polydoxy)와 연관시켜 긍정적으로 조망한 것이다.[32] 삼위일체적 다원교리란 WCC가 그랬듯 삼위일체론을 종교 간 대화를 위한 장(locus)으로 사용하되 도그마(기독교)적 접근을 지양하고 각 종교 속에 함축된 삼위일체 형식을 비교 신학적으로 고찰하는 것을 뜻한다.[33] 타타마닐이 비교 신학적 시각에서 힌두교, 기독교 그리고 불교로부터 추출한 삼위일체 형식은 다음과 같은 것이었다. 즉 힌두교로부터는 근거(Ground)로서의 궁극적 실재를, 기독교로부터는 우발성(Contingency)으로서의 궁극적 실재 그리고 불교로부터는 관계성 (Relationality)으로서의 궁극적 실재를 택하여 근거, 우발성, 관계성 간

의 삼위일체적 관계를 새롭게 모색한 것이다.[34]

여기서 이들 각각은 기독교 내부에서의 삼위일체, 즉 하느님, 아들 그리고 성령과 정확히 견줄 수 있을 것이다. 이로부터 삼위일체적 복수교리(Polydoxy)가 언급되는 바, 기독교에게 있어 이웃종교의 의미가 비로소 하나와 셋의 관계 속에서 복수교리(Polydoxy)로서 적시될 수 있게 된다.[35] 달리 말하자면 이웃종교들이 오히려 기독교신학이 말했던 삼위일체 의미를 심화·증대시킬 수 있다는 것이다.[36] 즉 힌두교의 근거(Ground)는 어떤 것이 무가 아니라 존재한다는 있음(isness)의 경이로서 존재 신비를 강화시킬 수 있고, 기독교가 제시하는 우발성은 예수의 육화 사건을 지시하는 것으로서, 존재하는 것들은 저마다 유일하며 독특(Singular)하지 않은 것이 없다는 개체의 환원 불가능한 사실을 보여주며,[37] 불교의 관계성은 이렇듯 저마다 독특한 단일적인 것들이라도 결코 고립적·자족적으로 존재하지 않음을 어느 종교들보다 역설하는 까닭이다.

하지만 근거만을 강조할 경우 세상을 잃을 수 있고, 우발성에 경도될 경우 신을 인격으로 제한시킬 우려가 있으며, 관계성에 무게중심을 둘 때 개체성(특별함)을 상실할 염려가 있는 것도 사실이다. 이런 이유로 근거, 우발성, 관계성 이 셋은 기독교를 비롯한 모든 종교들이 신적 삶을 표현함에 있어서 저마다 강조점이 다른 것으로 상호 간 근본적 차이가 있음을 보여주는 바, 종교 간 대화는 이들 셋의 통합적 비전을 위해 차이를 수렴하는 역할 역시 옳게 감당할 책무가 있다. 결국 타타마닐이 말하고자 한 바는 이웃종교들과의 대화(사귐)가 없다면 기독교 홀로 삼위일체 하느님 신비를 접할 수 없다는 사실이다.[38] "우리의 이웃(종교)들을 향한 운동 없이는 단 한 치도 신적 삶의 깊이에 접근할 수 없다."[39] 이렇듯 다양성의 신학은 WCC가 삼위일체 신론의 시각에서 이웃종교들을 이해하려 했던 것의 한계를 잘 드러내 보여준다. 종교적 다양성은 인간 공동체의 삶을 위한 심오한 약속의 토대이자 근원인 것을 명심할 일이다.

지난 시절에 비해 WCC는 최근 종교 간 대화 이론을 상대적으로 소홀하게 다루었다는 평가를 받고 있다. 종교 간 대화국의 위상을 격하시켰고, 그 책임자 역시 아시아인을 기피한다는 소리도 얼마 전부터 들리고 있다. 이는 WCC의 재정 때문이기도 하겠고, 아시아적 종교성의 풍부한 발현에 대한 서구 기독교인들의 움츠림의 결과일 수도 있을 듯싶다. 그러나 부산에서 열리는 10차 대회를 통해 WCC 산하 서구 기독교인들은 유불선의 바탕 하에 복음을 수용했고 민족 독립을 위해 하나 되었던 한국 기독교의 경우를 여실히 배울 필요가 있다. 두 번째 차축시대가 회자되는 현실에서 적어도 제2의 종교개혁은 아시아, 좁게는 한국에서 일어날 것이란 기대를 필자는 갖고 있다. 주지하듯 종교개혁 500주년이 되는 2017년이 몇 년 앞으로 성큼 다가왔다. 이제는 아시아적 종교성 속에서 기독교가 새롭게 표현되는 길을 세계 교회는 기대해야 할 것이다. 21세기 인류의 구원이 아시아로부터 시작된다고 믿는 까닭이다.

WCC의 이웃종교관에 대한 가톨릭 교회의 입장

송용민 신부, 인천가톨릭대학교 교수

1. 들어가는 말

'시대정신(Zeitgeist)'이란 말이 있다. 한 시대를 이끌어가는 중심 가치와 문화적 코드들을 통합해 주는 수렴점을 일컫는다. 흔히 21세기를 일컬어 대화와 참여·상생과 소통·협력의 시대라고 말하는데, 이는 근대의 인간 중심의 기술 혁명을 넘어 오늘날 생명과 평화를 지키기 위해 상생과 공존을 위한 대화가 시대정신이자 현대의 패러다임(paradigm)임을 말해준다. 이들 가치들은 적지 않은 지식층에 의해서뿐만 아니라, 평범한 삶의 현장에서도 누구나 피부로 느낄 수 있는 현실적 가치로 평가 받고 있다. 한스 큉은 후기근대(nach-modern)를 '에큐메니칼 패러다임'[1]으로 규정하고, 우리 시대가 더 이상 가치들의 이질성을 투쟁의 대상으로 삼지 않고, 서로의 공통점을 공유하는 '오이쿠메네(oikumene. 한 가정, 하나의 우주)' 정신을 회복해야 한다고 강조하고 있다.

인류 역사 안에서 가장 큰 분열의 원인이었던 종교적 신념들 간의 대화에도 이러한 시대적 요청은 거부할 수 없는 현실이 되고 있다. 특히 20세기 들어서면서 탈서구화의 물결은 아시아와 아프리카를 비롯한 제3세계의 토착 종교들과의 만남을 진지하게 받아들이며 그리스도교 중심주의 해체를 불러왔으며, 평화와 공존을 지키고자 하는 다원주의적 사조가 강해지면서 대화와 상호 존중, 협력과 상호연대는 타종교와의 관계를 규정하는 데 있어서 중대한 요소로 자리잡게 되었다. 이 점은 세계 개신교계를 이끌고 있는 세계교회협의회(World Council of Chruches: 이하 'WCC')뿐만 아니라, 제2차 바티칸 공의회(1962-1965) 이후 가톨릭 교회가 이웃종교들에 대해서 배타적인 입장에서 벗어나 이들 종교들의 사회문화적 가치와 타자성을 적극적으로 이해하는 노력으로 이어졌다.

본 소고에서는 세계 개신교계를 대표하는 WCC가 '타종교–이웃종교'를 바라보는 시각의 변화와 그 신학적 관점들을 되짚어보고, WCC의 이웃종교관을 가톨릭적 전망에서 살펴보고자 한다. 그리고 종교 간 대화의 지평을 넓히기 위한 시도로 최근 쟁점이 되고 있는 '다양성(Multiplicity)의 신학'을 가톨릭 입장에서 평가해 보고자 한다. 다양성의 신학이란 전통적인 그리스도교 신학이 정통교리(Orthodoxy)를 중심으로 전개될 때 부딪히는 종교 간의 대화의 한계를 넘기 위하여 '다중교리(Polydoxy)'를 토대로 새롭게 신학의 전반

적인 틀을 전환하고자 하는 구성신학(Constructive Theology)적 시도라
고 볼 수 있다.[2] 그러나 필자는 가톨릭 신학자의 한 사람으로서 다양
성의 신학에 관한 본격적인 의미의 종교 신학적 논쟁을 펼치기 보다
는 다양성의 신학이 제시된 근거와 타당성을 검토해 보고, 가톨릭
교회가 이웃종교들을 전향적으로 대행 온 정황을 토대로, 이런 신학
적 비전에 대해 가톨릭 신학자의 입장에서 주목해야 할 점을 몇 가
지 제시하고자 한다.

2. WCC와 가톨릭 교회의 이웃종교에 대한 관점의 변화

1) 전통적인 입장

가톨릭 교회가 종교개혁 이후 서구의 개신교계와 겪은 깊은 갈등
과 대립은 교회 역사 안에서 다양한 형태로 기억되는 상처들로 남아
있다. 다른 신학적 배경과 문화적 차이로 인해 같은 신앙 안에서 다
른 신앙 이해의 길을 걷게 된 점은 교회 역사 안에서도 그리스도의
복음적 대의에 큰 손상을 주는 것임엔 틀림없다.[3] 이러한 갈등 국면
에서 두 교파의 공통점은 예수 그리스도를 통한 구원의 절대성을 토
대로 타종교들에 대하여 배타적 입장을 고수한 점이다.

개신교 신학은 20세기 초 칼 바르트의 변증신학을 기점으로 기성
종교들과는 차별화된 기독교 신앙의 특수성을 표현해 왔다.[4] WCC
의 정신에도 초기에 하느님의 결정적 계시는 오직 예수 그리스도를

통해서만 알려진다는 전통적인 그리스도론(기독론)의 입장이 고수되었다.[5] 이 점은 로마 가톨릭 교회가 제1차 바티칸 공의회에서 근대주의를 단죄하는 오류목록(Syllabus, 1864년)을 제시하고, 근대의 진보와 관련된 세상과 대결하는 입장에서 교회지상주의를 고수했다는 점에서 큰 차이가 없다.[6] 가톨릭 교회가 제2차 바티칸 공의회(1962-1965) 전후로 고수해 왔던 하느님의 보편적 계시에 대한 입장에서도 하느님의 구원 사건이 예수 그리스도를 통하여 폐기될 수 없이 결정적으로 완성되었다는 선언에는 변함이 없었다.[7] 하느님의 초자연적 계시 사건이 인류 역사 안에서 범주적인 형태로 완성되는 데 예수 그리스도를 통한 육화의 사건이 중심에 있음은 기독론에서 포기할 수 없는 자명한 현실임을 강조한 것이다.

하지만 가톨릭 교회와 서구 개신교계가 비 그리스도교들에 대하여 전향적인 대화를 시작할 수 있었던 사회적 배경에는 19세기 근대주의가 가져온 그리스도교 신앙의 위기에 공동으로 대처해야 한다는 당위성이 있었다. 18세기 계몽주의 이후 이성적 합리성과 기술 혁명의 유토피아를 내세운 근대주의(modernism)의 흐름은 초자연적 계시에 대한 신앙에 뿌리를 둔 그리스도교계에 큰 도전이 되었고, 이들의 계시와 교회에 대한 비판에 맞서 가톨릭 교회와 개신교계는 더 이상 상호 간의 갈등과 분열이 아니라 그리스도 신앙의 절대성을 토대로 선교 활동에서 공동 협력과 연대를 통하여 신앙의 위기를 함께 극복해야 한다는 시대적 요청을 마주하게 되었다.

2) 에큐메니칼 운동

WCC가 이웃종교들에 대하여 전향적 입장을 갖게 된 데에는 20세기 초부터 개신교의 선교적 전망에서 시작된 에큐메니칼 운동이 분열된 교회들 간의 화해와 일치를 넘어 그리스도교와 공존하는 이웃종교들에 대한 관심으로 이어진 점이었다. WCC 창설과 더불어 기독교계의 일치를 모색했던 개신교의 일치 운동은 '에큐메니칼'[8] 운동이란 넓은 관점에서 전개되었다.[9]제2차 세계대전이 끝난 후 과거 개인 구원의 차원에서 이루어진 교회의 전도위주의 선교방식을 지양하고 하느님 자신이 선교 행위의 주체가 되시어 그분의 보편적 구원의 폭을 '정의와 평화'와 '창조 세계 보전'을 넘어 이웃종교들과의 대화의 영역까지 확대하는 '하나님의 선교(Missio Dei)'[10]란 개념이 개신교계에 도입되면서 이웃종교들을 더 이상 배타적인 입장이 아닌 포용적인 입장에서 대면할 수 있는 신학적 기초가 세워졌다.[11]

로마 가톨릭 교회는 WCC의 창설 전후에 보여준 에큐메니칼 운동에 대하여 초기에는 냉소적인 태도로 일관했다. 그것은 가톨릭 지상주의가 보여준 교황권의 강화로 인해, 로마 가톨릭 교회로부터 갈라져 나간 개신교계가 '어머니의 품으로 돌아오는 것'이 참된 에큐메니칼 정신임을 고수했기 때문이다.[12] 그러나 이러한 분위기는 제2차 바티칸공의회(1962-1965)의 개최 이전부터 가톨릭 교회 내부에서 불어오기 시작한 쇄신과 개혁의 목소리를 통해 변화가 감지되었다. 더 이상 세상과 대결하는 것이 아니라 대화해야 한다는 교회 안팎의 적극적인 요청과 가톨릭 신학의 방법론에서도 전통적인 스콜라 신학을 벗어나 신학의 인간학적 전환을 수용하면서 신앙의 해석학적 접근을 시도하기에 이른 것이다. 제2차 바티칸 공의회 『일치교령(Unitatis Redintegratio)』에서는 교회 분열의 원인을 개신교계에 일방적으로 전가하지 않고 '양쪽의 책임(일치교령 2항)'을 인정함으로써 교회 일치 운동에 전향적인 태도를 보였다. 이 점은 공의회 이전 서구 교회를 중심으로 '가톨릭시즘(Catholicism)' [13]을 표방했던 로마 가톨릭 교회가 20세기 탈근대주의 현상에 맞서 현대 세계와의 적응과 대화, 일치와 협력이라는 거대담론을 교회의 새로운 비전으로 제시함으로써 가능해졌다.

하지만 로마 가톨릭 교회는 개신교가 전개하는 넓은 의미의 에큐메니칼 운동을 갈라진 교회와의 일치의 회복과 하느님의 보편적 구원에로 초대된 종교 간의 대화라는 두 가지 측면에서 접근한다. 개신교계가 1970년대 이후 교회 일치와 종교 간 대화를 넓은 의미에서의 에큐메니칼, 즉 '한 하느님의 가정'을 이루는 이론적 · 실천적 운동으로 이해하여 종교 간의 대화와 협력도 하느님의 보편적 세상을 뜻하는 에큐메니칼 운동에서 바라보는 반면,[14] 로마 가톨릭 교회는 역사 속에서 갈라진 형제들인 개신교와 정교회와의 '일치를 재건(Unitatis Redintegratio)'하는 것을 교회 일치 운동의 목표로 보고, 종교 간의 대화는 별개의 영역으로 다룬다. 가톨릭 교회가 갈라진 개신교 형제들과 이웃종교들을 동일선상에 놓지 않고 대화에 임한 데에는 개신교를 같은 그리스도교 신앙을 고백하는 형제적 관계로 이해하고, 그리스도인의 분열이 복음 선교의 대의를 손상시켜 왔다는 공동의 책임을 인식했기 때문이다. 반면에 타종교들은 공존과 상생의 필요성을 일깨워 준 이웃종교로서 하느님의 보편적 구원 의지의 지평에서 대화의 상대자로 적극 수용되었고, 이는 가톨릭 교회가 이후 종교 간 대화에 적극적으로 나설 수 있는 신학적 배경이 되었다.

3) 탈서구화와 종교자유선언

로마 가톨릭 교회가 20세기 중반부터 이웃종교들에 대한 배타주의를 극복하고 포용적 입장으로 전향하게 된 데에는 탈서구화와 그리스도교 중심주의 해체 현상과 더불어 시작된 종교 자유와 개인의 인권에 대한 의식과 무관하지 않다. 먼저 서구의 그리스도교는 제3세계 국가들의 종교와 문화와의 만남을 통해 그리스도 복음을 더 이상 서구적 방식이 아닌 그들의 고유한 이해 지평에서 새롭게 이해하고자 하는 제3세계 토착화 신학과 해방신학의 흐름에 관심을 갖기 시작했다. 아시아와 남아메리카를 중심으로 강조된 토착화 신학과 해방신학은 20세기 정신문화의 꽃이라고 불리는 해석학의 도움으로 적지 않은 신학자들에게 영향을 미쳐 가톨릭 교회 밖에서의 종교성의 회복과 그리스도 신앙의 씨앗들을 이웃종교들 안에서 발견하고자 하는 노력으로 이어졌다.

전통적으로 국가와의 협력 관계 안에서 발전한 로마 가톨릭 교회는 유럽 사회 안에서 절대 종교로 군림하면서 자신을 참된 종교로 강조해 온 확신을 포기하지 않았다. 자신을 참된 종교로 이해하여 참된 진리를 간직하고 있다는 확신은 종교의 자유를 진리의 차원에서 개인이 선택할 권리로가 아닌 종교 간의 분쟁을 피하기 위한 공동선의 이유로 종교들이 다만 관용될 뿐이라고 여겼다.[15] 하지만 국가적 관용의 입장은 가톨릭 국가에서는 신앙의 절대성이 강조되는 반면 가톨릭이 소수인 공산주의 국가에서는 개인의 신앙 자유가 요청되는 논리의 한계에 부딪히자 종교 자유를 인간의 존엄성과 개인의 자유로운 권리로 이해하려는 시도가 비로소 시작되었다.[16]

제2차 바티칸공의회는 종교 자유에 관하여 다음과 같이 선언하였다. "종교 자유의 권리는 참으로 인간의 존엄성 그 자체에 바탕을 두고 있음을 선언한다. 그 존엄성은 계시된 하느님 말씀과 이성 그 자체로서 인식된다. 하느님께서는 몸소 창조하신 인간, 곧 자기 판단으로 행동하고 자유를 누려야 하는 인간의 존엄성을 존중하신다."[17] 개별 인격의 품위에 바탕을 둔 종교 자유에 대한 개념은 인간이 '하느님의 모상'이라는 성서적 확신에서 시작하여 인간의 양심에 어떠한 제한도 없이, 종교적 확신의 객관적 진리성의 문제와 상관없이 개인의 자유로운 결단에 따라 종교적 행위를 할 수 있다는 선언에 이르게 되었다.[18] 하느님의 창조 질서에 따라 인간에게 선사된 자유 행위 자체가 종교 행위의 내적 구성 동기가 되며, 종교의 자유에 대한 개인의 권리는 근본적으로 개인의 존엄성에 의거하고 양심에 의해 추구되어야 하며 모든 강제로부터 자유롭다는 점[19]을 인정하게 된 점은 가톨릭 교회가 이웃종교들의 타자성을 적극적으로 인정하고 대화에 나설 수 있는 사회 문화적인 배경이 되기도 하였다.

4) 이웃종교의 현실과 타자성

WCC가 이웃종교들의 타자성을 적극적으로 인정하기 시작한 것은 그들과의 현실적인 공존의 필요성을 넘어 다른 종교적 신념이 하느님의 보편성에로 수용되고 있다는 확신 때문이었다. 제2차 세계 대전 종식 이후 아시아와 아프리카의 해방과 더불어 그들의 입지가 강조되면서 아시아의 종교성과의 대화가 주목받기 시작하였다. 비기독교지역인 뉴델리에서 열린 WCC 3차 총회(1961년)는 제2차 바티칸 공의회의 개최와 맞물려 WCC가 이슬람과 불교를 비롯한 이웃종교들과의 관계를 새롭게 인식하고, 과거 이분법적인 시각을 벗어나 '살아 있는 종교들'과의 대화에 관심을 갖는 계기를 마련하였다.[20]

이 점은 WCC가 종교 간의 대화의 원리가 되는 '기독교의 자기 이해'와 '대화의 상대자로서 이웃종교라는 타자 이해'의 상호 관계를 어떻게 규명할 것인가라는 문제로 이어졌다. 이웃종교들과의 대화를 강조하다보면 자칫 생길 수 있는 기독교 복음의 상대화나 종교 혼합주의, 그리고 선교의 무용론의 위험을 감수해야 했기 때문이다. WCC는 이 점을 인지하여 "종교 간 대화를 교회가 감당해야 할 공동 모험"으로 인정하고, 인류 공동체의 유산들 즉 이웃종교들과 공존해야 할 사명을 지닌 기독교의 정체성을 이웃종교들과의 대화를 통하여 증진시킬 것을 요청하였다. 즉 이웃종교들을 하느님 창조의 산물로 믿고, 세상을 사랑하는 하느님의 징표로 수용함으로써 기독교의 자기 이해를 더 보편적 지평으로 확대할 수 있게 된다는 점을 강조하였다. 이로써 WCC가 배타주의에서 벗어나 포용주의적 입장에서 이웃종교들을 대하고자 했음을 알 수 있다.

가톨릭 교회 역시 제2차 바티칸공의회 이후 신학적 방법론에 있어서 전통적인 이분법적 논리를 넘어 이웃종교들 안에서 발견되는 성령의 활동과 하느님의 구원 의지의 씨앗들을 적극적으로 인정하고, 보호하며, 증진하려는 노력을 지지하였다. 이 점은 이미 가톨릭 신학에 있어서도 익명의 그리스도인(칼 라너)과 같은 포괄주의적 입장에서 그리스도의 구원의 지평을 확대한 점과 상통한다. 가톨릭 교회는 『교회헌장』 15항을 통해 명시적으로 "자기 탓 없이 그리스도의 복음과 그분의 교회를 모르지만 진실한 마음으로 하느님을 찾고 양심의 명령을 통하여 알게 된 하느님의 뜻을 은총의 영향 아래에서 실천하려고 노력하는 사람은 영원한 구원을 얻을 수 있다."고 선언한 바 있다. 동시에 『사목헌장』 4항에서도 교회가 존재하는 목적을 "시대의 징표를 탐구하고 이를 복음의 빛으로 해석"하는 것임을 분명히 밝히면서 교회가 토착문화나 이웃종교들과의 '대화적–해석학적 신학'을 공식화하였고, 이를 토대로 가톨릭 교회는 이웃종교들을 더 이상 선교의 대상이 아니라 대화의 대상으로 삼고자 했다. 이에 따르면 이웃종교들은 그리스도의 복음을 받아들이는 준비 단계[21]로서 창조주이신 하느님의 보편적 구원의지가 모든 종교들 안에서도 '씨앗'의 형태로 뿌려졌기에 그들 안에서도 진리의 옳고 성스러운 요소들이 발견될 수 있다고 선언하였다.[22] 즉 온 인류는 같은 종교론적 담론들, 즉 인간의 유한성에 토대를 둔 종교적 물음들 속에서 영원과 성스러움을 향한 갈망을 다양한 형태로 표현해 왔음을 인정한 것이다.[23]

3. WCC의 종교 간 대화의 역사와 방향

WCC가 이웃종교들에 대하여 그들의 타자성을 적극적으로 인정하고, 그들과의 대화를 통하여 기독교의 정체성을 증진시킬 수 있다는 입장은 종교 간의 대화의 필요성을 인정해 온 개신교계나 가톨릭 교회가 긍정적으로 수용하고 있는 부분이다.[24]

WCC는 제4차 웁살라 총회(1968)를 거치면서 세계 교회의 사회참여가 중요한 선교적 이슈가 되었음을 인식하였다.[25] 가톨릭 교회도 WCC와 더불어 교회의 사회에 대한 책임과 의무를 강조하면서 상호 간의 공동의 신학적 논의와 연구를 진행하기 시작하였다.[26] 태국 칭마이에서 열린 WCC 종교 대화모임에서는 「그리스도교와 살아 있는 종교들 및 이념들의 사람들과의 대화에 관한 지침서」(1979)[27]를 통해 그리스도교가 인류 공동체의 유산들인 이웃종교들과 공존의 사명을 가져야 한다는 점이 강조되었다. 이는 그리스도 안에서 교회 공동체가 전 창조 세계와의 충만한 교제(코이노니아)를 통하여 하느님의 관점에서 이웃종교를 포함한 전 인류를 하느님의 구원 질서 안에서 이해하려는 요청으로 이어졌다. 이 문서에서는 종교 간 대화의 목적이 인류 공동체 전체의 정의와 평화를 추구하는 데 있으며, 하느님의 백성으로서의 하나의 교회가 다문화와 다종교 속에서 다양한 교회로 구성되어 있음을 인정하였다. 동시에 그리스도인들이 삼위일체 신앙과 그리스도의 몸으로서의 전통적인 신앙을 희석시키지 않으면서도 하느님에 대한 헌신과 교회의 봉사와 증언의 책임을 성실히 수행할 수 있는 그리스도교 복음의 정체성과 특수성을 식별하고자 하였다.[28] 그리고 종교 간 대화가 "전적인 신뢰와 각 참여자의 정체성과 온전성에 대한 존중에 기초한 대화를 위하여 '네 이웃에 대하여 거짓 증거 하지 말라' 와 '네 이웃을 내 몸과 같이 사랑하라'"(제2부 C. 17항)는 말씀을 토대로 대화와 증언의 중요성을 강조하였다.[29]

1982년 공표된 문서 「선교와 복음전도, 하나의 에큐메니칼 확언」에서는 인간 삶의 전환을 가져오는 회심을 대화에 앞서 강조하면서 이웃종교인들의 구원이 그리스도 안에서 육화하신 하느님이 만유와 만인 그리고 이웃종교들 속에서도 현존하고 활동하고 계심을 분명히 하였다. 그래서 "우리는 예수 그리스도 이외의 어떤 다른 구원의 길도 말할 수 없다. 그런데 동시에 우리는 하느님 구원 능력을 제약할 수도 없다."는 선언에 이르게 되었다.[30]

1983년 벤쿠버에서 열린 WCC 제6차 총회에서는 '분열된 세계 안에서의 증언'이 논란을 일으키면서 하느님의 손길이 타종교들 안에서 발견된다는 종교 신학적 입장에 대해 진지한 논의가 이루어졌다.[31] 이러한 종교 간 대화의 논의들은 1990년 바아르 선언문(Baar Statement)[32]을 통해 다원주의적 전망으로 드러났다. WCC와 로마 가톨릭 교회, 그리고 정교회 신학자들이 참여한 이 문서는 역사적으로 그리스도교가 교회 밖에서의 구원 가능성을 인정하는 결정적인 문서로 받아들여지고 있다.[33]

더 나아가 WCC는 인류가 당면한 생태계 위기와 정의 평화 문제를 풀기 위해 이웃종교들의 축적된 지혜가 필요함을 역설했고, 이들과의 연대성을 찾기 위한 신학적 작업을 시작하였다. 특히 다양한 종교 전통들과 삼위일체 하느님 신비의 관계를 긍정적으로 검토하면서 종교 다원성을 염두에 둔 '적절한 종교 신학(adequate theology of religion)'을 공동 모험의 구체적 실상으로 제시하였다. 이에 따르면 종교 전통들의 다원성은 영이신 하느님의 은사이며 삼위일체이신 하느님의 구원이 예수 그리스도와의 인격적 만남이라는 차원을 넘어 창조 질서 안에서 궁극적인 완성으로서의 '우주적 기독론'이라는 담론으로 전개되었다. 보편적 하느님의 구원과 우주의 질서를 완성하시는 그리스도, 그리고 생명의 영이신 성령께서 불고 싶은 대로 불면서 이웃종교들 안에 하느님의 흔적을 남겨 놓으셨다는 적극적인 입장은 다양한 종교적 전통들을 신학적으로 수용할 수 있는 틀을

만들어 주었다.[34]

　1998년 남아공 하라레에서 열린 WCC 총회 때에는 종교적 다원성의 현실 자체를 대화를 위한 토대로 부각시켜 이웃종교들을 단순히 기독교 이해의 기본 틀이 아닌 그들 안에서 하느님의 현존과 활동이 하느님의 섭리로 이해될 수 있다는 적극적인 입장이 표명되기에 이르렀다. 더 이상 기독교 중심주의가 병립할 수 없게 된 현실을 이웃종교들과의 대화를 통하여 "이웃사랑에 대한 증언의 한 형태"로 이해한 것이다. 더 나아가 이웃종교인들과의 대화는 하느님의 육화의 신비를 새롭게 해석하여 이웃종교들과의 유비적 관계 안에서 그들의 타자성을 인정하고 기독교적 정체성을 더 완전하고 풍부하게 만들어 갈 수 있는 틀을 제공했다고 평가한다. 이웃종교들을 대하는 개신교 신학계의 새로운 입장은 가톨릭의 자연신학적 입장을 벗어나 성령론의 입장에서 대화의 타당성을 강조한 점인데, 이는 가톨릭이 강조해 온 '존재 유비'가 아닌 '신앙 유비'에 입각한 개신교 신학의 특성을 지적한 점이라고 본다. 기독교와 이웃종교들 간의 본질적 유사성을 강조하는 대신에 이웃종교들 안에서 발견되는 진리적 요소들이 '그리스도' 안에서 수렴되고 발생하고 있다는 점을 강조한 것이다. 이 점은 '그리스도 중심주의'라는 오랜 기독교 신학의 틀을 벗어날 수 없는 WCC의 입장을 재차 강조한 부분이라고 본다.

　최근 WCC 신앙과 직제위원회는 로마 교황청 종교 간 대화평의회와 더불어 최초로 세계복음주의연맹(World Evangelical Assoziation)을 초대하여 종교 간 대화에 대한 새로운 입장을 제시한 바 있다.[35] 『다종교 사회에서 하는 그리스도인의 증언—행동 권고』(2011년)은 기존의 신학적 논쟁에서 벗어나 복음을 전해야 하는 그리스도인들의 증거가 서로 다른 종교와 문화를 지닌 사람들과의 대화를 포함한다는 점을 분명히 밝히고 있다(기초 4항).[36] 또한 대화는 하느님 사랑을 실천하고 예수 그리스도를 본받으며, 그리스도인의 덕행인 사랑과 섬김의 정신을 지키는 일, 치유와 봉사를 위해 폭력을 배제하고 종교와 신앙의 자유를 토대로 상호 존중과 연대, 거짓 증언을 단절하고 만민을 존중하는 기본적인 원리를 통해 이루어져야 함을 강조하였다(원리 1-12항). 이를 위해서는 구체적인 행동 권고가 필요한데, 이 문서는 각 교회들이 이 문서를 연구하고, 모든 종교인들과 신뢰와 존중의 관계를 통해 대화하며, 서로의 종교적 전통에 대해 배우고 격려하는 일을 멈추지 말 것, 그리고 다른 종교 공동체와 공동선을 위해 협력하고, 종교 자유가 온전히 보장 받도록 요청하며, 이웃들과 함께 기도할 것을 당부하였다(권고 1-3항).

4. 다원주의 시대의 종교 간 대화의 흐름과 비전

1) 종교 간 대화의 새로운 비전으로서 '다양성의 신학'

가톨릭 교회 역시 공의회 이후 이웃종교들의 타자성을 적극적으로 수용하면서 그들이 보편적 하느님의 구원 질서 안에서 결코 소외

되지 않으며 성령의 인도에 따라 비록 가톨릭 교회의 가르침과는 달라도 그들이 하느님 영의 흔적을 자신들의 독특한 방식으로 표현해 왔음을 인정하였다. 선교에서도 과거 서구교회의 복음적 해석을 토착 지역에 부식(扶植)하는 방식이 아니라, 토착민의 종교와 사회문화적 가치들을 그대로 인정하면서도 그 안에 담겨 있는 하느님의 보편적 구원의 표징들을 발견해 내는 과정을 이웃종교와의 대화의 가치로 삼았다. 한마디로 복음의 보편적 가치를 상실하지 않으면서도 이웃종교들 안에서 육화의 신비로 발생한 "옳고 성스러운 요소들"을 하느님의 계시의 한 표현으로 받아들일 수 있는 보편성의 신학을 강조한 셈이다.

하지만 현존하는 종교들의 다양성을 인정한다고 해서, 그것이 곧바로 종교 다원주의를 긍정하는 것은 아님을 분명히 밝힌다. 다원성은 하느님의 육화 방식이라고 할지라도, 그 다원성을 하나의 절대적 신념으로 삼아 복음 진리를 상대화하는 종교 다원주의는 그리스도교 복음의 대의를 손상시키는 중대한 과오임을 지적하며 경계해 왔다. 이런 흐름에 힘입어 최근 미국 신학계를 중심으로 다양성의 신학이 주목 받고 있다. 이는 전통적인 그리스도교 신학이 '정통교리(Orthodoxy)'를 중심으로 종교 간의 대화를 이끌어가는 반면에 '다양성의 신학'에서는 '다중교리(Polydoxy)'를 토대로 새롭게 신학의 전반적인 틀을 전환하고자 하는 시도를 하는 것이다.[37]

감신대의 이정배 교수는 WCC의 이웃종교관을 역사적으로 성찰하면서 WCC와 가톨릭 교회가 여전히 기독교 중심주의의 틀에서 벗어나지 못한 한계를 지적한다. 이웃종교들을 자기 이해의 도구로 대해 왔지 그들을 전적인 타자로 이해하지 못한 점들을 비판한 것이다. 이 점은 오늘날 탈서구화 물결 이후 서구문명을 대표했던 그리스도교가 여러 종교들 가운데 하나의 종교로 이해되고 있는 현실인식 속에서 이웃종교들의 주체성을 수용하기 어려운 기존의 신학적 틀에 대한 비판으로 여겨진다. WCC가 이웃종교들에 대한 전향적인 입장을 보이면서도 그리스도 중심주의를 고수하고 있다는 점은 일면 WCC의 이웃종교관을 종교 혼합주의로 비판하는 이들에 대한 강변이 될 수는 있겠지만, 이웃종교를 진정한 종교 간 대화의 타자로 이해하기 위한 신학적인 도발은 가능하지 않다는 비판으로 이어질 수 있다.

따라서 이정배 교수가 제기하는 새로운 신학적 사조, 즉 '구성신학(Constructive Theology)'의 입장에서 전통적인 기독교 신학의 틀을 바꾸지 않는 한 이웃종교의 주체성을 진정으로 인정하는 참된 종교 간의 대화는 가능하지 않다는 주장을 하고 있다. 그는 유대교 전통에서 이어 받아 기독교 신학의 틀이라고 여겨져 온 유일신 신관이 아닌 삼위일체 신관의 새로운 이해를 통하여, 특히 하느님의 육화(肉化)가 예수 그리스도를 통한 인격적 차원에서 발생한 것이라는 전통적인 그리스도론과 다양성 속에서 절대적 진리에로의 일치를 강조해온 보편주의 신학에서 벗어나 다양성(Multiplicity) 자체를 신학의 중심원리로 이해하는 다양성의 신학을 종교 간 대화를 위한 새로운 신학적 비전으로 소개한 바 있다.

그의 '다양성의 신학'은 전통적인 삼위일체론을 모델로 하여, 하느님은 결코 알려질 수 없는 분이시지만 그의 육화가 다양성을 통하여 나타나며, 성령은 이들 다양성을 상호 '관계시키는 존재(Relation)'라는 것을 강조한다.[38] 그는 다양성(Multiplicity)이 다원성(Plurality)과는 다른 것으로서 다원성이 각각의 차이(다름)를 강조했다면 다양성은 그들의 관계맺음을 강조하는 신학적 비전을 제시해준다고 말한다. 여기서 언급된 '관계성'은 삼위일체 신학의 중심 개념이기도 하다. 전통적인 서구사상이 개체 중심의 사유로부터 자아의 정체성을 확립하는 형이상학적 인식론을 간직해 왔다면, 오늘날 다원주의 시대에 동양사상이 지니고 있는 '관계 중심의 사유', 자아의 정체성을 타자와의 관계 안에서 바라보는 동양적 사유 방식을 신학의 전면에 부각시키는 작업이 필요하다고 여겨진다. 다양성의 신학에서는 절대신의 개념을 체계화한 서구의 유일신관이 만들어 낸 '긍정신학'의 신화적 신관에서 벗어나 하느님의 속성을 규정할 수 없는 신비로 이해하려는 '부정신학(negative theology)'을 통해 기독교 신관의 맹점을 극복하려는 노력이 엿보인다.

그가 소개한 '다양성의 신학'은 그가 '탈식민적 신학'이란 말로 표현한 것처럼 포용적 구원론을 펼치는 WCC나 가톨릭 교회의 구원관으로는 수용할 수 없는, 이웃종교의 절대적 타자성을 인정하려는 신학적 시도로 보인다. 하느님의 구원 능력을 예수 그리스도라는 인격적 중재자를 통하여 수렴하려는 그리스도교의 원리를 벗어나 이웃종교들이 납득할 수 있는 신학적 토대를 만들고자 하는 것이다. 여기에는 그리스도교의 인격신 개념을 과감하게 탈피하여 신비이신 하느님의 속성을 신학의 전면에 부각시키고자 하는 태도가 보인다.

이에 따르면 그리스도교 신학의 정수인 하느님의 육화, 즉 "예수 그리스도를 통하여 하느님이 전적으로 자신을 계시하셨다."는 핵심 교리가 이해될 수 있는 새로운 신학적 모델이 제시되고 있다. 육화(성육신)의 신비란 인간에게 알려지지 않은 상호 영향력·관계성 자체를 본질로 여기며, 예수 그리스도를 통한 구원의 절대성이 아닌 삼위일체 신관에 대한 새로운 이해를 통하여 이웃종교들의 타자성을 기독교 신학이 수용할 수 있는 사유방식을 구상하는 것으로 보인다. '다양성의 신학'에 따르면 이웃종교들의 타자성은 삼위일체 형태로 그리스도교 신앙의 신비를 드러내는 데 긍정적인 역할을 한다고 본다. 이러한 다양성의 신학을 삼위일체적 다중교리로 발전시킨 예는 인도의 신학자 J. 타타마닐을 들 수 있는데, 그에 따르면 동양의 종교들은 각각의 종교적 전통의 가치들을 기독교의 교리에 종속됨이 없이 고유한 기능으로 그리스도 신앙의 진수를 드러낼 수 있다는 것이다. 가령 삼위일체 교리의 경우 전통적인 삼위일체 형식인 성부, 성자, 성령의 형태가 아닌 동양의 종교들이 각각의 삼위일체의 핵심을 밝혀낼 수 있다는 논리를 편다. 즉, 힌두교는 궁극적 실재를 밝혀내는 고유한 방식으로 하느님 현존의 있음의 경이로운 존재 신비의 근거(Ground)를 밝혀주고, 그리스도교는 예수 그리스도를 통한 하느님의 육화사건이 가진 우발성 혹은 우연성을 통해 고통과 역사의 우연성의 의미를 밝혀주며, 불교의 연기법은 존재의 '관계성'을 충만히 이해시키는 데 고유한 역할을 할 수 있다는 점이다. 이렇듯 이웃종교들과의 대화는 그리스도교의 정통교리에 대한 도전이 아니라 오히려 교리를 심화·확대해 줄 수 있다는 것이다. 이렇게 각 종교의 고유성을 하나의 종교적 이념으로 수용하기보다는 있는 그대로 인정하면서도 종교적 삶의 가치를 더욱 깊게 표현해 주어 종교 간 대화가 삼위일체이신 하느님의 신비를 홀로 드러낼 수 없다는 점을 밝혀 내고, 종교 간 공존과 상생을 가능하게 할 수 있음을 강조한다.[39]

물론 그가 제시한 이러한 방식들이 말하는 신학적 의도를 깊이 파악하기에는 더 많은 신학적 논의가 필요하다고 본다. 이웃종교들이 얼마나 그리스도교의 신학적 용어들을 이해하고, 이에 대한 해석학적 자기 이해를 시도할 수 있는가는 단순히 그리스도교가 이웃종교들을 위한 새로운 신학적 구상을 제시하는 것으로 그치지는 않는다. 하지만 전통적인 그리스도교 조직신학이 그리스도 중심주의를 벗어나지 못하면서 예수의 구원 절대성을 자기만의 언어로 강조하는 것은 오늘날 종교 간의 참된 대화를 가로막는 걸림돌이 될 수 있음은 동의할 수 있다고 본다.

2) 다양성의 신학에 대한 가톨릭 신학의 입장

다양성의 신학의 신학적 사유방식은 그리스도교의 전통적인 신학의 틀이 가진 관점을 전위할 수 있는, 다시 말해서 기존의 신학적 틀로는 보편성의 신학을 전개할 수 없는 맹점을 보완하는 새로운 이해 방식을 찾는 신학적 시도라고 여겨질 수 있겠다. 하지만 이러한 방식은 자칫 시대적 요청에 따라 신학의 본질을 간과할 수 있는 위험을 안고 있다고 본다.

(1) 그리스도교 신앙은 교리적인 신앙 정식을 바꾸는 것으로 신앙 체험을 만들어낸 것이 아니다. 오히려 구체적인 체험을 통하여 보편적 신앙 정식을 이끌어왔음을 주목할 필요가 있다. 그리스도교가 말하는 하느님의 육화 사건이란 것은 단순히 하느님의 신적 실재를 인간이 체험하는 독특한 방식을 말하는 것이 아니라, 역사 안에서의 구체적인 체험을 통해서 하느님의 속성과 그분의 보편적인 구원을 체험한 기독교 고유의 사유방식이다. 초기 그리스도인들은 나자렛 예수라는 한 인격 안에서 가장 완전하고도 충만한 형태의 하느님의 현존을 체험했다. 인간은 본성상 초월적 하느님을 직접 만날 수 없다. 단지 인간의 인식 범주를 통하여 초월적인 신적 계시를 수용할 수 있는 가능성만이 존재한다. 만일 그렇다면 그리스도인이 체험한 하느님은 예수라는 한 인격 안에서 발생한 하느님의 자기계시, 즉 인간을 향한 신적 자기 현현의 방식이 예수라는 인물 안에서 가장

완전하고 충만한 형태로 이루어졌음을 고백하는 신앙에 뿌리를 두고 있는 셈이다.[40]

이러한 관점에서 보면 예수 그리스도의 육화 사건은 인간의 보편적 구원체험의 가장 궁극적인 수렴점으로 이해될 수 있다. 성경의 모든 증언들은 인간의 근원적 불완전성, 즉 죽음과 고통으로 점철된 유한한 존재의 모순을 넘어서는 인간의 자기완성의 길이 하느님의 전적인 자기 양여, 혹은 '사랑'이라고 불리는 신적 존재의 현현을 통하여 그 충만함을 이룰 수 있다는 확신의 기독교적 표현 방식이라고 보는 것이 옳다. 그렇다면 이 보편적 구원 체험이라는 것은 예수라는 한 인격에 대한 신앙의 고백에 국한된 것이 아니다. 오히려 예수의 인격 안에서 발생한 인간의 궁극적인 체험, 즉 신을 향한 인간의 완전한 자기헌신, 가난하고 버림받은 모든 사람들과의 연대, 죄의 용서와 치유를 통한 창조질서의 회복, 불의와 폭력에 대항한 새로운 삶의 질서, 그리고 궁극적으로는 인간의 고통과 죽음이라는 한계성의 체험을 넘어서는 예수의 십자가 사건을 통하여 드러난 인간의 영원성에로의 초월을 수용하는 어디에서든 발생한다고 볼 수 있는 것이다. 한마디로 예수를 절대적 구원자로 고백하는 기독교의 신학은 예수의 인격이 가진 구체적 사건들이 인간의 보편적 구원 지평을 열어내는 '참된 표징'임을 강조하는 것이다.[41]

따라서 이러한 육화 신학의 이해는 이웃종교들이 제시하는 인간 구원과 완성의 길이 보여주는 전적인 타자성을 기독교의 관점에서 배타시하거나 그들을 기독교의 관점에서 수렴하려는 숨겨진 승리주의로 보지 않으면서도 그들과 대화할 수 있는 신학적 사유를 열어줄 수 있다고 본다. 그것은 예수 그리스도의 인격을 통해서만 구원을 얻을 수 있다는 배타적 구원관의 또 다른 표현이 아니라, 구원의 보편적 체험이 궁극적 완성에로 이르는 이웃종교들의 표징적인 언어들이 예수 안에서 발견된다는 하나의 '요청' 으로 이해할 수 있다고 본다.

(2) '다양성의 신학' 이 제시하는 '삼위일체 신관' 은 전통적인 기독교 삼위일체론에서 벗어나 이웃종교들의 전적인 타자성을 인정할 수 있는 진일보한 입장을 제시하고 있다. 가톨릭 신학에서도 삼위일체에 대한 신학적 해석은 다양한 신학자들에 의해서 새롭게 개진되고 있다. 그러나 '삼위일체이신 한 분이신 하느님' 에 대한 체험은 그리스도교의 독특한 신체험에서 비롯된 것이다. 그것은 한 인격 예수 안에 완전한 인성(人性)과 신성(神性)이 유일무이한 방식으로 결합되어 있다는 체험을 토대로 한다. 그리스도인들은 예수의 인간성이 역사 안에서 인간의 한계와 불완전성, 모순과 갈등을 그대로 인지하고 자신의 것으로 삼으면서도, 인간이 지향하고 갈망하는 궁극적인 체험, 즉 영원성과 완전성을 향한 가장 완전한 형태의 인간성을 구현했음을 체험한다. 그리고 하느님의 신성이 단순히 초월적 전능함과 영원함에 머물지 않고 인간의 속됨까지도 자신의 것으로 삼는

'사랑'의 형태로 예수 안에서 발생했음을 믿는다.

이러한 믿음은 인간이 체험하는 성스러움, 즉 거룩함의 실재를 인간의 속됨 안에서 체험해 온 종교체험의 범주를 기독교의 고유한 체험 양식으로 표현해 온 것으로 보인다. 그리스도인들이 예수 그리스도를 통하여 하느님을 체험한다는 고백은 인간이라면 누구나 찾는 신적 거룩함의 체험을 가장 속된 인간성 안에서, 즉 세상 안에서 구체적으로 체험할 수 있다는 고백이다. '예수를 믿는다'는 표현 역시 예수의 인격에 대한 믿음이라고 한다면 그러한 믿음이 가능한 세상의 현실 속에서 예수 그리스도의 영이 현존하고 있음을 고백하는 것이다. 그리스도교의 성령론은 바로 이러한 영적 체험에 토대를 둔다. 창조주로 고백되는 하느님(성부)은 세상의 근원이라는 점에서 이미 존재의 근거로서 체험되고, 역사 속에서 체험된 예수 그리스도(성자)는 역사의 우발성 안에서 볼 수 있는 하느님의 형상으로서 체험되었다. 그리고 성부와 성자 사이에서 발생한 자기 양여, 즉 하느님이 인간의 속됨을 자신의 것으로 받아들이고, 인간이 하느님을 향한 완전한 순종을 드러내는 사건이 합일을 이루는 역사의 정점은 이 관계를 가능하게 하면서도 관계로부터 발생하는 성령의 역사를 고백하게 한다.

그리스도교의 삼위일체 신관은 한마디로 충만함의 신성이 흘러넘치는 자기 전달, 즉 내어줌의 신비이며, 그것을 인간은 '사랑'이라는 고유한 체험의 범주로 받아들여 왔다. 하느님의 창조는 신성을 나눠

주는 것이며, 예수 그리스도의 십자가 사건은 아버지이신 하느님을 향한 완전한 헌신이자 모든 이들의 죄를 대신한 보속과 희생의 내어 줌이었다. 예수 그리스도 안에서는 이러한 하느님의 창조의 영이 활동하는 장이 되었고, 예수의 부활이후 제자들의 복음 선포 활동 안에서 당신의 살아 있는 영인 성령의 움직임을 통하여 예수의 인격적 현존은 그리스도인의 삶 속에서 지속적으로 체험될 수 있는 것이다.

삼위일체 신비가 기독교 고유의 자기 이해에 머물지 않고 인간의 근원적 체험의 완성과 인간의 본질을 일깨워 주는 종교적 체험의 핵심을 전달하고자 하는 것이라면, '다양성의 신학'에서 말하는 삼위일체의 신비도 하나의 신학적 구상으로 진지하게 고려될 수 있다고 하겠다. 동양의 종교들이 가진 근원적인 구원 체험과 종교적 신념을 기독교인 스스로도 충분히 이해하지 못하는 삼위일체 교리의 심오한 진리를 깨닫게 해 주는 새로운 해법이 될 수도 있겠다. 그것은 기독교 안에서만 해결되기에 너무 조직화된 신학적 체계와, 언어로는 접근할 수 없는 종교적 담론을 가능하게 해 주는 가치 있는 시도라고 볼 수도 있겠다. 다시 말해서 동양의 힌두교나 불교의 전통을 그리스도교가 만나 적극적으로 대화할 수 있는 신학적 기반을 기독교 보편주의적 관점에서 수렴하려는 의도에서 벗어나, 이웃종교의 가르침과 그들의 종교적 체험의 절대적 타자성을 인정하면서도 그들과의 만남과 대화, 때로는 배움과 공동의 체험을 통해 더욱 깊이 기독교 신앙의 진수인 삼위일체 신앙을 심화시킬 수 있는 가능성을 보여주고 있는 셈이다. 단지 이러한 신학적 시도를 표현하는 기독교적 언어가 이웃종교들의 신념 체계 안에서 수용되고 이해될 수 있는 언어를 발견하는 것이 과제로 남을 뿐이다.

5. 맺으면서

종교 간의 대화가 오늘날 중요한 신학적 담론이 된 것은 서로 다른 종교적 신념을 절대시하면서 발생하는 배타주의를 극복하고자 하는 시대적 요청임에는 틀림없다. 하지만 이것이 단순히 시대적 요청에 따른 유행과 같은 것이 아니라, 이를 종교적 인간이 자신의 실존을 깊이 이해하고, 세상 속의 자아의 본질을 깨닫고자 하는 종교적 염원을 찾아가는 구도의 길로 보려는 시도가 늘고 있다.

그리스도교가 오랫동안 간직해 온 그리스도교 중심주의와 예수 그리스도를 통한 구원의 절대성은 하나의 그리스도교 언어가 가진 독특성에 기인한다고 본다. 오늘날 탈 그리스도교와 탈 서구화의 물결로 인해 더 이상 하나의 종교적 신념을 기준으로 다른 종교들을 평가하고 수용하려는 시도가 한계에 부딪히고 있음을 깨닫고 있다. 하지만 종교들의 다양성을 인정하고, 그들이 말하는 구원 체험의 절대 타자성을 인정한다고 자기 종교에 대한 신념을 상대화할 필요는 없다. 종교적 신념이란 본질적으로 자아의 확고한 구원 체험에 뿌리를 두고 그 체험이 말해 주는 근원적 체험을 다른 종교들과 삶의 영역에서 찾아가는 구도의 자세를 필요로 하기 때문이다.

따라서 오늘날의 종교 간 대화는 서로의 종교적 체험을 교정, 승화, 완성시켜 나가는 상호 인정과 존중의 관계성 안에서만 참된 결실을 맺을 수 있으며, 배타주의를 벗어나 상호 간의 타자성을 인정해 주는 동시에 서로를 배워가는 열린 자세로 임할 때 참된 종교 간의 대화가 가능할 것으로 보인다.

WCC가 개신교계를 대표하여 오늘날 이웃종교들과의 관계를 강조하고, 그 안에서 참된 하느님의 구원 능력을 제한하지 않으려는 포용적인 입장으로 전환한 점이 복음주의 교단들에게 있어서는 '종교다원주의'나 '종교혼합주의'로 폄하되고 있는 것도 사실이다. 하지만 그리스도를 통한 절대 구원에 대한 확신이 결코 하느님의 구원 능력을 자신들의 교회에 국한시키는 것을 말하지 않고, 창조 질서로부터 시작된 하느님의 보편적 교회관에서 본다면 충분히 납득할 수 있는 여지가 있다고 본다.

가톨릭 교회 역시 제2차 바티칸 공의회 이후 WCC의 이러한 이웃종교관에 긍정적인 영향을 끼치면서 하느님의 보편적 구원에 대한 입장을 이웃종교들과의 대화를 통하여 발견하고자 노력하고 있다. 중요한 점은 WCC와 가톨릭 교회가 오늘날 교회 일치 운동 차원에서 상호 협조하면서 서로의 신앙의 정체성과 보편성을 찾아가는 공동의 노력이야말로 에큐메니칼 정신을 두 교회가 실천해 가는 비전이 될 수 있으리라 기대한다.

1919년 3·1독립운동과 종교 간의 대화

윤석산 한양대 명예교수

1. 다종교적 성향과 고소설 『심청전』

한국은 역사적으로 종교 간에 심각한 갈등을 겪은 경험이 없는 나라이다. 삼국 초기 이후 다양한 종교가 들어왔고, 일정한 정착 과정을 거쳐 신앙되어 왔음에도 불구하고, 이들 종교들은 서로 공존하며 한국인의 내면에 자리하게 되었다. 따라서 평소에는 유교적 생활 관습을 지키면서 생활하다가도, 대보름이나 칠석날이 되면 절을 찾아가 불공을 드리고, 길 떠난 아들을 위해 맑은 물을 떠놓고 기도를 드리는 것이 한국인의 모습이기도 하다.

이와 같은 한국인의 오랜 다종교적인 심성이 한국인들에게 사랑을 받아온 소설 『심청전』에 고스란히 나타나 있다.

『심청전』은 눈이 먼 아버지 심학규와 효성이 지극한 딸 심청이의 이야기이다. 『심청전』에는 심학규가 눈을 뜨기 위하여 절에 공양미 삼백 석을 바친다는 불교적 구원관, 그리고 심청이가 공양미 삼백 석을 구하기 위하여 뱃사공들에게 팔려가 인당수에 제물로 바쳐진다는, 고대 민간신앙의 하나인 인신공회(人身供犧)의 제의적 구원관이 동시에 나타나 있다.

인당수에 제물로 바쳐진 심청가 죽지 않고, 바닷속 용궁(龍宮)에서 용왕의 도움을 받아 다시 연꽃을 타고 물 위로 떠오른다는 도교적 우주관과, 불교적 세계관 또한 담겨 있다. 바다 위로 떠오른 심청이는 뱃사공들에게 구원을 받은 후 황후가 된다. 가난한 신분인 심청이가 죽음에서 다시 태어나 황후가 된 것이다. 이러한 구조는 한국의 고대신화의 이중탄생(二重誕生), 재생신화(再生神話)의 전형적인 유형이다.

황후가 된 심청이는 전국 봉사 잔치를 열고, 극적으로 딸 심청을 만난 심학규는 눈을 뜬다. 또 심학규가 눈을 뜨는 순간 전국의 장님들이 모두 눈을 뜬다. 이러한 교훈적 결말은 곧 유교에서 강조하는 효가 사회적 파급이 얼마나 큰 것인가를 강조한 것이다.

우리들이 즐겨 읽던 소설 『심청전』에는 불교, 유교, 도교, 민간신앙, 고대신화 등 다양한 종교적 요소가 담겨져 있다. 이렇듯 다양한 종교적 요소가 소설적 장치로 쓰인 『심청전』이라는 소설이 스여졌고, 또 재미있게 읽혀진 것은 그 만큼 우리나라 사람들이 다종교적인 심성을 지녔기 때문이다.

2. 종교연합과 3·1독립운동

일제는 1910년 한국을 강제병합을 한 이후 무단정책으로 한국의 모든 정치단체나 사회단체를 해산시켜 버렸다. 그러나 교육기관과 종교단체에 대해서는 일부 활동을 허용하였다. 그러므로 국권을 상실하고 방황하던 지식인들은 해외로 망명을 하거나 거의 교육계나 종교단체에서 활동을 하였다. 3·1운동의 주체가 종교단체와 학생인 것은 바로 이러한 까닭이기도 하다.

1919년 3·1독립운동은 천도교와 기독교, 그리고 불교가 망라된 범종교계가 주체가 되어 벌린 거족적 독립운동이었다. 대교당을 신축한다는 명목으로 독립운동 자금을 비축해 오던 천도교는 거국적인 독립운동을 위하여 많은 인사들과 제휴를 시도했다.

천도교 측에서는 당시 기독교계의 지도자인 이승훈과 신민회(新民會) 활동을 통해 잘 알고 있던 언론인 출신의 이종일(李鍾一)이 연락을 취하는 것을 맡았다. 이종일의 전보를 받고 이승훈은 먼저 자신이 거처하는 관서지방 기독교도들과의 연합 모색을 진행시킨다. 이어 이승훈은 서울·경기 지역의 기독교인들과 만나 천도교 측과의 독립운동에 합류할 것을 다짐했다. 필요한 자금 조달은 천도교 측으로부터 도움을 받도록 하였다. 한편 최린은 일본 유학 시절 만났던 한용운을 만나 독립운동 참여와 민족대표로서의 참가를 쾌락 받는다. 그러므로 천도교와 기독교, 불교가 연합하는 거족적인 민족운동이 시작된 것이다.

세계의 어느 나라를 두고 보아도 이렇듯 같은 목적을 지니고 종교가 연합을 한 경우는 찾기가 어렵다. 종교란 자신의 교의가 가장 으뜸 되는 절대의 진리라는 믿음 속에서 그 존립의 의의를 가지는 것이기 때문에, 다른 종교에 대한 배타적인 모습이 원천적으로 그 내면에 배태되어 있다. 그러므로 종교와 종교 간은 연합이나 대화보다는 서로 배격함이 그 모습이다. 그러니 3·1독립운동을 위하여 천도교와 기독교, 불교가 서로 같이 힘을 모아 일으켰다는 사실은, 종교간 대화가 얼마나 중요한 것인가를 보여주는 전형적인 예라고 하겠다.

그러나 일제의 잔혹한 탄압으로 3·1독립운동은 소기의 목적을 이루지 못한다. 그렇지만 3·1독립운동의 반향으로 국내외로 임시정부가 속속 탄생하게 된다. 임시정부는 주권을 잃은 한국을 대신하여 독립군을 양성하는 한편, 외교적 활동을 벌이는 등, 한국의 독립을 위하여 활동을 하였다.

특히 카이로회담(1943, 이집트)에서 중국을 비롯한 미국과 영국이 한국의 독립을 국제적으로 처음 인정하도록, 그 합의를 이룬 것은 임시정부의 노력에 의한 것이다. 2차 대전이 끝나기 두 해 전, 1943년 7월 26일 임시정부의 김구를 비롯한 여섯 사람의 요인이 중국의 장제스(蔣介石)를 만나 한국의 독립을 지지할 것을 강력하게 건의한다. 이때 상하이(上海) 홍커우 공원에서 일으킨 윤봉길의 의거에 감명을 받았던 장제스는 김구 등과 약속을 하고, 카이로회담에서 강력하게 제의를 하여 한국의 독립을 이끌어 낸다. 본래 카이로회담의 계획은 전쟁이 끝난 이후 한국을 패전국인 일본으로부터 인계받아 신탁통치를 하는 데에 있었다. 그러나 임시정부의 노력으로 독립을 인정받았던 것이다.

종교 간의 대화를 통한 종교연합이 없었다면, 3·1독립운동의 성사가 어려웠을 것이고, 3·1독립운동이 없었다면, 임시정부 또한 없었을 것이다. 그러면 1945년 광복과 함께 한국의 독립은 어떻게 되었을까.

3. 종교 간 대화의 원년, 3·1독립운동

「기미독립선언문」에는 종교 간 대화의 정신이 아주 잘 나타나 있다. 이제 바야흐로 무력으로 남을 지배하려는 시대는 지나갔고, 도의로서 서로 공생공존하는 새로운 시대가 돌아왔으니, 이와 같은 신문명에 일본 역시 동참하여 새로운 조화와 상생의 삶을 이룩하도록 간곡히 권하고 있다.

다시 말해서 「기미독립선언서」는 침략과 침탈은 공멸의 길이요, '평화와 정의, 도의'에 입각하여, 공생과 상생을 도모하는 것이 진정한 삶의 길임을 강조하였다. 그러므로 일본이 우리 민족을 강제로 병탄하여 치욕적인 식민지로 삼고, 강압과 침탈을 하고 있지만, 이는 위력에 의해 모든 것을 장악하려는 구시대적인 모습이므로, 이를 빨리 청산하고 새로운 봄기운과 같이 도래하는 '조화와 공생'의 길로 빨리 들어오기를 촉구하였다. 그러한 과정을 통해 인류 번영의 길에 동참할 것을 권유하였다.

이렇듯 「기미독립선언서」에 일관되게 나타나는 '조화와 공존, 상생'의 정신은 다름 아닌 종교 간의 대화와 연합, 그리고 그 사상의 반영에 의한 것이라고 하겠다.

이와 같은 면에서, 1919년은 부당한 힘에 의하여 억압을 받고 있던 인류에게 빛을 준, 종교 간 대화의 원년이라고 말할 수가 있다. 이제 6년 후면 3·1독립운동의 100주년을 맞이한다. 100주년을 맞아, 또 다른 시각과 차원에서 3·1독립운동은 조명되어야 할 줄로 믿는다.

진정한 종교 간의 대화가 얼마나 중요한 것이며, 또한 분열과 갈등의 현대사회 속에서 종교 간의 대화가 지닌 진정한 의미는 무엇인가 다시 생각할 수 있는 계기가 될 것으로 사료된다. 100년 전 종교 간 대화의 원년을 이룬 3·1독립운동의 또 다른 100년을 위하여, 각 종단은 새로운 차원의 종교 간 대화를 이룰 수 있도록, 계획과 실천을 위한 노력이 있어야 할 것이다.

민족종교에서 바라본 종교 간의 대화 문제

김용환 충북대 윤리교육과 교수

1. 머리말

세계교회협의회가 갖고 있는 기독교 중심의 이웃종교를 바라보는
종교관에 대해서 우리는 민족종교의 입장에서 성찰하고 기독교와
대화하고 협력하고 새롭게 하는 방안을 모색하고자 한다. 기독교의
일부 교역자들과 신자들은 민족종교와 심각한 갈등과 대립을 일으
켰다. 심지어 폭력을 행사하고 민족종교의 상징물을 훼손하는 경향
도 나타났다. 반면에 기독교 일부 지식인들은 기독교와 다른 종교의
차이를 인식하면서, 다른 종교인을 '익명의 그리스도인들'이라고
수용하고 있다. 이러한 관점은 기독교가 수백 년 동안의 선교사들의
노력에도 불구하고, 중국과 일본과 인도의 기독교인의 숫자가 2%에
불과한 점에서 기독교 자체 내에서 다른 종교 전통과의 대화를 촉진
시키는 요인으로 작용하였다고 말할 수 있다.

서로 다른 종교 사이의 대화는 21세기 전반의 변증법적 신학의 태도에 반영되어, 칼 바르트, 에밀 브루너, 루돌프 불투만 등은 칼 마르크스, 프로이트, 니체 등 무신론자들의 비판까지 겸허하게 수용하기에 이르렀다. 칼 마르크스가 비판한 종교는 초기 산업사회의 국가종교였던 기독교였다. 교회의 모든 역사적 형태들이 물질적·사회적 상황과 상관 연동되어 있다는 사실을 마르크스에게서, 또한 그것들이 무의식과 상관 연동되어 있음을 프로이트를 통해서, 그리고 그것들이 무신론과 상관 연동되어 니체를 학습하면서, 기독교는 교회의 참 모습을 새롭게 모색하기 시작하였다.

2. 교회 밖의 구원

서방 교회의 기본 입장은 1442년 플로렌스 공회의 신앙고백에서 나타나듯이, '교회 밖에는 구원이 없다'는 명제이다. 그러나 약 500년 뒤, 제2바티칸 공회는 배타적 태도를 수정하면서 '선한 의지'를 가진 사람은 원칙적으로 '구원을 얻을 수 있다'는 명제로 전환하였다. 이러한 입장을 대표한 인물은 칼 라너(K. Rahner)로서, 그는 '명시적이며 공적인 구원의 역사와 계시의 역사'를 구분하기 시작하였다. 하느님의 계시와 구원의 역사가 기독교의 영역 밖에서 익명으로, 숨겨진 형태로 수행되고 있음을 명백하게 밝혔다. 그래서 그는 바울과 같은 종교인의 태도로 내일의 비기독교인과 만나는 것이 바람직한 길임을 선언하게 된 것이다. 이러한 관점은 한국 민족종교의 시각에서 바라볼 때, 환영할 만한 시각이다.

이러한 맥락에서 세계복음주의연맹은 다종교 사회를 인정하고, 일신교를 넘어서는 '다양성의 신학'에 깊은 관심을 보여준다. 1961년 비기독교 지역인 뉴델리에서 세계교회협의회 2차 총회가 열린 것도 그 연장선상에 있다. 2차 총회 아시아기독교협의회가 발족하였으며, 아시아 종교성과 기독교 신앙 간의 대화가 교회연합운동의 핵심 주제로 부상하였다. 이러한 움직임은 가톨릭교회의 참여로 더욱 고조되었다. 당시의 운동에 김수환 추기경의 역할이 컸다.

이는 대체로 가톨릭 교회를 개혁했던 2차 바티칸 공의회(1962-1965)의 영향이라고 평가된다. 이 회의를 통해 가톨릭교회는 교회 밖 구원, 익명의 기독교인을 말하면서 이슬람을 비롯한 이웃종교들과의 관계를 새롭게 설정하였다. 아시아 종교들의 부상과 이들의 입지를 존중한 신구교의 공조로 인해 기독교와 이웃종교를 가르는 이분법적 시각이 해체되었다. 우리는 그 이후 세계교회협의회는 '살아 있는 아시아의 종교들'을 연구할 목적으로 부서를 별도로 만들 정도로 본 사안에 대하여 새롭게 집중하였고 '서로 다른 종교 사이의 대화'를 높게 평가하였다는 사실에 주목하게 된다.

1977년, 나이로비에서 개최된 세계교회협의회에서는 기독교적 가치에 좀 더 무게중심을 두는 쪽으로 방향을 선회하면서 대화와 선교 간의 관계를 옳게 정립하려고 시도하였다. 대화를 강조하면 선교가 어렵고 선교를 앞세우면 대화가 성립될 수 없는 모순을 극복하려는 자세를 보이는 것이다.

한국의 교회는 민족종교를 미신이나 이단으로 판단하는 경향이 높다. 심지어는 '마귀의 자식'으로 정죄하기까지 한다. 다른 한편으로는 민족종교의 현황을 제대로 파악하지 못한 상태에서 '다른 종교에도 구원의 길이 있다'라고 쉽게 말하는 경향이 있다.

3. 민족종교의 미래 참여

한국의 민족종교들은 적극적 미래 참여 태도를 표방한다. 이러한 태도의 사상적 특성에서 민족주의 이념과 후천개벽사상이라는 선명한 노선을 볼 수 있다. 한국의 민족종교는 동학에 연원을 두며 크게 두 계통이다. 하나는 수운 최제우의 동학에서 일부(一夫) 김항(金恒)의 정역(正易) 사상을 거쳐 증산 강일순(姜一淳)의 증산교와 소태산(小泰山) 박중빈(朴重彬)의 원불교로 이어지는 종교 전통들이다. 또 다른하나는 홍암(弘巖) 나철(羅喆)의 대종교와 같이 국조 단군을 신앙대상으로 삼아 민족주체 의식을 신념으로 표방하는 단군 계통 종교로서, 한민족이 다가올 미래 사회의 주역이 된다는 확신을 표방한다.

증산 계통의 대순진리회는 '도통진경'을 내세운다. 도통진경은 현실 세계를 행복한 세계로 대체코자 하는 공공 신념이나 행동과 연동된다. 이러한 신념이나 행동은 천년왕국(千年王國)이나 용화세계

(龍華世界), 후천선경(後天仙境)과 같은 이상세계(理想世界)에 대한 관념으로 구체화 된다. 도통진경은 음양합덕으로 이루어진 무한히 풍요로운 공공세계에서 인간이 바라는 모든 것이 신명조화로 이루어지고, 아주 투명하고 밝아서 어떠한 부정과 불의도 없는 윤리·도덕세계를 표방한다. 무엇보다도 상호간의 감정이 풀어져서 서로를 존중하고 잘 되게끔 덕을 베풀어 가는 공공세계이다. 결국 음양합덕, 신인조화, 해원상생이 실현된다고 믿기 때문에 도통진경의 공공세계가 가능해진다.

도통진경은 개벽으로 이루어진다. 도통진경에 참여하기 위해서는 먼저 '도통'을 이루어야 한다. 수도를 통해 천지 이치를 알 수 있는 단계에 도달하여야 한다. 그렇게 되면, 밝고 바르며 투명한 마음을 지닐 수 있으며, 모두가 그러한 경지에 도달하게 될 때 세상은 부정과 불의가 없는 지상천국이 실현될 수 있다. 도통진경은 다원 사회가 지향해 나가야 할 방향과 방법을 제시한다. 도통진경은 새로운 공공세계의 청사진이다.

민족종교의 단군 계통은 하느님을 표방한다. 하느님은 무형이지만, 인간은 하느님과 상통한다. 『신리대전』에 "하느님은 한임과 한검이시니 한임은 조화 자리에 계시고 한웅은 교화 자리에 계시니라."라고 한다. 하느님은 환인·환웅·환검의 삼신을 말한다. 환인은 우주·인간·만물을 주재하는 조화신이고 환웅은 인간 세상을 널리 구제하기 위해 천부삼인을 갖고 운사·우사·풍백·뇌공 등을 거느리고 백두산에 내려온 교화신이다. 환검은 기원전 2333년 10월 3일에 삼천단부 민중들의 추대로 임금이 되어 배달나라를 최초로 세운 '치화신'에 해당한다.

대종교의 홍암 나철은 삼망상극과 성통공완(性通功完: 인간자성과 우주본성을 상통시켜 공덕을 완성함)의 매개를 통한 홍복(洪福)을 강조한다. 성통공완은 매개공덕으로 자기를 비우고 타자와 함께할 수 있다. 성통공완을 위한 나철의 치병 이적의 과정은 「중광가(重光歌)」에 자세하게 기록되어 있다.

4. 민족종교에서 바라본 종교대화

민족종교와 기독교 사이의 길은 종교적 특수성을 상호 인정하면서 서로의 종교 전통을 존중하며 서로의 대화를 통해 보완하여 각자의 영성 전통을 보다 새롭고 풍요롭게 만드는 길이다. 기독교도 민족종교와의 대화 속에서 자신의 정체성을 거듭 확인하고 민족종교에게 줄 것이 무엇인가를 성찰하고, 받을 것은 무엇인가를 살펴보면서 상대방과 자기 자신을 서로 보완하는 길이다. 대화는 자신의 정체성을 토대로 할 때 제대로 이루어진다. 종교 다원주의 시대의 필수적 과제는 각기 자기 종교 신앙에 대한 순순한 정통성을 확립하고, 다른 종교 전통에 대한 깊은 연찬을 통해 화해와 협력을 증진시키는 데 있다.

민족종교와 기독교의 대화는 과거로 향하지 않고 민족의 위기를 극복하고 새로운 세계 시민성의 형성에 공동으로 참여해야 할 것이다. 교회는 그 자신을 위해서 존재하지 않는다. 하느님의 나라가 이 땅에 세워지기를 희망한다. 민족종교도 그 자신을 위해서 존재하기보다 민족의 희망을 위해 겨레얼 살리기와 가꾸기의 형태로 존재한다. 역사적으로 종교의 가장 심각한 문제는 그 자신을 위하여 존재할 뿐이며 세계를 위해 존재한다는 사실을 부정하고 망각하면서 '민중의 아편'으로 전락하는 위험성에 있다. 이러한 점에서 민족종교와 기독교의 관심은 상통할 수가 있다. 아인슈타인은 "미래의 종교는 보편적이고 우주적인 종교가 될 것이다."라고 말하였다. 과학과 종교도 상통해야 한다는 의미이다.

역사적으로 가톨릭 측에서는 아시시(1986)에서 열린 기도의 날 행사에서 '우리는 같은 방식으로 기도할 수 없으나 같은 주제를 놓고 기도할 수 있다'고 말함으로써 모순을 극복하려는 태도를 나타냈다. 가톨릭으로부터 일탈 경험이 있는 개신교로서는 오늘의 다원적 세계상 자체를 긍정할 필요가 있었고, 그 상황에서 교회가 증언할 바를 새롭게 찾는 노력을 역설한 것이라고 할 것이다. 교회와 민족종교는 공동의 목적을 수립하여 만나고 대화하는 것이 바람직하다.

민족종교의 핵심은 천지인 삼재 사상을 중심으로 음양론을 결합하고 독특한 카오스적 우주론을 가지고 있다는 점 등이다. 삼수 분화를 중심으로 두 축의 이수 분화의 결합이라는 이중성과 인간 주체적 매개성이 바로 민족종교 사상의 핵심이다. 카오스를 중심으로 한 코스모스의 결합이며, 역동적 생명을 중심으로 한 구조적 안정의 결합이며, 창조적 생명을 중심으로 한 사회 역사적 소통이다. 민족종교의 역동적 · 카오스적 천지인 삼재론은 '한'에 있고, 이 '한'은 바로 무궁무진한 생성으로 제3의 초월적 무궁의 '흰빛'으로 홍익인간의 '새 인간'을 꿈꾸게 된다.

민족종교의 경전에 해당하는, 『천부경(天符經)』에는 인중천지일(人中天地一: 사람이 천지 사이를 이어주고 매개하는 '한')이라는 지표가 숨어 있다. 이 지표는 '천지공심(天地公心)'의 마음으로 수많은 사적 몸을 가진 한국인을 연결하는 토대가 된다. 이것은 우주 해방 공간의 초월인 '빛'이며, 사회 · 물질 중력의 내부 질서를 이룬다. 그리고 이것을 자기 안에 통합하고 매개하는 공공성으로 자각함으로써 한국인은 빛과 중력을 이어주고 명상과 변혁을 매개하며, 신화적 판타지와 기술적 멀티미디어를 현재의 문화 창조력으로 승화 발전시켜 나갈 수 있다. 이 과정에서 자본주의 사회의 모순을 변혁하여 초월적이고 영성적인 공동체를 가능하게 하는 새로운 인간을 완성할 수 있다. 기독교도 구각을 벗고 이러한 목표를 새롭게 설정하여 동참할 필요가 있다. 하느님의 마음이 이 민족의 장래를 여는 마음과 통하고, 죽음과 질병을 아파하는 마음과 공공작용을 일으켜야 한다.

기독교인의 회심은 인간 삶 전체를 새롭게 하는 획기적 사건이다. 이는 하느님 나라의 비전이다. 기독교적 정체성의 표현인 회심은 이웃종교인들의 구원을 함유한다. 그리스도 안에서 육화하신 하느님이 민족종교들 속에서 현존하고 활동하는 과정에 집중할 필요가 있다. 민족종교의 맥락 속에서 기독교는 하느님의 현존을 입증할 필요가 있다. 여기서 회심은 측량할 수 없는 민족종교에 나타난 하느님 활동의 산물이다. 그렇기에 증언으로서의 회심은 한국 민족의 평화 공동체를 형성하기 위한 해후이며 손잡음이다.

민족종교의 하느님과 기독교의 하나님은 만날 수 있는 가능성이 높다. 서로의 증언과 대화는 함께 발전시키고 심화시키는 상생관계를 형성하게 된다. 이러한 관점은 산 안토니오 보고서에서도 나타난 내용이다. 민족종교에서 강조하는 홍익인간 정신은 천지공심으로 성취되므로 신인상통(神人相通)이 되어야 함을 전제로 한다. 민족종교의 고전, 『삼일신고(三一神誥)』에는 신이 뇌 속에 내려와 산다고 한다. 신은 분명히 우리의 잠자는 뇌세포 속에 살아 있다. 그러므로 초월적 공간 또는 허공의 신을 생각할 필요는 없다. 민족종교의 수련과 공부에 따라 신은 우리의 뇌, 전신에 퍼져 있다. 그리고 두개골 속에 축소 압축되어 있는 그 이중적·중층구조인 뇌세포가 열리기 시작할 때, 무한한 창조력과 깊은 사랑의 힘으로 살아 활동하게 된다. 홍익인간의 이화세계(理化世界)는 과거의 담론이 아니다. 민족종교의 주체의식을 회복할 때 성취되는 것이다. 우리의 뇌는 우주적이고 영적 해방과 초월의 흰빛으로 빛날 것이다. 이러한 맥락에서 다시 바라보면, 하느님은 모든 인간, 동식물과 무기물과 저 먼 행성의 뭇 물질들의 깊은 핵, 그 깊숙한 마음속에서까지도 살아 있는 미묘한 빛이요, 소리요, 죽어도 죽지 않는 마음바다의 무궁무진한 성취이다.

민족종교의 홍익인간 정신은 주체이면서 타자를 함께 말하는 개념이다. 그리고 인격이면서 동시에 비인격을 함께 말한다. 인간이면서 동시에 숱한 자연적 주체이다. 이는 예수의 '즉비(卽非)'의 논리와 상통한다. 홍익활동의 모토는 주체인 인간과 대상인 타자가 쌍방향에서 스스로를 초월하도록 하는 데 있다. 그리하여 주체와 타자가 나이면서도 나 또한 비인격적 주체이다. 바로 그 홍익 활동 속에 하느님의 천지공심이 살아 있다고 할 것이다. 따라서 이제는 방어적이고 폐쇄적이며 근대적 인간 중심적인 주체에만 매달려 있어서는 아니 된다. 이것은 민족종교와 기독교의 공통 과제이다. 자기를 초월하는 개방적 주체, 세계 시민성을 자각하는 주체, 다원주의에서도 민족의 자긍심을 버리지 않는 주체이다.

민족종교의 참된 주체적 통일과 세계화는 홍익인간의 드넓은 타자 주체를 수용할 때 가능하다. 예수 그리스도를 수용해도 민족종교는 그 주체성을 망각하지 않는다. 이것이 민족종교의 고유한 천지인 삼재론이요 삼수 분화이다. 천지공심이 개개인들의 사심의 다양성 안에서 실현되어야 하고, 반드시 시민사회적인 일상적 삶의 공공성에서 실현되어야 한다. 이것이 천지공심의 하느님과 '월인천강(月印千江)'처럼 빛나는 무수한 강에 비친 사심의 공공작용이다. 공공작용은 좋은 것이지만, 구체적으로 살아 있는 개인의 인격적 실현으로 드러나야 한다. 아울러 시민사회의 공공 영역과 공공 질서는 생동적이 되어야 한다.

종교 다원성을 충족하고 배려하는 '종교 신학'이 기독교에서도 새로 탄생되어야 한다. 바아르 선언도 민족종교와 상생하려면 좀 더 탈바꿈해야 한다. 기독교의 하나님은 만유 위, 아래 그리고 그를 통해서 일하시는 분이기에 민족종교들 속에도 현존하시는 분이 틀림없음을 인정해야 한다. 민족종교들 역시 긴 세월 동안 하느님의 현존과 활동을 증언했다고 보는 것이 옳다. 민족종교들의 활동을 하느님 신앙의 범주에 넣어 해석하면서 민족종교의 고유성을 망각한다면 이것이 바로 이중성이요 부정의 도입이다.

민족종교의 근대적 중흥조, 수운 최제우 선생에게서 천지공심은 '내 마음이 네 마음(吾心卽汝心)'이라는 내림의 공공성으로 나타났다. 동학의 민중운동, 민회(民會)운동은 시민적 혁명 원리로까지 발전하였다. 후천개벽의 원형인 태극이면서 궁궁(弓弓)의 이중적 부적은 바로 이수 분화의 질서적 안정수로서 '지기금지(至氣今至)'의 주문과 함께 당시 민중들의 심신에 나타난 불치병을 일거에 치하는 큰 도전이었다. 그리고 '시천주 조화정 영세불망만사지(侍天主造化定永世不忘萬事知)'의 주문은 세계시민성을 자각하는 홍익인간, 새로운 인간의 탄생을 알리는 복음이다. 천지인 삼재의 삼수 분화와 음양의 이중생성 구조를 유지하고 있다.

수운의 신인간 사상은 현대 생명과학의 주소를 알려줌이요, 새로운 경제·사회·문화운동의 물결로 이어지며, 현대에 와서 네오휴머니즘을 빛나게 하는 모태가 되었다. 수운의 불연기연(不然其然)의 이중적·역설적 생명논리는 상극의 역설적 이중성에 대한 살아 생동하는 동시 인식으로 '아니다? 그렇다'의 생명 논리이다. 또 수운의 「흥비가(興比歌)」에서는 각비(覺非)를 계기로 비흥(比興)을 흥비(興比)로 급격히 전환하면서 무궁한 내면성을 생성하여 거룩한 해방의 빛을 체험하는 만물무궁(萬物無窮)의 성취를 노래하고 있다. 살아 생동하는 중층 복합 과정으로부터 신인간 주체의 창조성, 제3원의 황중론(皇中論)과 상통하는 논리이다. 이 논리는 생명의 풍류 논리로서 디지털적 기계의 생명 모방의 이진법을 벗어나 횡단매개의 창조적 생성, 생명의 무궁 사상을 가능하게 하였다.

이러한 맥락과 상통하는 의미에서 우리는 그리스도에 이어 생명의 영으로서 성령은 종교적 다원성이 종교 신학의 토대가 되었다고 말할 수 있다. 기독교 역사 속에서 상대적으로 홀대받았던 성령의 위상은 옳게 복원될 수 있다고 전망한다. 다양한 민족종교의 증거를 진지하게 수용하는 것과 만유의 창조주와 인류의 아버지, 하나님에 대한 성서적 증언은 이제 긴장과 대립을 넘어서서 서로를 살찌게 하는 맥락화용의 방안이 있음을 암시한다.

1998년 남아공 하라레에서 열린 세계교회협의회는 새로운 선교 상황으로서 '세계화' 문제를 집중 거론하였다. 특히 동구권의 몰락과 함께 시작된 단일문화의 현상으로서 지구화가 탈현대주의의 이름하에 확산되고 있음에 주목하고 있다. 민족 개념을 비롯한 문화의 정체성이 해체되고 종교조차 사사의 개인 관심사로 치부되면서, 미래는 없고 현재만 강조되는 탈현대주의 가치들에 직면하여 선교의 패러다임을 달리하지 않을 수 없음을 고백한 것으로 보아도 무방하다. 특별히 이 대목이 눈길을 끄는 것은 기독교가 민족종교와의 관계 속에서 주목할 만한 변화를 감지하고 있기 때문이다.

2004년에는 「종교적 다원성과 기독교의 자기이해」란 문서가 수년에 걸쳐 준비되었다고 한다. 비록 세계교회협의회에 최종 상정되지는 않았으나 종교 다원성이 기독교의 자기 이해를 위해 중요하게 인식된 것이 돋보인다. 지구화 흐름 속에서 종교적 장벽을 넘어 세계적인 재난에 공동 대처할 책무를 느꼈다고 분석한다. 이제 기독교는 배타성을 던져 버리고, 이웃종교와의 대화가 복음에 속하는 것이며 동시에 기독교적 선교의 요체라는 사실을 수용할 수 있게 되었다. 이러한 논리는 기독교가 민족종교와 관계하면 할수록 기독교적 정체성이 더욱 완전하고 풍부해진다는 것이다.

기독교의 맥락에서 하나님의 성육은 자신을 인간의 제 조건과 전적으로 동일화한 신비이면서 동시에 자신과 이질적 타자들을 전적으로 환대하는 일과도 상관 연동되어 있다는 사실을 수긍함이라고 할 것이다. 세계교회협의회 문건들은 각 종교들의 고유성과 특수성을 강조할 뿐 아니라 기독교가 그들과도 얼마나 다른가를 여실하게 보여주었다. 본 문서들이 시종일관 삼위일체 신론, 우주적 기독론,

그리고 성령론의 시각에서 이웃종교를 바라본 것도 이런 이유에서였다.

한국적 상황에서는 기독교 정신으로 세워진 학교라도 신앙을 개인에게 강요할 수 없다. 만약 배타성이 지속되어 기독교가 민족종교를 경청하기는커녕 훼방한다면, 신앙의 거짓을 자백하는 행태를 낳게 될 것이다. 공공선을 위해서 민족종교와 기독교는 차이를 넘어서서 호혜적 관계를 만들어 갈 필요가 있다. 이것이 바로 기독교의 교회연합 정신이라고 할 것이다. 민족종교에 대한 깊은 이해를 통해서 기독교는 오히려 자신의 정체성과 신앙을 강화시킬 수 있는 계기가 될 것이다. 나는 타자를 통해서 나 자신일 수 있다는 말은 고유성에 토대를 둔 상통 가능성을 내비친 말로 이해할 수 있다.

세계교회협의회가 표방했던 구원관, '예수 그리스도의 구원의 절대성'이라는 기독교적 시각이 확고하다면 대화가 이루어질 수 없다. 이러한 유형의 기독교적 포괄주의는 폭력이 될 수도 있다. 1901년경 증산 강일순은 전라도 모악산 근처에서 혼돈한 천지인 삼재의 천지공사를 집행하였다. 상제의 마음으로 원한과 상극으로 고통 받는 민중의 병을 아파하고 측은하게 생각하여 그 처지에 괴로워하는 마음으로 탄식하면서 스스로 사흘 낮 사흘 밤을 식음 전폐하고 통곡하였다고 한다.

증산은 의통(醫統)과 치유를 통해 천민 무도까지 흡수하여 흠치운동을 전개하였다. 『현무경(玄武經)』에는 천지공사를 통하여 후천개벽을 전개한 단서가 제시되어 있다. 이는 민족종교의 남조선(南朝鮮) 신앙의 전개이다. 남조선 신앙은 기독교처럼 유행하는 것 믿고 따르는 잘난 자들 이외에 남아 처지는 못난 나머지 조선 민중들을 살리는 생명운동이다. 이 땅에 하느님으로서의 상제가 직접 강림했다는 의미이기도 하다.

스스로 모악산 구릿골에 광제국(廣濟局), 만국의원(萬國醫院)을 차리고 원한과 고통과 죽음과 상극으로 병든 천지인 삼계의 온갖 하늘과 성운들과 성좌들과 생령과 물건들과 귀신과 신명들과 인간들을 손수 치유하면서 우주의 주제(主帝)임을 자각하였으며, 하느님 마음, 천지공심을 이룰 수 있다고 가르쳤다. 원시반본을 공언했으며 "조선의 상계신(환인), 중계신(환웅), 하계신(단군)이 그 자손의 마음속에 깃들일 곳이 없다"고 개탄함으로써, 후천개벽운동은 동학의 수운처럼 상고사의 회복이며, 하늘마음으로 되돌아감을 확고한 비전으로 제시하였다.

5. 맺음말

상관 연동의 관점에서 세계교회협의회는 '이해추구의 신앙'과 '관계 유지'의 관점에서 이웃종교를 대해야 한다. 이제 기독교 삼위일체, 즉 창조주, 구속주 그리고 성령이신 하느님의 보편성을 강조해야 한다. 이는 곧 삼라만상에 내주하는 성령의 활동으로 민족종교에 적용할 수 있겠지만, 증산 상제의 천지공사는 좀 더 새로운 관점에서 조망할 필요성을 제기한다. 기독교 하나님의 일자적인 속성을 성찰하고, 하나님은 결코 '알려질 수 없는 분'으로, 그의 육화는 다양성으로 나타나며 성령은 이들 다양성을 상호 관계시키는 존재라는 다양성 신학의 새로운 기치는 민족종교와의 대화를 가능하게 한다. 종교적 다원성은 공동체의 삶을 위한 심오한 약속의 토대이자 근원이라고 말할 수 있다.

부산에서 열리는 10차 대회를 통해, 서구 기독교인들은 유불선의 바탕에서 복음을 수용한 한국 기독교를 통해 새로운 소통 가능성을 확인할 필요가 있다. 종교개혁이 영성의 모태국가, 한국에서 일어날 것이란 소망도 가져본다. 우리는 그 근거를 민족종교와 연동된 관점에서 구체적 사례나 설명을 통해 확인할 수 있다. 이는 기독교 관점에서 21세기 인류의 구원이 아시아로부터 시작될 수 있다는 희망의 복음이다. 아울러 한국의 오랜 전통, 민족종교의 천지인 삼재에 대한 믿음은 서로 다른 종교 사이의 대화를 더욱 새롭게 할 것이다.

WCC의 이웃종교관에 대한 원불교의 입장

원영상 원불교 교무, 원광대학교

1. 시작하는 말

동아시아의 종교는 습합(褶合)의 과정을 걸어왔다. 불교를 예로 든다면, 2천 년 전 중국에 발을 디딜 때부터 도교·유교와의 교류를 시작으로 비로소 정착하게 되었다. 한국의 경우는 이러한 전통을 중국으로부터 받아들임과 동시에 전통적인 신앙과 공존하면서 뿌리를 내리게 되었다. 일본은 불교를 외래의 신으로 받아들인 후, 전통적인 신도와의 습합의 역사를 걸어왔다. 이러한 동아시아의 사상의 전통 습합은 진리를 바라보는 동양인들의 인식이 서양과는 다르다는 점을 잘 보여주고 있다. 종교학에서 말하는 계시(啓示) 종교와 개오(開悟) 종교는 이러한 차이를 드러내고 있다. 전자는 서양에서와 같은 신 중심의 종교를, 후자는 불교와 같이 깨달음을 중시하는 동양의 종교에 해당한다.

근대에 서양문물이 들어오고, religion을 번역할 때 종교로 번역한 것은 탁월한 오역(誤譯)이었다고 본다. religion은 학자에 따라 해석이 다르지만 일반적으로 신과의 재결합의 의미로 볼 수 있다. 이에 비해 종교는 궁극적인 진리의 가르침이라는 의미로 볼 수 있다. 종은 불교의 종파(宗派)라는 명칭에서도 볼 수 있듯이 불교에서 주로 사용되었다. 신을 신앙의 중심 세계에 위치시켰던 서양의 religion을, 인간과 우주를 통찰하는 최고의 지혜이자 가르침인 종교로 치환시켰던 것이다. 이것은 지구상에 신 중심의 religion과 지혜 중심의 종교가 함께 공존하고 있음을 의미한다. 계시 종교와 개오 종교는 이처럼 세계관의 인식에 분명한 차이가 있음을 보여주고 있다.

결국 동양인들이 서구의 religion을 종교로 인식했다는 것은 신 중심의 religion을 또 하나의 가르침으로 보고 얼마든지 동양 사회에 어울릴 수 있다고 보았던 것이다. 즉 동아시아에서는 서구 religion이 동양 종교와 어깨를 나란히 하고 그들의 가르침을 펼칠 수 있다는 가능성을 보여준 것이다. 그리고 오늘날 우리가 목격하는 한국 사회에서의 천주교와 기독교의 성장은 이것을 증명하고도 남음이 있다. 실제로 정치, 경제, 문화에 미치는 서구 religion의 힘은 전통 종교와 신흥 종교를 능가하고 있다.

이러한 한국의 종교 지형을 놓고 볼 때, WCC의 부산 대회는 한국 사회의 종교 간 대화에 대해 좀 더 현실적인 입장을 개진해야 될 것으로 본다. 아직까지는 커다란 종교 간 갈등이 없었던 것은 사실이지만, 점증하는 한국인들의 기독교에 대한 부정적인 시각은 어떠한 상황으로 변화될지 모른다. 이것은 자본주의의 발전과 함께 한편에서는 물량적이면서도 권력적인 기독교에 대한 한국인들의 감정에서 연유하고 있지만, 아직은 동양의 전통에 입각한 한국의 정서에 서구적인 기독교가 완전하게 뿌리를 내리지 못하고 있음을 보여주는 것이다. 이제 2013년 10월 WCC의 부산 대회를 앞두고 WCC의 이웃종교관에 대해 동양의 종교적 전통을 계승하고 있는 원불교[1]의 입장을 개진하고자 한다.

2. 이웃종교에 대한 원불교의 관점

먼저 이웃종교에 대한 원불교의 시각은 어떠한지 살펴보고자 한다. 그것은 무엇보다도 소태산이 깨달은 진리관을 기반으로 한다. 그는 자신의 깨달음을 "만유가 한 체성이며 만법이 한 근원이로다. 이 가운데 생멸 없는 도(道)와 인과 보응되는 이치가 서로 바탕하여 한 두렷한 기틀을 지었도다."[2]라고 표현하였다. 여기에서 만법이 한 근원이라고 하는 것은 모든 진리가 하나의 근원을 가지고 있다는 것을 나타내고 있다.

불교의 전통을 이은 원불교에서 법이라는 것은 산스크리트어로 dharma를 의미한다. dharma는 여러 의미를 가지고 있는데 전통적으로 ① 법칙, 정의, 규범, ② 불타(佛陀)의 교법, ③ 덕, 속성, ④ 인

(因), ⑤ 사물 등 다섯 가지로 나눈다고 한다.[3] 만법(萬法)은 모든 법을 말하므로 앞의 다섯 가지 범주 모두를 의미한다고 할 수 있다. 따라서 이것은 좀 더 형이상학적인 의미를 가지게 되는데, 존재를 놓고 말한다면 존재의 근원과 현상, 존재의 법칙을 총체적으로 의미한다고 할 수 있다.

그리고 이러한 존재에 대한 깨달음을 소태산은 일원상(一圓相)으로 표현하였다. 이것을 "일원(一圓)은 우주 만유의 본원이며, 제불 제성의 심인이며, 일체 중생의 본성"[4]이라고 하였다. 즉, 일원상에 대해 모든 존재의 근원, 깨달음을 얻은 부처와 성현의 마음, 그리고 인간 모두의 본성에 부합한다고 하였다. 물론 존재의 근원 외에 현상과 법칙은 일원상의 진리에 입각하여 그 외의 교리적 체계로 완성시켰다. 소태산의 깨달음의 내용은 존재의 근원을 일원이라고 하는 하나의 체계로 파악하고, 불생불멸의 도와 인과보응의 기본적인 원리를 특징으로 내세운 것이다.

그는 인간을 포함한 이 실재는 진리의 현현(顯現), 즉 드러남이라고 보았다. 근원과 현상은 불이(不二)의 관계다. 소태산이 그렇듯 인간의 마음은 이것을 깨달아 인식할 가능성을 가지고 있는 것이다. 진리의 초월성과 내재성이 일치한다고 할 수 있다. 이러한 역설(逆說)은 동양적 진리관의 보편적 성격에 바탕해 있다. 즉, 깨달음을 확립함으로써 진리에 대한 객관성과 주관성은 하나의 인식 속에 통합된 경지에 이르게 되는 것이다.

분명한 것은 이 일원상의 진리는 언어를 초월한 곳에 있다는 점이
다. 진리를 가리키는 손가락처럼 상징화된 것이다. 동양적 사유에서
진리는 늘 언어를 떠나 있으며, 그것은 역으로 어떤 언어든 대응 가
능하다는 말이 된다. 하느님, 도, 진리, 궁극적 실재, 제1원인 등등 모
든 언어는 이 일원상의 진리를 나타내는 세계에 포함된다. 진리가
하나라고 하는 표현은 이러한 관계에서 입각한 것이다.

> 과거에 모든 교주(敎主)가 때를 따라 나오시어 인생의 행할 바를 가
> 르쳐 왔으나 그 교화의 주체는 시대와 지역을 따라 서로 달랐나니,
> 비유하여 말하자면 같은 의학 가운데도 각기 전문 분야가 있는 것
> 과 같나니라.[5]

소태산은 진리의 일원성(一元性)에 대해 전문화된 의학처럼 모든
종교의 교주의 가르침은 지역과 시대를 따라 그 방법이 다를 뿐이라
고 본다. 어떻게 보면 종교적 다원주의에 가까운 시각이라고 할 수
있다. 동아시아의 종교가 융화될 수 있는 것은 이러한 종교적 다원
주의적 성격을 지녔기 때문이라고 할 수 있다. 그렇다고 그들의 언
어적 관습이나 신앙과 수행 체계마저 다른 모든 종교의 그것과 융합
하여 혼합주의(syncretism)로 전환되는 것은 아니다. 각자의 종교적
체계는 역사적으로 변화되지 않았다고 할 수 있다. 그리고 종교적
상호교섭이 부단하게 일어나는 것은 진리를 언어체계 내에 가두지

않으려고 하는 동양 전통과 모든 가르침을 최선의 것으로 인식하는 문화적 관습에 기원하는 것이다. 원불교 또한 이러한 전통을 그대로 계승하고 있다고 할 수 있다.

소태산은 이러한 전통을 유불도 삼교를 대상으로 직접적으로 언급하고 있다.

> 일원상은 부처님의 심체(心體)를 나타낸 것이므로, 형체라 하는 것은 한 인형에 불과한 것이요, 심체라 하는 것은 광대 무량하여 능히 유와 무를 총섭하고 삼세를 관통하였나니, 곧 천지 만물의 본원이며 언어도단의 입정처(入定處)라, 유가에서는 이를 일러 태극(太極) 혹은 무극(無極)이라 하고, 선가에서는 이를 일러 자연 혹은 도라 하고, 불가에서는 이를 일러 청정 법신불이라 하였으나, 원리에 있어서는 모두 같은 바로서 비록 어떠한 방면 어떠한 길을 통한다 할지라도 최후 구경에 들어가서는 다 이 일원의 진리로 돌아간다.[6]

일원상의 진리는 불타(佛陀)의 진리적 세계인 소위 법신(法身)과 유교의 궁극적 진리계인 태극과 무극, 도교의 최고의 진리적 상징인 자연과 도가 모두 일원의 진리에 귀결된다고 보고 있다. 이것은 자칫하면 기존의 포괄주의에 가까운 해석을 유발할 수 있다. 그러나 소태산의 경우, 진리가 일원상으로 귀결될 뿐만이 아니라 지역적·문화적으로 형성된 이웃종교의 진리성을 그대로 인정한다고 하는 점에서 포괄주의의 그것과는 다르다. 따라서 칼 라너(Karl Rahner)의 익명의 그리스도와는 전혀 다른 것이다. 그 이유는 마음의 완전한 깨달음에 기인한다. 소위 통만법 명일심(通萬法 明一心), 즉 모든 법을 통하여 마음을 밝힌다고 하는 것과 함께 역으로 하나의 마음을 밝히면 모든 법에 대해서도 자연히 깨달음을 얻게 된다는 것도 동시에 허용되기 때문이다. 소태산은 모든 존재를 마음으로 귀결시킴으로써 회통과 융섭을 주장하고 있는 것이다. 그가 깨달음을 얻은 것도 이러한 원리에 의한 것이다. 그리고 그는 깨달음에 의해 획득된 일원상의 진리를 원불교 최고의 종지로 확립한다.

> 우리는 우주 만유의 본원이요, 제불제성의 심인(心印)인 법신불 일원상을 신앙의 대상과 수행의 표본으로 모시고, 천지 · 부모 · 동포 · 법률의 사은(四恩)과 수양 · 연구 · 취사의 삼학(三學)으로써 신앙과 수행의 강령을 정하였으며, 모든 종교의 교지(敎旨)도 이를 통합 활용하여 광대하고 원만한 종교의 신자가 되자는 것이니라.[7]

이 일원상의 진리는 원불교에 있어 신앙과 수행의 상징적 대상인 동시에 모든 종교의 가르침을 포용하는 원리로써 기능한다. 앞에서의 유교, 도교는 물론 기독교, 이슬람, 힌두교, 그리고 지역의 다양한 민속 종교까지 그 숭고한 가르침을 그대로 수용하는 핵심 원리인 것이다.

"이 원상은 눈·귀·코·입·몸 마음을 사용할 때에 쓰는 것이니 원만구족한 것이며 지공무사한 것이로다."[8]고 표명한 것처럼, 이 일원상을 삶의 표준으로 삼았을 때 인간은 원만구족하고 지공무사한 형태의 완전한 인격체를 갖추게 된다. 원불교의 신앙인은 하나의 세계관에 입각하여 개시든 개오든 종교의 모든 가치를 일원상의 진리로 수렴할 수 있다. 이처럼 세계의 모든 종교적 가치를 하나로 융합·활용한다는 교리 이념은 실용적이고 현실적인 종교적 자세를 견지하고 있는 것으로 볼 수 있다.[9]

현대 사회는 과학에 의해 기존의 종교적 진리관이 상대화되는 어려움에 처해 있다. 이것은 향후 새로운 형태의 진리적 세계관의 탄생을 예비하고 있는지 모른다. 동서양의 종교의 종래의 진리관을 포용하면서도 새로운 형태의 보편적 진리에 대한 해석이 나올지 아무도 알 수 없다. 그렇다면 원불교의 일원 진리라고 하는 것은 기존의 각 종교의 진리관을 그대로 수용하면서도 지구적 차원의 진리관을 형성하기 위한 하나의 새로운 패러다임을 예비하고 있는 것인지도 모른다. 2016년에야 제2세기의 역사를 맞이하는 원불교의 진리관은 새로운 종교적 실험으로 볼 수도 있을 것이다.

소태산은 동서양 종교 간에 일어나는 시비에 대해 다음과 같이 보고 있다.

어떤 사람이 서울에서 가정을 이루어 자녀를 두고 살다가 세계 여러 나라를 두루 유람할 제, 그 중 몇몇 나라에서는 각각 여러 해를 지내는 동안 그 나라 여자와 동거하여 자녀를 낳아 놓고 돌아왔다 하자. 그 후 그 사람의 자녀들이 각각 그 나라에서 자라난 다음 각기 제 아버지를 찾아 한자리에 모였다면, 얼굴도 서로 다르고 말도 서로 다르며 습관과 행동도 각각 다른 그 사람들이 얼른 서로 친하고 화해질 수 있겠는가. 그러나, 여러 해를 지내는 동안 그들도 차차 철이 들고 이해심이 생겨나서 말과 풍습이 서로 익어지고 그 형제되는 내역을 자상히 알고 보면 반드시 골육지친(骨肉之親)을 서로 깨달아 화합하게 될 것이니, 모든 교회의 서로 달라진 내역과, 그 근원은 원래 하나인 내역도 또한 이와 같으므로, 인지가 훨씬 개명되고 도덕의 빛이 고루 비치는 날에는 모든 교회가 한 집안을 이루어 서로 융통하고 화합하게 되나니라.[10]

그는 모든 종교의 기원을 인류학적인 관점에서 비교하여 보고 있다. 이러한 언설은 윤리적으로는 어렵지만 생물학적으로는 가능한 일이라고 할 수 있을 것이다. 실제로 인류의 기원을 살펴본다면 모든 인류는 사실 가족 또는 친척 관계에 놓여 있음은 자명한 일이다.

불교의 인식론적인 관점에서 놓고 볼 때, 현실에서의 인간은 관념에 의해 오도(誤導)된 길을 걷고 있다. 그것이 바로 무명(無明)이다. 인간에게 돌아가야 할 수많은 종교적 가치가 형이상학적인 집착으로 인해 서로 무시되고 사장(死藏)되고 마는 현실이 지금 그대로 나타나고 있다. 모든 종교가 지정하는 궁극적 진리를 언어로부터 해방시키고, 예를 들어 우리가 실제로 그 전모를 알 수 없는, 뭐라고 표현할 수 없는, 존 힉(John Hick)이 말하는 하나의 궁극적 실재인 일자(一者)로 놓았을 때 모든 교회는 이 세계로 귀결될 수 있을 것이다. 그 일자가 원불교에서는 일원상의 진리인 것이다. 그것이 상징인 이유가 여기에 있는 것이다. 소태산은 다양한 종교적 현상에 대해 결국,

> 세계의 모든 종교도 그 근본되는 원리는 본래 하나이나, 교문을 별립하여 오랫동안 제도와 방편을 달리하여 온 만큼 교파들 사이에 서로 융통을 보지 못한 일이 없지 아니하였나니, 이는 다 모든 종교와 종파의 근본되는 원리를 알지 못하는 소치라. 이 어찌 제불제성 (諸佛諸聖)의 본의 시리요.[11]

라고 하여 모든 종교가 그 근원은 하나임을 주장하고 있다. 한 종교에서 다양한 분파의 형식인 종파는 그 원점을 충분히 인식할 수 있지만, 모든 종교의 근원이 하나라고 하는 인식은 여전히 논쟁의 중심에 서 있다. 한국의 다종교 문화에서 이러한 인식은 종교의 정체성과 관련하여 여전히 논란 중에 있다. 그러나 문화 상대주의는 이것을 어느 정도 새롭게 해석하는 환경이 되고 있으며, 진리에 대한 동아시아의 인식의 역사는 이것을 유연하게 받아들이게 하는 문화적 토양을 제공하고 있다.

3. WCC의 이웃종교관의 변천과 원불교의 입장

여기서는 이정배 교수의 '이웃종교를 보는 세계교회협의회(WCC)의 시각'이라는 자료에 의거하여 원불교의 입장을 논하고자 한다.

1) WCC의 아시아 종교와의 대화

사실 1948년 WCC의 창설은 기독교계의 일치가 우선 목표였다. 이후 1961년의 뉴델리 2차 총회는 전후 부상하는 아시아와 아프리카의 종교들과의 대화에 에큐메니칼 운동이 개입했다고 할 수 있다. 가톨릭의 참여로 익명의 기독교인이라는 교회 밖의 구원이 처음으로 언급되었다는 것은 타자에 대한 신구 교회의 인식이 확장되었다는 것을 의미한다. 이정배 교수가 제시했듯이, 이후 혼합주의에 대한 경계와 기독교적 가치의 무게중심으로의 선회, 다원적 상황에 대한 대처, 태국 칭마이의 종교 간 대화모임에서 나온 「기독교와 타종교 간 대화에 관한 지침」(1979), 1982년 공표된 「선교와 복음전도, 하나의 에큐메니칼 확언」에서의 회심의 강조, 산 안토니오 보고서 (1989)에 의한 증언과 대화의 심화에 이르기까지 기독교의 이웃종교와의 대화의 의지는 1990년대에 이르기까지 꾸준히 상승해 왔다고 할 수 있다.

20세기를 살육의 세기로 만든 제1·2차 세계대전이 종식된 뒤에 기독교에서 타종교와의 대화를 시도한 것은 획기적인 역사적 전환이라고 할 수 있다. 양차 대전은 서구 문명의 패러다임에 의해 촉발되었던 것이기 때문에 기독교의 입장에서도 그 책임으로부터 자유로울 수는 없기 때문이다. 헬레니즘과 헤브라이즘의 양 축을 중심으로 근대 자본주의 문명을 태동시킨 유럽의 문명사는 세계를 극도의 공포와 고통으로 몰아넣었다. 생명을 제1의 가치로 여기는 종교계, 특히 기독교는 종교의 본래의 사명을 환기시키는 동시에 외부로부터 자신을 바로 볼 수 있는 새로운 형태의 종교 간 대화가 필요했다고 본다. 이러한 측면에서 아시아 종교와는 기독교의 파트너로서 새로운 가능성을 제공할 수 있다고 본다.

타자로서의 이웃종교를 대화 상대로 한다는 것은 이정배 교수도 언급했듯이 칭마이의 지침에서 교회가 담당해야 할 공동 모험이라고 할 정도로 기독교의 용기가 필요했던 것이다. 유일신 신앙과 초월적 세계를 양보할 수 없는 신앙의 교두보로 삼고 있는 기독교의 대화 의지는 동양의 종교계에서는 일상적인 현상으로밖에 이해할 수 없는 평범성에 지나지 않는다. 예를 들어 중국에서는 불교의 영향으로 신유교의 탄생이, 한국에서는 풍류도에 유불도 삼교를 수용하는 전통을, 일본에서는 불교와 신도의 비교적 평화로운 공존이 역사 속에 드러났던 것이다. 비록 정치적 이해의 갈등이 일어나기는 했지만 현자들은 타자의 가르침을 내면화하는 것을 주저하지 않았던 것이다.

원불교 또한 이웃종교와의 대화는 군소종교로서의 한계가 있음에도 적극적으로 시도해 왔다고 하는 점은 기독교의 경우와 그 궤를 같이 한다. 원불교에서는 이미 소태산 당대로부터 종교 간 갈등의 소지를 원천적으로 배제했다.

소태산과 기독교 장로인 조송광과의 대화는 그 전형을 보여주고 있다. 소태산은 송광으로부터 하나님이 전지전능하고 무소부재하지만 늘 하나님을 뵙고 가르침을 받고 있지는 못하다는 고백을 듣고, 송광에게 공부를 잘하여 예수의 심통 제자만 되면 그렇게 할 수 있다고 하였다. 그리고 심령(心靈)이 열리면 예수가 다녀가는 것도 볼 것이라고 하였다. 즉, 예수의 재림을 알 수 있다고 하였다. 이 대화의 정점은 송광이 소태산의 제자가 되기를 발원하고자 한 순간에 있다. 소태산은

> 예수교에서도 예수의 심통 제자만 되면 나의 하는 일을 알게 될 것이요, 내게서도 나의 심통 제자만 되면 예수의 한 일을 알게 되리라. 그러므로, 모르는 사람은 저 교 이 교의 간격을 두어 마음에 변절한 것같이 생각하고 교회 사이에 서로 적대시하는 일도 있지마는, 참으로 아는 사람은 때와 곳을 따라서 이름만 다를 뿐이요 다 한 집안으로 알게 되나니, 그대의 가고 오는 것은 오직 그대 자신이 알아서 하라.[12]

고 하였다. 이에 결심을 굳힌 송광이 제자로 받아줄 것을 다시 청원

하자, 소태산이 허락하고, "나의 제자된 후라도 하나님을 신봉하는 마음이 더 두터워져야 나의 참된 제자니라." 라고 하였다.

이것을 서구의 기독교적 입장에서는 어떻게 해석할 수 있을까. 양자의 신앙적 견해가 다른 데에도 이를 하나의 세계관으로 묶을 수 있는 것은 불교적 전통에 입각해 있기 때문이다. 즉 원불교의 세계관은 불교의 유심론적 일원주의(一元主義)[13]를 계승한 것이기 때문에 이러한 융화가 가능하다고 할 수 있다. 초월적인 사상도 사실은 유심의 견지에서 벗어나지 않는다고 보는 것이다. 예를 들어, 마음이 평화로우면 그곳이 지옥이라도 천국으로 전환시킬 수 있다고 보는 것이 유심론의 대표적인 사고이다. 그것은 시간과 장소의 문제가 아닌 것이다.

따라서 원불교의 견지에서는 서양의 종교적 실재와 그 실재가 가진 진리적 세계관은 대화에 하등의 장애가 되지 않는다. 유대교, 천주교, 기독교, 이슬람교 등 유목적 세계가 피워낸 종교적 가치는 그대로 그 지역의 종교로서 기능할 수 있다고 보는 것이다. 그리고 인간의 심층에서 받아들일 수만 있다면 이들 종교는 어느 지역에서든 예배와 공경의 대상이 될 수 있다고 보는 것이다. 그리고 타인이 이웃종교를 방문했을 때, "다른 종교나 그 숭배처를 훼방하지 말 것"[14]이라는 언명을 지킬 수밖에 없다. 이것은 종교 이전에 인간을 수평적인 연기(緣起)의 관계로 놓고 보았을 때 일어날 수 있다.

이러한 사상은 인간이 모든 것을 지배하고 처분하는 유사 신적인 권위를 갖는 또 다른 인간 중심주의로 환원될 수도 있다. 그러나 원불교는 보이지 않는 우주의 원리를 현상적으로 이해하면서 그것을 존중하고, 그것에 의해 움직이는 자연적 질서 앞에 겸손할 것을 제1의 덕목으로 가르치고 있다. 원불교가 인간 영혼의 불멸성과 우주적 질서로서의 인과응보를 수행과 신앙의 핵심원리로 삼는 이유가 여기에 있다. 동양에서 보는 자연의 원리를 깨달음의 세계 내에 정립한 원불교가 이웃종교에게 사회적 존재로서의 마땅한 권위를 부여한 것은 당연한 귀결이다. 그리고 1960~1970년대에 한국 사회 내에서 종교 간 대화에 처음 손을 내민 것도 원불교였다.

2) 1990년 바아르 성명서와 1998년 하라레의 WCC 총회

이정배 교수가 지적하듯 제7차 WCC 캔버라 대회를 앞두고 열린 스위스 바아르의 모임에서 나온 성명서는 다원주의에 대한 신학적 전망을 언급한 것으로 종교 간 대화에 중요성을 가지고 있다. 그는 바아르 선언이 구원을 예수 그리스도 인격과 관계하는 개인적 신학의 차원을 넘어서 창조주에 걸맞게 '우주적 기독론'에로 진일보시켰다고 본다. 그리고 캔버라 대회가 성령을 생명의 영으로 언표하여 파괴된 생태계를 복원시키고자 한 것에 중요한 의미를 두고 있다. 비록 오늘날 다양성의 신학을 주장하는 신학자들에게는 비판받지만, 다양한 종교적 증거를 아버지인 하느님에 대한 성서적 증언과 결부시킨 바아르 선언의 일차적인 의미는 충분히 갖추고 있다고 한다.

이어 새로운 선교적 상황인 지구화 문제를 집중 거론한 1998년 남아공 하라레의 WCC총회의 의미도 탈 현대주의의 가치에 직면한 입장에서 새로운 변화라고 본다. 이정배 교수는 "지금껏 증언과 대화의 양면 중에서 증언에 초점을 두었다면 종교적 다원성의 현실 자체를 대화를 위한 토대로서 한층 강화시킨 것"이라고 보고 있다. 그러나 여전히 "교회 밖, 곧 이웃종교인들 속에서 감지되는 하느님의 현존과 활동에 무게중심을 둔 것이 분명해 보인다."고 한다.

동양의 전통적 종교에서는 세계 내 차원의 종교론을 그들의 가르침 안에서 해소하고 있다. 원불교 교학의 근원을 차지하는 불교의 교설은 초기에는 불타가 우주론에 대한 언급을 꺼렸지만 대승불교에 이르러 인도의 범신론(汎神論)적 우주관을 수용하여 확립함으로써 비로소 북방 지역의 보편성을 획득하게 된다. 그 이유는 불교는 지역의 토속적 신앙을 자기화하여 재편하는 것에 목표가 있었기 때문이다. 그리고 민속적이고 관습적인 지역의 신앙과 결합하여 그 지역에 토착하게 된 것이다. 앞에서 언급한 습합의 경우, 교학적 차원이든 민간의 불교 신앙의 수용 차원에서든 이처럼 이루어 진 것이다.

이러한 전통은 비록 지역적으로 혼란의 과정을 거치기도 했지만 그 정신은 원불교와 같은 현대적 불교의 입장에서도 존중되고 있다. 그리고 자기화한 외부의 교의가 내부에서도 얼마든지 그 교의의 해석에 순기능적으로 작동하는 것이다. 예를 들어 소태산의 예수 언행에 대한 언급은 자연스러운 현상에 해당한다. 그리고 그의 제자들 또한 예수의 행적을 닮을 것을 끊임없이 설파하고 있다.

소태산은 예수의 삶을 종교적 삶의 극치로 보고 있다.

> 도덕 사업은 국경이 없으며 연한이 없으므로 옛날 서가여래께서 천 이백 대중으로 더불어 걸식 생활을 하실 때라든지, 공자께서 위를 얻지 못하고 철환천하(轍環天下)하실 때라든지, 예수께서 십이 사도를 데리고 이곳저곳으로 몰려다니실 때에는 그 세력이 참으로 미미하였으나, 오늘에 와서는 그 교법이 온 세계에 전해져서 세월이 지날수록 더욱 빛을 내고 있지 아니한가. 그대들도 이미 도가에 출신하였으니 먼저 이 도덕 사업의 가치를 충분히 알아서 꾸준한 노력을 계속하여 가장 넓고 가장 오랜 큰 사업의 주인공들이 되라.[15]

여기서 말하는 도덕은 종래의 도덕과는 다른 차원을 가지고 있다. 즉 소태산은 천(天)과 인(人)과 지(地)가 행하는 것을 도(道)라고 보았고, 이러한 도가 실행되어 나타나는 은혜를 덕이라고 보았다. 그리고 이러한 대덕을 성취한 사람을 대도를 깨달은 사람으로 보았다.[16] 도덕을 유교 및 도교의 천지인의 철학적 가치에 기반, 인간의 보편 윤리로 해석을 확대한 것으로 볼 수 있다. 이처럼 기존의 종교 사상은 원불교에 이르러 하나의 전환을 맞이하고 있음을 알 수 있다. 예수의 행적 또한 이러한 도덕을 완성하는 하나의 모범이 되고 있는 것이다. 이러한 측면에서 삼위일체(Trinity) 가운데 성육신의 존재로서의 의미를 중시하는 기독교 내부의 입장보다는 원불교의 교의를 심화시키는데 예수의 존재 그 자체에 일차적 의미를 두고 있다. 그리고 예수의 가르침과의 일체감을 종교적으로 승화시키고 있다.

그의 뒤를 이은 정산 송규(鼎山 宋奎, 1900~1962)는 유교의 인의(仁義)에 대해 "인(仁)이란 어질다는 말이니, 부처님의 자비요 예수의 박애며, 의(義)란 옳은 것이니, 모든 일을 천도에 거슬리지 않고 인도에 어긋남이 없이 행하는 것이니라."[17]고 하여 인을 불타의 자비와 예수의 박애로 보았다.

정산을 이은 대산 김대거(大山 金大擧, 1914~1998) 또한 예수의 "가난한 자여 천국이 그대의 것이로다."는 말씀을 "이것은 오욕 삼독이 가난해야 진리와 인과 도덕이 가득한 천국이 깃든다는 의미인 것"[18]이라고 하여 동양 전통종교의 가치와 그 맥락을 같이 하는 것으로 해석하였다. 또한 그는 예수의 교리 강령을 신(信)·망(望)·애(愛)로 보고, 그 위대함을 다음과 같이 언급했다.

큰일을 경영하시면서도 30세까지 아무런 흔적이 없이 계시다가 짧은 3년 동안에 그 큰 과업을 이루어 내심이오. 하나님과 인간 사이에 가까운 부자의 윤기를 건네게 하여 서로 다정히 친근하게 하여 주심이오. 전 인류의 죄를 대속(代贖)하여 주기 위하여 최후까지 바

쳐 대 박애의 도를 전하여 주심이오. 처음 나서부터 33세에 돌아가
신 해까지 사람으로서 더 당할 수 없는 역경 중에서도 대성과를 거
두신 것이다.[19]

물론 여기서는 경영, 윤기, 성과와 같은 인간의 일에 대한 의미로
서 예수를 바라보고 있다. 하지만 대속을 통한 박애의 도라고 하는
점에 정통함으로써 결코 기독교의 핵심 교의를 비켜가지 않는다. 거
기에는 성부와 성자와 관련한 기독론을 인정하는 다원주의적 인식
이 깊게 묻어남을 알 수 있다. 이웃종교의 교의를 빌려 자신의 교의
체계를 강화하는 포괄적 다원주의라고도 의심할 수도 있겠지만 이
러한 교의를 그대로 수용하는 자세는 기존의 동양적 전통에서 서구
의 종교계로 한 발 나아간 진보적 자세라고 할 수 있을 것이다.

3) WCC의 이웃종교와의 대화와 포괄주의를 넘어서

이정배 교수는 2004년의 '종교적 다원성과 기독교의 자기 이해'
는 이웃종교와의 대화가 복음에 속하는 것이며 동시에 기독교적 선
교의 요체임을 강력히 시사했다고 한다. 그리고 2005년 아덴의 문서
「성령이시여 오소서! 성령은 누구시고 왜 오시며 어떻게 오시고 무
엇을 하시는가?」에서 그리스도의 영과 하느님 간의 접촉점을 인정
했다는 점에 있어 대단한 변화라고 한다. 그 이유를 신앙 유비의 차
원에서 이웃종교를 소위 영기독론(Spirit-Christology)의 관점에서 관계

짓는 것에서 찾고 있다.

그러나 이러한 것이 존재 유비를 설한 가톨릭의 자연신학 전통과는 다르게 설정했다는 점에서 여전히 포괄주의적 입장을 떠올릴 수밖에 없다고 본다. 또한 이러한 문서들이 기독교 고유의 교리적 체계에서 바라보는 것은 아시아의 종교 혼합주의와의 결별을 의미한다고 보고, 이웃종교들 또한 기독교를 자신과 엮어보라는 메시지로 간주한다. 따라서 이정배 교수는 WCC가 배타주의를 벗기는 했지만 이웃종교를 온전한 타자로서 인정하는 충분한 다원적 이념을 지녔다고는 보기 어렵다고 보고 있다.

예수 탄생 후 세 번째 밀레니엄을 맞이하여 다원주의 현상 앞에 선 WCC의 이웃종교 간 대화의 노력은 자신의 역사적 현실을 그대로 바라보며, 타자로서의 이웃종교도 비로소 대등한 대화의 입장에 서 있음을 인식하고 있는 것 같다. 이러한 평행의 대화는 근본적 변화가 없는 것 같지 않지만 무언가 진리의 빛 아래 감추어진 보석이 있음을 알려준다. 이러한 보석은 인간을 의미한다. 결국 이웃종교와의 대화는 인간을 향한 종교들 간의 수평적인 연대를 지향할 수밖에 없다는 인식을 갖게 한다.

원불교의 노력도 또한 일치감치 이러한 점을 지향하고 있으며, 현대의 다양한 문제에 맞서 공동선의 방향을 모색할 수밖에 없게 한다. 이러한 모색을 위해 정산은 1961년에 삼동윤리(三同倫理)를 선언한다. 그것은 동원도리(同源道理)·동기연계(同氣連契)·동척사업(同

拓事業)이라는 게송(偈頌)을 통해서였다. 즉 "한 울안 한 이치에, 한 집 안 한 권속이, 한 일터 한 일꾼으로 일원세계 건설하자."는 것이다. 대산 또한 자신의 게송을 "진리는 하나 세계도 하나, 인류는 한 가족 세상은 한 일터, 개척하자 하나의 세계"로 삼았다. 이러한 게송은 원불교 최고지도자들이 소태산이 표명한 일원의 진리를 얼마나 계승하고자 했는가를 잘 보여주고 있다. 특히 삼동윤리 중 동원도리에는 이러한 사상이 적극적으로 나타나고 있다.

정산은 이 목표를 먼저 "종교와 교회가 그 근본은 다 같은 한 근원의 도리인 것을 알아서, 서로 대동 화합하자는 것"이라고 한다.

> 모든 종교들이 서로 문호를 따로 세우고, 각자의 주장과 방편을 따라 교화를 펴고 있으며, 그 종지에 있어서도 이름과 형식은 각각 달리 표현되고 있으나, 그 근본을 추구해 본다면 근원되는 도리는 다 같이 일원의 진리에 벗어남이 없나니라. (중략) 우리는 모든 종교의 근본이 되는 일원 대도의 정신을 투철히 체득하여, 우리의 마음 가운데 모든 종교를 하나로 보는 큰 정신을 확립하며, 나아가 이 정신으로써 세계의 모든 종교를 일원으로 통일하는데 앞장서야 할 것이니라.[20]

동원도리는 곧 일원의 진리를 종교계에 적용하여 현실적으로 해석한 것이다. 모든 종교의 근본은 일원의 진리로 수렴되므로 모든 종교를 하나로 보는 정신을 확립하고, 또한 일원으로 세계의 모든 종교를 통일하자는 것이다. 여기에서 주의할 것은 종교를 통일하자는 것은 혼합주의와 같은 길을 의미하는 것이 아니라는 점이다. 언어로 표명 불가한 진리라고 하는 궁극적 세계에서 볼 때, 그것은 하나의 세계 속에 포함되어 있다는 것이다.

수많은 강과 바다에 비치는 달은 허공에 떠있는 본래의 달로 귀속되듯 추상적인 모든 진리적 언명은 궁극적으로 하나를 지향한다고 본 것이다. 모든 종교에 같은 가치를 부여하는 것이다. 그것은 표현 방식에 있어 가톨릭의 자연신학과도 유사하다고 할 수 있다. 그러나 거기에는 인간 최고의 인격체인 모든 성현의 언설과 종교 고유의 사명을 존중하는 것에 의미가 있다.

동양의 전통에서는 성현들의 깨달음 속에서야말로 종교를 하나로 볼 수 있다고 본다. 따라서 원불교 교의 가운데 법률의 은혜를 "때를 따라 성자들이 출현하여 종교와 도덕으로써 우리에게 정로(正路)를 밟게 하여 주신 것"[21]과 신앙과 수행의 위계인 법위등급 6단계 중 5단계의 출가위에 "현재 모든 종교의 교리에 정통하라."라는 조항을 넣은 것은 이것을 잘 보여주고 있다.

원불교학자 백준흠은 종교 간 성공적인 대화를 위해서는 다음의 세 가지가 요청된다고 본다. 첫째는 종교의 본질적 사명에 대한 명확한 답이 있어야 한다. 둘째는 자기가 신앙하는 종교의 정체성이 무엇인가에 대한 뚜렷한 자각이 있어야 한다. 셋째는 타종교의 특성에 대한 이해가 절대적으로 필요하다. 첫 번째의 조건에 대해 성자 정신, 즉 성자가 이 지구상에서 인류에게 무엇을 하려 했던가에 분명한 깨달음이 있어야 함을 말한다고 한다.[22] 이처럼 성자는 동서양을 막론하고 대등한 위치에서 존중받는다. 이것은 그(그녀)가 진리를 담지(擔持)한 최고의 존재이기 때문이다. 여기에 인격완성을 목표로 깨달음을 지향하는 종교의 특성이 있는 것이다.[23]

종교 간 대화는 대산이 1978년 10월 로마 교황청대사 루이지 도세나(Luigi Dossena) 대주교가 내방했을 때, 그가 제안한 세계평화의 삼대 방안인 종교 UR(United Religions)의 탄생, 공동시장의 개척, 심전계발(心田啓發)의 훈련에 구체적으로 나타난다.

> 한 가정에도 엄부와 자모가 있어야 원만한 가정을 이룩해 나가듯 이 세계도 원만히 다스려 나갈려면 엄부의 역할인 정치 유엔과 자모의 역할인 종교 유엔이 아울러 있어야 합니다. 정치 유엔은 오래전에 창설되어 그 역할을 하고 있으나 이 유엔만으로는 인류의 근원적 평화를 이룰 수 없는 것이니 하루속히 종교 유엔을 탄생시켜 세계 문제에 대한 정신적 해결에 힘을 써야 하겠습니다.[24]

대산은 이처럼 정치와 종교를 엄부와 자모의 관계로 보고, 종교연합체인 UR을 구상한 것이다. 종교 간 대화는 추상적인 것이 아니라 지구의 문제를 해결하는 실천적인 측면에서 개진되고 있는 것이 원불교의 입장이다. 여기에는 선교 혹은 포교를 넘어선 종교 자신의 희생적 무아(無我)의 정신을 공통의 기반으로 하고 있다. 그것을 과연 이웃종교 간 대화의 전제 조건으로 볼 수는 없는 것인가.

4. 맺는 말

WCC 부산 대회를 앞두고 한국 종교의 이웃종교에 대한 견해를 청취하는 것은 매우 바람직한 일이다. 한편 이정배 교수가 언급하듯 한국 내 기독교 계파 간의 갈등이 없는 것은 아니다. 그렇지만 WCC, WEA, 가톨릭이 공조하여 2011년 채택한 '다원사회에서의 그리스도의 증언' 네번째 항 그리스도의 증언은 그가 말하듯 다종교 사회에서 필히 이웃종교인들과의 대화를 필요로 한다는 내용이 한국 사회에서 절대적으로 요청된다는 점에서 금번의 WCC대회는 큰 의미를 가지고 있다. 이정배 교수가 언급한 "어느 교파에 속해 있든지 종교 간 대화를 그리스도에 대한 헌신의 한 표현으로 감당하라."는 것은 한국 사회 내 기독교의 현실을 반성하면서 최대한 겸손의 자세를 갖추고, 이웃종교를 정당한 타자로서 인정하라는 것으로 보인다.

이것은 레이문도 파니카(Raimundo Panikkar)가 세계 종교를 무지개에 비유한 것을 떠올리게 한다. 이 세계 종교를 신적 실재라는 순백의 광선이 인간의 경험적 프리즘을 통해 다양하게 투과되어 비치는 무지개의 빛깔에 비유한 것은 시공간이 통합되어 가는 현대 사회에 적절한 통찰이라고 본다. 문제는 이 신적 실재가 인간의 인식에 어떠한 비중을 차지하고 있는가 하는 점일 것이다. 정치, 경제가 지구적인 차원에서 하나의 거대한 목표를 향해 통합과 분열을 거듭하고 있는 이 현실에서 종교는 과연 어떠한 방향을 지향하고 있는가 하는 문제일 것이다. 그렇다면 우리는 이 신적 실재라고 하는 언어에 너무나 과잉 반응하고 있는 것은 아닐까.

소태산은 이 문제에 대해 이렇게 말하고 있다. 배움을 좋아하는 한 목사에게 예수교의 국한을 벗어나 눈을 광활한 천지에 돌리라고 한 뒤,

> 널리 살피지 못하는 사람은 항상 저의 하는 일에만 고집하며 저의 집 풍속에만 성습되어 다른 일은 비방하고 다른 집 풍속은 배척하므로 각각 그 규모와 구습을 벗어나지 못하고 드디어 한 편에 떨어져서 그 간격이 은산 철벽(銀山鐵壁)같이 되나니, 나라와 나라 사이나 교회와 교회 사이나 개인과 개인 사이에 서로 반목하고 투쟁하는 것이 다 이에 원인함이라, 어찌 본래의 원만한 큰 살림을 편벽되이 가르며, 무량한 큰 법을 조각조각으로 나누리요. 우리는 하루 속히 이 간격을 타파하고 모든 살림을 융통하여 원만하고 활발한 새 생활을 전개하여야 할 것이니 그러한다면 이 세상에는 한 가지도 버릴 것이 없나니라.[25]

라고 말해 주었다. 이 말의 결론은 인간이 거주하는 거대한 숲속의 수많은 존재와 그 활동은 연기적으로 상호 필연성을 가지고 있다는 인식과 일맥상통한다. 인류의 문화와 문명의 역사를 생각할 때, 우리는 이러한 감각을 무시함으로써 불필요한 논란과 투쟁을 반복하여 온 것이다.

모든 존재를 하나로 보는 감각을 불교의 전통에서는 견성(見性)이라고 한다. 원불교 또한 이 전통을 계승하고 있다. 앞에서 살펴본 것처럼 사실 종교는 하나의 세계 내에서 지역과 역사적 입장에 따라 전개된 다양한 인간 인식의 차원에서 각자의 역할을 충실히 하여 온 것이라고 할 수 있다. 그러한 모습이 통신과 교통의 발달로 이제야 서로 마주보게 된 것이다. 따라서 이정배 교수가 구성신학(Constructive Theology)의 차원에서 아시아의 신학자가 주장하는 다양성의 신학을 소개한 것은 기독교계에 깊은 통찰력을 요구한 것으로 보인다. 자신을 중심으로 위로 향한 만큼 옆으로도 향하게 하는 통찰력이 아시아의 종교계에도 필요하지만 기독교계에 더욱 요청된다고 할 수 있다. 그리하여 신의 세계가 풍요로워진다면 그만큼 인류의 문화는 폐쇄적인 정신적 고갈로부터 해방되어 기독교는 물론 이웃종교에게도 풍요롭고 행복한 단비를 제공해 줄 수도 있을 것이다.

축의 시대의 관점에서 본 종교 간 대화와 협력 : 이정배

1 여기서 차이가 있다면 칼 야스퍼스와 달리 본 책의 저자인 카렌 암스트롱은 축의 시대를 한 세기 정도 앞당겨 놓았다. 차축시대의 시작을 기원전 8세기에서 9세기로 본 것이다. 이런 차이는 새 종교를 시작한 인물들의 탄생 시기를 어찌 보았는가에서 비롯한 것이기에 사실 큰 의미는 없어 보인다.

2 철학자 야스퍼스는 소위 계시 실증주의자인 칼 바르트의 신학 체계를 겨냥하여 『계시에 직면한 철학적 신앙(Der Philosophische Glaube angesichts der Offenbarung』이란 책을 1962년에 출판했고 이 책은 신옥희 교수에 의해 '철학적 신앙'이란 제목으로 한글로 옮겨졌다.

3 여기서 말하는 개화 속도란 기독교의 경우 예레미아 선지자로부터 이사야, 호세아 등을 거쳐 예수에게 이르는 과정일 것이며 불교적 맥락에서는 힌두교를 거쳐 불교의 창시자 붓다에 이르는 여정을 뜻할 것이다.

4 제레미 리프킨, 이경남 역, 『공감의 시대』, 민음사, 2010 참조.

5 일반적으로 문명과 종교의 발생지를 몬순형, 사막형 그리고 목장형 풍토로 보는 경향도 있다. 인도문명이 몬순형이라면 이집트, 히브리 종교들은 사막형 풍토에서 자랐고 그리스는 목장형 풍토의 산물이라는 것이다. 물론 결정론적인 것은 아니나 풍토와 문명(종교)의 상관성을 논하는 것은 의미 깊다. 와쓰지 데쓰우로, 장건주 역, 『풍토와 인간』, 도서출판 장승, 1993 참조.

6 특별히 유승국 같은 이는 후천의 시대를 일컬어 생명이 뿌리에 있지 않고 다 자라 성숙하여 떨어진 열매에 있는 상태를 지칭했다. 여기서 뿌리가 신을 지칭한다면 열매는 사람을 일컫는다.

7 이 개념에 대한 설명이 필요할 것이나 여기선 생략한다. 단지 필자의 생각으론 '없이 계신 하느님'–父子不二의 예수–내 안의 그리스도(기독교)와 견성–고통–성불(불교), 그리고 天命之謂性-率性之謂道-修道之謂敎(유교) 또한 내유신령–외유기화–각지불이(동학) 등이 모두 같은 구조에서 설명될 수 있다고 본다. 이런 관점에서 서술된 여러 편의 글이 있다. 이정배, 『없이 계신 하느님, 덜 없는 인간』, 모시는 사람들 2008, 1분 논문들 참조.

8 도진순, 『백범일지』, 서울:돌베개, 428-429쪽.

9 위의 책, 428쪽.

두 번째 축의 시대를 열어가기 위하여 : 이찬수

1 카렌 암스트롱, 정영목 옮김, 『축의 시대』, 서울: 교양인, 2010, 642쪽.

2 『축의 시대』, 665쪽.

3 『축의 시대』, 669쪽.

4 『축의 시대』, 670쪽.

5 실제로는 바빌로니아에 의해 나라가 망한 이후, 예루살렘 성전에 있던 언약궤 마저 빼앗기고 사라진 이후에 기록되었을 것이다.

6 『축의 시대』, 7쪽.

7 『축의 시대』, 671쪽.

8 아브라함의 하느님, 이사악의 하느님, 야곱의 하느님 등의 표현이 그 사례이다.

9 엘이라는 이름은 이스라엘(신이 겨루신다), 이스마엘(신은 들어주소서), 벧엘 (신의 집) 등의 이름과 장소에도 그 흔적이 남아있다.

10 『축의 시대』, 82-83쪽.

11 『축의 시대』, 88쪽.

12 『축의 시대』, 120쪽.

13 야훼를 섬기는 엘리야가 바알의 사제들에게 저마다의 신을 불러 어느 신이 제 물에 불을 내리는가 시험해 보자며 제안한 이야기는 유명하다. 가나안의 문화 적 영향력 속에서 이스라엘 사람들도 바알 신앙에 익숙했지만, 엘리야는 이스 라엘 사람들에게 야훼만을 섬길 것을 주문했다. 경쟁하는 신들 사이에, 즉 민 족들 간에 갈등이 일어났다는 뜻이기도 하다.

14 『축의 시대』, 178쪽.

15 유일신론으로 번역된 monotheism이나 택일신론으로 번역된 henotheism은 그 리스어 어원으로 치면 모두 '하나의 신'이라는 의미를 지닌다. mono나 hen은 모두 '하나'라는 뜻이다. 그래서 henotheism은 단일신론(單一神論)으로 번역 하기도 한다. 하지만 우리말에서는 '유일'이나 '단일'이나 별 차이가 없다. 그 래서 이 글에서는 '단일' 대신에 맥락과 의미를 좀 더 살려 '택일'로 번역했 다. 자신이 믿는 신이 하나인 것처럼 지내기는 하지만 다른 신들을 그 자체로

부정하는 것은 아니라는 점에서 여러 신들 가운데 하나를 선택해 마치 유일신처럼 섬기는 자세를 의미하기 때문이다.

16 『축의 시대』, 367쪽.

축의 시대는 재현되는가? : 정혜정

1 춘추전국시대의 전투 주력은 전차였다. 묵자는 전차의 성능을 좌우하는 수레바퀴 제작의 달인이었다. 묵가 공동체는 비록 작았지만 거자의 지도하에 일사분란한 조직력과 뛰어난 무기제조 기술력을 바탕으로 강대국도 함부로 하지 못하는 전투력을 보유하였다.

2 재단사가 옷 만드는 능력과 백정이 동물을 잡는 능력, 임금이나 관료가 국가를 통치하는 능력 등 이 모두는 사회적 일상의 영위에 필요한 능력이라는 점에서 서로 다를 바 없다는 것이다.

두 번째 축의 시대와 동학 : 김용휘

1 카렌 암스트롱, 정영목 옮김, 『축의 시대』, 교양인, 2010.

2 『축의 시대』, 교양인, 138쪽.

3 『축의 시대』, 교양인, 148쪽

4 『축의 시대』, 교양인, 196쪽.

5 『축의 시대』, 교양인, 197쪽.

6 『축의 시대』, 교양인, 198쪽.

7 『축의 시대』, 교양인, 78쪽.

8 『축의 시대』, 교양인, 81쪽.

9 『축의 시대』, 교양인, 88쪽.

10 『축의 시대』, 교양인, 119쪽.

11 『축의 시대』, 교양인, 125쪽.

12 『축의 시대』, 교양인, 64쪽.

13 『축의 시대』, 교양인, 129쪽.

14 『축의 시대』, 교양인, 101쪽.

15 『축의 시대』, 교양인, 110쪽.

16 『축의 시대』, 교양인, 177쪽.

17 『축의 시대』, 교양인, 160쪽.

18 이정배, 「한국에 있어 종교 간 대화운동의 향방과 종교 연합기구의 역할」, 한
국종교인평화회의(KCRP), 『종교 간 대토론회』, 2011, 12월 27일 자료집 참조.

19 '동학' 은 본래 하나의 종교적 교단을 의미하는 용어가 아니었다. '동학' 은 본
래 '東國의 學', 즉 '조선의 학' 을 의미하는 것이었다. 예로부터 조선을 '동국'
이라고 하고 조선의 역사를 '동사' 라 하고, 조선의 의학을 '동의' 라고 했다. 마
찬가지로 조선(동국)의 학문이라는 의미에서 '동학' 이라고 한 것이다. 이에 대
해서는 졸저, 『우리학문으로서의 동학』, 책세상, 2006 참조.

묵자사상의 현재적 이해 : 이찬구

1 『축의시대』, 659쪽.

2 『축의시대』, 662쪽.

3 『축의시대』, 459쪽.

4 묵자에 관한 참고문헌은 다음과 같다.

김아연, 『묵자의 교육사상 연구』, 동국대, 2011.

김진윤, 『묵자정치사상에 있어서 이(利)의 의의』, 영남대, 1993.

김학주, 『묵자』, 명문당, 2002.

기세춘, 『우리는 왜 묵자인가』, 초당, 1995.

손이양, 『묵자한고』, 중화서국, 2001.

이웃종교를 보는 세계교회협의회(WCC)의 시각 : 이정배

1 필자는 3년 전 한국종교인평화회의(KCRP)가 주관하는 중동 순례 프로그램에
참여했고, 특별히 시리아 다마스커스 지역에서의 경험을 잊지 못한다. 바울의
회심지를 오가며 그때의 광경을 수없이 상상해 보았고 오늘의 내 자신을 반추
하는 기회로 삼았다.

2 실제로 1990년 JPIC대회가 개최될 때 한국 교회의 관심은 정작 미미했다. JPIC
대회 개최지가 한국에서 열리게 된 의미조차 숙지하지 못한 것이다. 이후 기독
교 신학은 JPIC주제를 논하지 않고서는 성립될 수 없었으나 대다수 교회는 지
금껏 본 사안을 핵심 메시지로 채택하지 않고 있다. 이 점에서 본 대회를 발의
한 공로로 명예신학박사를 수여한 자리에서 C. 봐이젝커가 한 말 'JPIC 문제가

사라지지 않는 한 기독교 정신은 아직 구현되지 않았다' 는 것을 한국 교회가 깊이 수용해야 한다고 생각한다. 이정배, 『토착화와 생명문화』, 종로서적 1990.

3 C. Keller & L. Schneder, *Polydoxy-Theology of Multiplicity and Rekationality*, Routledge 2011.

4 함석헌, 『뜻으로 본 한국 역사』, 함석헌 전집 1, 한길사 1986.

5 정진홍.

6 민족 독립 선언 때 한국 교회는 동학(천도교)으로부터 당시 돈으로 5000원을 지원 받았다고 한다. 그때 가격으로 고래등 같은 집 한 채가 200원 정도였다 하니 큰 금액이 아닐 수 없다. 이천만 민족 중 삼백만이 천도교도인 상황에서 그들의 실질적 지원이 독립선언에 동참할 수 있었던 요인이 된 것이다. 이 점에서 한국 교회가 민족에게 진 빚이 적지 않다. 향후 한국교회는 민족통일을 위한 비용으로 되갚아야 할 것이다.

7 본래 WCC 모든 보고서에는 타종교란 표현이 대세이나 필자는 그를 대신할 말로서 이웃종교를 사용한다. 이미 국내에서 이 표현을 대단히 유용하게 사용하고 있다. 향후 WCC 역시도 이런 표현을 사용하는 것이 바람직할 것이다.

8 L. Schneider, Beyond Monotheism, *A Theology of Multiplicity*, Abingdon 2008.

9 본 글은 이형기(장신대 명예교수)의 긴 논문 「에큐메니칼 운동을 통해서 본 종교 간 대화의 여정」을 읽고 그를 나름대로 풀어 해석한 요약적 성격의 글이다. 에큐메니칼 사조에 깊은 이해를 지닌 그의 글에 많은 빚을 지게 된 것을 고맙게 생각한다. 이 글 외에도 두 편의 관련 자료를 필자에게 보내주었으며 그 역시 본고 안에 필자의 언어로 육화되었음을 밝힌다.

10 주지하듯 헨드릭 크레머는 신학적으로 바르티안으로서 이웃종교들을 부정적으로 보는 선교신학자로서 활동하였다. 한국에서는 유동식 교수가 한때 이 입장을 추종하였다.

11 산 안토니오 세계선교와 복음 위원회 보고서, IV분과(살아 있는 타종교의 사람들 사이에서의 증언) 25. 이형기, 앞의 글, 15쪽.

12 IV 분과 26.

13 이 성명서가 발표되었을 때 변선환 교수는 너무도 기뻐하며 바아르 성명서에 대한 긴 논문을 썼고 자신의 종교다원주의론을 이에 견주어 옳게 설명했다. 그러나 캔버라 대회를 정점으로 다원주의에 대한 신학적 함의가 후퇴한 것 또한

사실이다. 당시 한국 여성신학자 정현경의 아시아적 성령론에 대한 과격한 표현이 반작용을 낳았다고 전언해진다.

14 사도행전 14장 17절 참조.

15 디모데전서 2장 4절 참조.

16 물론 WCC는 시종일관 이웃종교와 기독교의 관계를 가톨릭적 시각과 다른 맥락에서 보았다고 지속적으로 강조하고 있다. '지식(이해)을 추구하는 기독교 신앙'의 입장에서 하는 말이라 했으며 가톨릭의 '존재유비'(자연신학)와 달리 '신앙유비'에 입각한 의견인 것을 강조했으나 필자 보기에 크게 달라 보이지 않는다.

17 주지하듯 기독교 역사 속에서 성령은 다음 몇 가지 이유로 중심에 설 수 없었다. 첫째, 초대 교회 이단 세력들이 강조했던 것이 성령이었고, 둘째, 성령이 항시 기독론을 지시하는 부차적 도구였으며, 마지막으로는 동서기독론을 분열시키는 기재(필리오그베)로 작용했던 것이다. 더욱이 최근에는 성령이 카리스마 운동의 도구가 되어 교회 질서를 어지럽게 했던 것도 사실이다. 그러나 캔버라 대회 이후 성령의 위상이 크게 달라진 것이 분명하다. 이신, 『슐리얼리즘과 영의 신학』, 동연, 2011, 3부 1장 논문 참조.

18 사실 이런 주장은 오늘날 '다양성의 신학'(Theology of Multiplicity)를 주장하는 신학자들에 의해 크게 비판받는다. 그들에겐 한 분 하느님에 대한 WCC의 증언이 이념적 보편성을 강조하는 식민주의적 유산으로 인정될 것이다. L. Schneider, *Beyond Monotheism-A Theology of Multiplicity*, Routledge: Abingdon) 2008 참조.

19 본 인용문은 하라레 선언 내용을 담아 2000년에 발표한 「오늘날 일치 속에서의 선교와 복음전도」(C.4.62)에 출처를 둔다.

20 '종교적 다원성과 기독교의 자기이해'(IV. 28) 참조.

21 20세기 초 발생한 칼 바르트와 에밀 브루너 간의 자연신학 논쟁을 기억하면 좋을 것이다. 당시 바르트는 인간의 책임성와 언어 사용 능력에 기초하여 타락했음에도 불구하고 여전히 하느님과의 접촉점을 말하려 했던 부룬너에게 단호하게 No를 외쳤던 것이다.

22 Kristen Kim, *Come Holy Spirit: Who?, Why?, How?, So What?, Report of the CWME*, Athens, 2005, p.157.

23 J. 몰트만, 김균진 역, 『생명의 영』, 대한기독교서회, 1992.

24 S. Mark Heim, Salvatuions, Marknoll: Orbis Books, 1995 211 이하 내용.

25 본 문서 역시 이형기 교수가 필자에게 건넨 자신의 소논문 「다종교 사회에서의 그리스도의 증언-WCC와 비티칸과 WEA」에 소개되어 있다. 필자는 이 논문을 본장에서 재구성하였다. 이 문서를 소개한 이형기 교수는 본 문서를 통해 한국에서 가톨릭 교회, 정교회, 개신교회, 복음주의 교회들이 함께 이웃종교인과 대화할 수 있는 길이 열렸다고 평가했다.

26 이 말- One who knows one, knows none-은 본래 궤테가 했던 것으로서 최근 종교학의 기본 공리로 사용되고 있다. 이는 종교학자 밀러에 의해 시도되었다.

27 L.C. Schneider, *Beyond Monotheism*, 1부 내용 참조.

28 C. Keller & L.C. *Schneider*, 앞의 책, p.3-4.

29 필자는 본 주제를 다른 논문에서 밝혔다. 아직 출판되지 않은 논문으로서 제목만 소개하면 다음과 같다. "성례전적 생태학에서 생태학적 성례전에로-유일신론으로 부터의 탈주와 성육신의 재구성" 본래 이 논문은 기독교 환경연대가 주관하는 생태목회 모임을 위해 쓰여 졌다.
   L.C. Schneider, Beyond Monotheism, p.53-106.

30 C. Keller & L.C. Schneider, 앞의 책, p.2. "…다양성이란 말을 갖고서 우리는 각기 분리된 개체들의 단순한 복수성을 말하지 않는다. 그리고 관계성이란 말로서 무차별성을 지시하는 것도 아니다. 이런 관계적 다양성 속에서 우리가 말하는 차이는 예언(확실성)을 거부한다. 전체성에로 붕괴치 않는다는 것이다."

31 앞의 책, 7쪽.

32 앞의 책, 238쪽 이하 내용 참조.

33 앞의 책, 239-240쪽.

34 앞의 책, 240쪽.

35 앞의 책, 244쪽.

36 앞의 책, 245-266쪽. 이를 셋(threefold of Ground, Contingency, relation)은 모두 초월의 내적 표현으로서 신적 삶을 지시하는 근본 신비라 하겠다.

37 여기서 강조되는 것은 신적 삶(신비)은 피조된 것들 속에서 그들에 의해 더욱 풍부해 진다는 사실이다. 하느님께서 피조물에게 무한한 사랑과 가치를 부여하기 때문이다. 이 점에서 기독교는 육화된 예수 안에서 이런 우발성의 극치를

경험할 수 있다. 즉 신적 삶은 세상 속에 주어진 우발성(성육신)에 의해 더욱 풍부해 진다는 사실이다. 앞의 책, 249-250쪽.

38 앞의 책, 253쪽.

39 앞의 책, 255쪽.

WCC의 이웃종교관에 대한 가톨릭 교회의 입장 : 송용민

1 참조: H. K g, Das Christentum. Die religi e Situation der Zeit, T ingen 1999, p.879-897.

2 이러한 새로운 신학적 논의는 전 감신대 학장이자 종교다원주의 논란으로 감리교에서 축출당한 고 변선환 박사를 추모하기 위하여 2012년 9월 26일부터 28일까지 미국 드류(Drew) 대학에서 개최된 학술대회에서 집중적으로 논의되었다. 그의 제자인 이정배 교수는 이 학술대회에 참석하여 전통적인 신학의 틀로서는 해명하기 힘든 종교다원성을 새로운 관점에서 풀어갈 수 있음을 한국 신학계에 소개한 바 있다.
참조: C. Keller & L. Schneider, Polydoxy: Theology of Multiplicity and Rekation, Routledge: Abindon, 2011.

3 제2차 바티칸 공의회문헌 『일치교령』 1항에서는 이 점을 분명히 밝히고 있다. "이러한 분열은 그리스도의 뜻에 명백히 어긋나며, 세상에는 걸림돌이 되고, 모든 사람에게 복음을 선포하여야 할 지극히 거룩한 대의를 손상시키고 있다."

4 칼 바르트의 변증신학에 따르면 하느님의 초월성과 초자연적 계시사건은 인간의 자연본성적 범주를 벗어나 있기 때문에 결코 인간의 자연 이성으로 파악되거나 포착될 수 없으며, 하느님은 선의를 지닌 모든 형태의 인간성과 문화들, 모든 시대와 역사를 벗어나 있는 절대적 타자라는 점이 강조된다. 계시 실증주의와 신중심주의의 입장에서 전개되는 변증신학은 '하느님의 말씀'의 절대성에 우위를 두기 때문에 애초부터 타종교와는 차별화된 신앙의 절대성을 강조하는 복음주의 신학으로 발전하기에 이르렀다. M. Beintker, "Dialektische Theologie", in: Lexikon f Theologie und Kirche(이하 LThK), 3. Aufl. Vol. 10, Freiburg u.a. 1995, p.190-191 참조.

5 WCC는 "예수 그리스도 우리의 주를 하느님과 구세주로 받아들이는 교회들의 연대모임"으로 교회의 일치와 갱신을 위해 봉사하고, 교회들이 서로 만나 대화

하며 기도하고 관용과 상호 이해의 정신으로 협동하는 것을 목표로 하고 있다. 따라서 이 협의체의 초기 흐름에는 세상에 파견된 교회의 선교를 위한 교파 간의 일치와 대화가 먼저였고, 타종교들과의 대화나 이들과의 협력이 중심적으로 논의되지는 않았다. WCC 창설 이전에도 전쟁의 와중에 있던 세계교회가 H. 크레머가 주축이 된 1938년 탐바라 선교회의(IMC)를 통해 기독교와 이웃종교들 간의 불연속성을 강조하는 배타적 입장을 견지했던 적도 있었다.

6 19세기 이후 서구 사회를 뒤흔든 시민혁명과 계몽주의의 여파로 신앙의 위기에 빠진 신앙인들에게 교회는 영적 안식처를 제공할 필요가 있었고, 교황을 중심으로 일치된 가톨릭 교회야말로 다양한 형태의 근대주의의 오류에 빠져 방황하는 인간을 구원할 방주라는 확신이 있었다. 그래서 가톨릭의 전통적인 신심들을 강조하고, 교황 지상주의를 전개하는 반면, 철학, 과학, 문학, 신학 분야에서 이루어진 다양한 진보적 담론들, 가령 범신론에서 성경연구모임까지, 시민학교에서 교회일치운동까지, 표현의 자유에서 여러 다른 종교 형태에 이르기까지 모든 것을 교회는 단죄했다. 참조: A. Franzen, '세계교회사', 최석우역, 분도출판사, 2001, 393-394쪽; Joseph A. Burgess, "The Historical Background of Vatican I, in; L/RC VI, p.287-297.

7 "따라서 새롭고 결정적인 계약인 그리스도의 구원 경륜은 결코 폐기되지 않을 것이며, 우리 주 예수 그리스도께서 영광스럽게 나타나시기 전에는(1티모 6,14; 티토 2,13 참조) 어떠한 새로운 공적 계시도 바라지 말아야 한다." 제2차 바티칸공의회 문헌, 『계시헌장』, 한국천주교중앙협의회 2002, 4항.

8 교회일치운동을 뜻하는 '에큐메니칼(ecumenical)'은 그리스어의 '오이케오(οἰκέο)', '살다'란 단어에서 파생된 '오이코스(οἰκός)', '집, 가정, 세상'이란 단어에서 유래하였다. 이 용어가 교회 일치의 의미로 활용되기 시작한 것은 19세기 말 이후 서구의 개신교계를 중심으로 교파 간의 갈등과 분열을 극복하고 '오이쿠메네(oikumene)', 즉 창조주이신 하느님의 세상을 구현하고자 하는 교파 간의 협력과 일치운동에서 시작되었다. 참조: 칼 밀러/테오 순더마이어, 한국기독교학회선교신학회 편역, 『선교학 사전』, 다산글방, 2003, 425쪽.

9 개신교계는 이미 19세기 말 선교지에서 겪게 된 교파 간의 갈등이 선교에 적지 않은 장애가 된다는 사실을 인지하고, 산업사회에서 나타나는 사회적 위기와 제1차 세계대전을 통한 분열과 사회적 혼란의 상처를 치유하기 위한 선교적 협

력이 필요하다는 점을 각성하였다. 더욱이 19세기부터 불어온 '낭만적 각성주의'는 그리스도인들의 종교적 체험을 중요시하면서 개신교계 내 교파 간의 상호 동질성을 체험하게 해준 배경이 되었다. 그 결과 개신교계는 20세기 초 전쟁으로 참화를 입은 유럽의 현실 속에서 사랑의 실천을 통한 공동의 선교 협력이 필요했고, 이러한 요청은 1948년 세계교회협의회(World Council of Churches)의 창설로 이어졌다.

10 개신교의 '하나님의 선교'의 개념과 흐름에 관하여 참조: 이형기, 『하나님의 선교』, 한국학술정보, 2008.

11 개신교계가 WCC를 중심으로 '하나님의 선교(Missio Dei)'에로의 전향적인 입장에서 보면, "에큐메니칼 운동의 특성은 크게 다음의 둘로 요약할 수 있겠는데, 복음중심(Gospel-centred)이요, 생명 중심(Life-centred)이 바로 그것이다. 또한 에큐메니칼 운동은 선교 지향적(mission-oriented)이며, 평화 지향적(peace-oriented)이요, 정의 지향적(justice-oriented)이고 봉사 지향적(service-oriented)이라 하겠다. 이 말은 곧 모든 크리스천과 교회는 공동의 친교(common fellowship)를 통해서 공동의 증거(common witness)와 공동의 봉사(common service)를 함으로써 공동의 갱신(common renewal)을 이루어 나가는 것을 뜻한다." 안재웅, 에큐메니칼 운동 이해, 대한기독교서회 2006, 37쪽.

12 1928년에 교황 비오 11세가 발표한 회칙 'Mortalium Animos'를 통해 "성좌가 가톨릭 교회 신자에게 가톨릭 교회가 아닌 그리스도인의 회의에 참석을 허가하지 않는 것은 명백한 사실이다. 그리스도교의 일치는 유일한 참 교회로 돌아올 때에만 도달할 수 있는 것이다."라고 명시적으로 선언한 바 있다. 이 말은 교회의 일치라는 것이 "자모의 품(가톨릭 교회)을 떠난 이교인(동방 교회)과 열교인(개신교)이 자모이신 로마 가톨릭 교회에로 개종하는 길밖에 없다."는 입장으로 드러나기도 했다. 이러한 보수적 입장은 WCC 창설 이후에도 바티칸의 신앙교리성을 통하여 성좌의 허가 없이 이러한 운동에 동참하는 것을 금지하는 훈령을 반포함으로써 그 갈등은 더 심화되었다. L. Lies, Grundkurs umenische Theologie, Innsbruck 2005, p.111-112 참조.

13 가톨릭 신앙에 의거한 세계관과 사상 체계를 뜻하는 용어로 19세기 근대주의의 흐름에 대항하여 세속과의 단절과 초월적 신앙과 은총을 강조하면서 개신교와 타종교와 차별화된 가톨릭적 문화와 사상적 전통을 강조 말이다. 칼 라너

는 이 같은 가톨릭시즘이 "교회의 영속적인 본질도 아니고, 불가피하게 나타나는 현상도 아닌 역사적이고 우연적인 본성으로서 가톨릭 신앙의 현상적 형태들"이라고 말한다. 오늘날 제2차 바티칸 공의회 이후 가톨릭시즘은 자기 방어와 배타적 자기 정체성을 벗어나 오히려 가톨릭(catholic)의 보편적 특성을 강조하며 세상 속의 교회와 타종교와 타신념들과의 세상에 대한 공동의 책임을 강조하는 포용적 관점으로 변화하였다. H. Maier, "Katholizismums", in: LThK3 V, p.1368-1370 참조.

14 이러한 관점은 WCC가 1975년 나이로비의 JPSS(A Just Participatory Sustainable Society: 정의롭고 참여적이며 지탱 가능한 사회), 1983년 밴쿠버의 JPIC(Justice, Peace and Integrity of Creation: 정의, 평화, 창조세계의 보전), 그리고 1990년 서울 JPIC 세계대회를 거쳐, 1991년 캔버라 WCC 총회에 이르러 "오이쿠메네" 개념을 모든 생명체들의 거처(居處) 혹은 모든 생명체들의 공동체의 의미로 확대해석되면서 시작되었다. 참조: Willem Adolf Visser't Hooft, "The Word 'Ecumenical' - Its History and Use", in A History of The Ecumenical Movement(1517-1948), ed. by Ruth Rouse and Stephan Charles Neill, vol.1 (Geneva: WCC, 1986, 제3판), Appendix Ⅰ, p.740.

15 이런 측면에서 과거 가톨릭 교회가 말한 종교의 자유는 결코 주체적인 권리가 될 수 없으며 공공과 공동체의 유익만이 관용을 정당화할 수 있다고 보았다. 다른 종교들은 공공의 평화를 위해서 용인되며 오직 가톨릭 교회만이 절대적인 자유의 권한을 가진다고 생각했다. 참조: M. Seckler, Religionsfreiheit und Toleranz, in: Theologische Quartalschrift 175 (1995) p.1-18 참조.

16 Pavan, Pietro, Kommentar f Erkl ung er die Religionsfreiheit, in: LThK. Das Zweite Vatikanische Konzil. Dokumente und Kommentare, hrsg. v. Brecher, Heinrich Suso u. a. II Freiburg 1966-1968, p.703-748 참조.

17 제2차 바티칸공의회 문헌, 「종교자유에 관한 선언(Dignitatis humanae)」, 한국천주교중앙협의회 2002, 2. 11항; "인간은 지성과 자유 의지를 갖고 있고, 인간 본성에서 직접적으로 나오는 권리와 의무를 지닌 주체라는 것이다. 따라서 인간의 권리와 의무는 보편적이며, 불가침적이고, 양보할 수 없는 것이다. 인간은 올바른 양심의 명령에 따라서 하느님을 공경할 권리가 있는데, 바로 사적으로나 공적으로 하느님께 대한 예배를 드릴 권리이다." 교황 요한 23세 회칙,

『지상의 평화(Pacem in terris』" 2항. 14항.

18 2011년에 WCC가 로마교황청과 세계복음주의연맹(WEA)과 공동으로 선언한 '다종교사회 안에서 그리스도인의 증언'에서도 확인된 바 있다. "자신의 종교를 공공연히 실천하고 전파하며 개종할 권리를 포함하는 종교 자유는, 모든 인간이 하느님을 닮은 모습으로 창조되었다는 데 근거한 인간의 존엄 자체에서 나옵니다.(창세 1, 26 참조). 그러므로 모든 인간은 동등한 권리와 책임을 가집니다." 세계교회협의회, 교황청종교 간대화위원회, 세계복음주의 연명 공동선언, 『다종교사회 안에서 그리스도인의 증언』, 2011년, 원리 7항.

19 "인간은 자기 양심을 통하여 하느님 법의 명령을 깨닫고 받아들인다. 그러므로 인간이 자기 목적인 하느님께 이르려면 자신의 모든 행위에서 양심을 충실히 따라야 한다. 따라서 인간은 자기 양심을 거슬러 행동하도록 강요받아서는 안 되며, 특히 종교 문제에서 자기 양심에 따라 행동하는 데 방해를 받아서는 안 된다. 종교 실천은 본질상 그 무엇보다도 인간이 직접 하느님을 향해 살아가는 자발적이고 자유로운 내적 행위이므로, 이러한 행위는 단순히 인간의 권력으로 명령하거나 금지할 수 없다." 「종교자유에 관한 선언」 3항.

20 WCC 산하 CWME(Conference on World Mission and Evangelism)는 종교 간 대화를 위한 신학적인 입장들을 정리해 왔다. 「그리스도교와 살아 있는 종교들 및 이념들의 사람들과의 대화에 관한 지침서」(Guidelines on Dialogue with People of Living Faiths and Ideologies. Geneva, WCC, 1979.), 「선교와 복음전도: 하나의 에큐메니칼 확언」(Mission and Evangelism: An Ecumenical Affirmation, 1982), 산 안토니오 CWME(1989), 「바아르 성명서: 다원주의에 대한 신학적인 전망들」(1990년 1월 15일), 「종교적 다원성과 기독교의 자기이해」(2004), 「성령이여 오소서! 성령은 누구시고, 왜 오시며, 어떻게 오시고, 무엇을 하시는가?」 등이 그 주요문서들이다. 세계교회협의회 홈페이지(http://oikumene.org) Resources/Ducuments 참조.

21 "사실 그들이 지닌 좋은 것, 참된 것은 무엇이든지 다 교회는 복음의 준비로 여기며, 모든 사람이 마침내 생명을 얻도록 빛을 비추시는 분께서 주신 것이라고 생각한다. 『교회헌장』, 16항.

22 "가톨릭 교회는 이들 종교에서 발견되는 옳고 거룩한 것은 아무것도 배척하지 않는다. 그들의 생활양식과 행동 방식뿐 아니라 그 계율과 교리도 진심으로 존

중한다. 그것이 비록 가톨릭 교회에서 주장하고 가르치는 것과는 여러 가지로 다르더라도, 모든 사람을 비추는 참진리의 빛을 반영하는 일도 드물지는 않다. 그러나 교회는 그리스도를 선포하며 또 끊임없이 선포하여야 한다. 그리스도 께서는 "길이요 진리요 생명이시며"(요한 14,6) 그분 안에서 모든 사람은 풍요로운 종교 생활을 한다. 하느님께서는 그리스도 안에서 모든 사람을 당신과 화해시키셨다." 『비그리스도교에 관한 선언』, 2항.

23 그리스도교가 이웃종교들의 영적 경험과 전통과의 연계성 속에서 자기를 이해하는 방식은 분명히 가톨릭이 오랫동안 지지해온 '존재유비'에 토대를 둔 자연신학의 입장을 갖고 있다. '그리스도 신앙'을 기독교적 신앙의 영역에 가두지 않고, 인간 본성에 이미 주어져 있는 하느님의 모상성을 토대로 이성의 능력과 철학적 이성을 통하여 하느님의 계시의 신비에 접근할 수 있는 가능성을 열어 놓은 점은 가톨릭 교회가 이웃종교들과의 대결이 아닌 대화에 나설 수 있는 신학적인 틀을 제공해준 셈이다. 물론 여기에는 "그리스도교의 보편적인 틀을 상정하고 그 빛에서 상대방을 바라보는 자기화의 덫"에 대한 지적이 있을 수 있다. 하지만 대화란 근본적으로 자신의 이해 지평 속에서 타자를 만나 지평융합 혹은 확대의 과정을 거치는 가운데 자아의 정체성을 발견해 가는 해석학적 순환의 연속이지, 아무런 전이해 없이 타자와의 만남 속에서 자기를 발견하고 형성해나가는 일방적인 과정은 아니기 때문이다. 가톨릭 교회가 이웃종교들을 복음의 준비단계로 이해한다고 해서 그들 안에 있는 옳고 성스러운 타자의 모습을 무시하거나 왜곡하지 않으려는 이유도 여기에 있다.

24 이에 관하여 참조: 문은배, 「세계교회협의회와 로마카톨릭의 종교 간 대화의 흐름과 방향성 연구」, 석사학위논문, 장로회신학대학교, 2003; 박여라, 「그리스도교와 타종교의 만남: 비그리스도교에 관한 선언(1965)과 '바아르 선언문'(1990)을 중심으로」, 석사학위논문, 한신대학교, 1994.

25 이 시기에 케네디 대통령(1963)과 마틴 루터 킹 목사의 암살(1968), 베트남 전쟁(1964년), 중국의 문화혁명(1965), 남미의 제2차 메델린 주교총회(1968), 유럽과 일본에서 일어난 학생들의 데모(1968) 등은 1960년대 후반의 세계사적 격동 속에서 교회가 어떻게 시대의 아픔에 동참할 것인지에 대해 고민하도록 촉구하였다.

26 제2차 바티칸 공의회(1962-1965)가 끝나는 1965년에 WCC의 중앙위원회와 교

황청 그리스도인 일치운동 사무국은 대표를 뽑아 'Joint Working Group(JWG)'을 구성하였는데, 이 모임은 6회 이상(1966, 1967, 1971, 1975, 1982, 1990)의 공식 모임을 가졌고, 연구 결과물을 제공하면서 "신앙과 직제위원회(Faith and Order)"와 "세계선교위원회"(CWME) 등에 기여하고 있다. 그리고 'SODEPAX'(Society, Development and Peace)란 기구를 통해 1968년부터 1980년까지 WCC와 로마 가톨릭 교회의 사회참여를 위한 공동연합기구가 활동한 바 있다.

27 원제: "Guidelines on Dialogue with People of Living Faiths and Ideologies". 출처: http://www.oikoumene.org/en/resources/documents/wcc-programmes /interreligious-dialogue-and-cooperation/interreligious-trust-and-respect

28 이와 같은 비전은 "하나의 다원주의적인 세계 속에서 공동체성 추구를 위하여 매우 도움을 준다. 그것은 하나의 동질적인 통일체나 전체주의적 획일주의도 아니요, 단순히 공존하는 자기만족적인 공동체들도 아니다. 오히려 그것은 현존하는 공동체들이 하나의 인류 공동체를 발전시킴에 있어서 감당할 수 있는 적극적인 역할을 강조하는 것이다. 그리스도인들에게 공동체들의 공동체에 대한 사상은 한 걸음 더 나아가서 모든 인간 공동체들에 대한 하느님의 전적인 통치에 관계된 것이다." (제1부. A. 7)

29 여기서는 대화를 위하여 네 가지 자세를 강조한다. 첫째는 회개하는 마음으로 대화에 임할 것, 둘째는 겸허한 마음으로, 셋째는 기쁨으로 대화에 임하고, 넷째로 자신이 믿는 바에 대한 정체성과 온전성을 간직하고 대화에 임할 것을 강조한다. 동시에 종교 간 대화에서 주목해야 할 신학적 주제들로 창조론, 성령론, 교회일치 주제, 타종교 이해를 꼽았다. (제2부 D. 21항 참조)

30 산 안토니오 세계선교와 복음 위원회 보고서, IV분과(살아 있는 타종교의 사람들 사이에서의 증언) 26항)는 선언을 통하여 이웃종교와 기독교의 긴장 관계를 유지해오고 있다. 참조: The San Antonio, Your Will be Done: Mission in Christ's Way, ed. Frederick R. Wilson, Geneva, WCC Publications, 1989, Report of Section I, 26, p.32.

31 에큐메니칼 선교훈련원 편, 『종교 간 대화』, 에큐메니칼 운동과 신학사전 I. 한국기독교협의회(한들출판사, 2002).

32 '바아르 선언문'은 WCC 산하 세계선교복음전도위원회가 40여 명의 세계적

신학자·성직자들을 스위스 바아르에서 회집시켜 그리스도교와 타종교 간의 만남의 문제를 4년간 연구한 결과를 집약하여 발표한 신학적 문서이다. 정양모역, 「바아르 선언문(Baar Statement)」, 『종교신학연구』 5권, 서강대학교비교사상연구원, 1992, 289-300쪽 참조.

33 이 문서의 내용을 요약하면 다음과 같다.

1) 종교적 다원성의 신학적 이해는 태초부터 만물에 임재하여 활동하시는 살아계신 하느님에 대한 신앙에서 시작한다. 언제 어디서나 인간들은 그들 가운데 임재하여 활동하는 하느님에 응답해 왔고 고유한 방법으로 증언해 왔다는 것을 깨달아야 한다.

2) 종교적 다원성은 극복되어야 할 현실이 아니다. 오히려 "하느님께서 모든 것들 중에서 모든 것이 되실"(1코린 15, 18) 때를 대망하는 그리스도인들에게 하느님과 이웃을 더 깊이 만날 수 있는 좋은 기회로 본다.

3) 타종교와 신앙의 전통 속에서 성령이신 하느님께서 활동하고 계신 것은 너무나 당연하다. 우리와 다른 그들의 종교적 확신까지도 존중하고 하느님께서 성령을 통해서 그들 가운데 성취하였고 또 성취할 일을 존중하는 것은 이제 무엇보다 필요한 그리스도인의 자세가 되었다.

4) 종교 간의 대화는 일방통행이 아니라 쌍방교차로인 셈이다. 진정한 대화는 쌍방의 지평을 넓혀 주며 각자를 통해 말씀하시는 하느님을 향한 더 깊은 회심으로 인도할 것이다. 또한 그리스도인은 우리가 지금까지 접하지 못했던 하느님의 신비를 다른 종교인들을 통해 경험하게 될 것이다.

5) 소명의식 가운데서 종교 간의 대화를 통하여 우리는 기존 신학의 방법을 개혁해야 함을 발견한다. 우리가 행할 대화와 실천의 장을 통해서 새로운 신학의 장(Locus theologicus)의 원천과 근거가 되리라 믿는다.

34 "하느님께서는 모든 사람이 구원을 받고 진리를 깨닫게 되기를 원하십니다." (1티모 2, 4).

35 이 문서에 대한 신학적 해석과 평가는 한국천주교주교회의(CBCK)와 한국기독교교회협의회(NCCK)가 2012년 5월에 개최한 그리스도인 일치포럼의 주제로 선정하여 개신교와 천주교의 입장과 이에 대한 신학적 토론을 전개하며 자료집을 발간한 바 있다.

36 "이 문서에서 우리는 선교에 관한 신학적 진술을 펼 의도는 없으며, 다종교 세

계에서 그리스도인의 증언과 관련된 실천 문제들을 말하고자 합니다."(머리
말)

37 이러한 새로운 신학적 논의는 전 감신대 학장이자 종교다원주의 논란으로 감
리교에서 축출당한 고 변선환 박사를 추모하기 위하여 2012년 9월 26일부터
28일까지 미국 드류(Drew) 대학에서 개최된 학술대회에서 집중적으로 논의되
었다. 그의 제자인 이정배 교수는 이 학술대회에 참석하여 전통적인 신학의 틀
로서는 해명하기 힘든 종교다원성을 새로운 관점에서 풀어갈 수 있음을 한국
신학계에 소개한 바 있다. 참조: C. Keller & L. Schneider, Polydoxy: Theology
of Multiplicity and Rekation,, Routledge: Abindon, 2011.

38 C. Keller & L.C. Schneider, 앞의 책, 3-4쪽.

39 참조: C. Keller & L.C. Schneider, 앞의 책, 245-266쪽. 이와 같은 내용은 한국
종교인평화회의(KCRP) 산하 종교 간대화위원회가 주최한 신학 세미나
(2012.12.6)에서 구체적으로 소개되고 언급된 바 있다.

40 송용민, 「초기 그리스도교 신앙의 원체험에 대한 고찰」, 『누리와 말씀』 제25
호, 인천가톨릭대학교출판부 2009, 256-277쪽 참조.

41 육화신학에 대한 초월론적 신학의 해석에 관하여 칼 라너, 『그리스도교 신앙입
문』, 분도출판사, 1994, 280-302쪽 참조.

WCC의 이웃종교관에 대한 원불교의 입장 : 원영상

1 1916년 소태산 박중빈에 의해 창립된 신종교이다. 불법의 생활화, 대중화, 사회
화를 슬로건으로 한 신불교로, 현실 개혁을 주장하는 참여불교(Engaged
Buddhism)의 형태를 띠고 있다.

2 『대종경』제1서품 제1장. 『대종경』은 소태산의 언행록이다.

3 中村元・福永光司・田村芳朗・今野達 편저, 『岩波佛教辭典』, 東京: 岩波書店,
1989.12, 718쪽.

4 『정전』제2교의편 제1장 일원상.

5 『대종경』제2교의품 제1장.

6 『정전』제2교의품 제3장.

7 『정전』제1총서편 제2장 교법의 총설.

8 『정전』제2교의편 제1장 일원상(一圓相).

9 원불교는 동서양 문명의 교차기에 '물질이 개벽되니 정신을 개벽하자' 라는 슬로건을 걸고 탄생했다. 물질로 인해 쇠약해진 인류의 정신적 노예 상태를 극복하고자 하는 것이 그 출발이었다. 그리고, "진리적 종교의 신앙과 사실적 도덕의 훈련으로써 정신의 세력을 확장하고, 물질의 세력을 항복 받아, 파란 고해의 일체 생령을 광대무량한 낙원(樂園)으로 인도하려 함이 그 동기니라." (『정전』제1총서편 제1장 개교의 동기)라고 그 이유를 밝히고 있다.

10 『대종경』제14전망품 제13장.

11 『정전』제1총서편 제2장 교법의 총설.

12 『대종경』제14전망품 제14장.

13 일체유심조(一切唯心造)는 이 사상을 단적으로 표현하고 있다.

14 『대종경』제13교단품 제38장. 『원불교 예전』에는 "불단이나, 세상이 숭배하는 성자 철인들의 탑묘 앞에서는 비록 신앙이 다를지라도 경례하고 참견하며, 보통 지날 때에도 또한 머리를 숙여 경의를 표하고, 타종교의 의식에 참예하였을 때에는 그 의식에 실례됨이 없게 할 것이요…" (제1통례편 제6장 기거와 진퇴)라는 것에서 보듯이 이웃종교를 존중하도록 명문화하고 있다.

15 『대종경』제13교단품 제6장.

16 『대종경』제4교단품 제1 · 2장.

17 『정산종사법어』제6경의편 제57장.

18 『대산종사법어』제2집, 제3부 종법사 취임 법설. 종법사는 원불교 최고 지도자를 의미한다.

19 『대산종사법어』제1집 4.기독교.

20 『정산종사법어』제13도운편 제35장.

21 『정전』제2교의편 제2장 사은(四恩) 제4절 법률은(法律恩).

22 백준흠, 「삼동윤리에서 본 종교다원주의」, 『원불교학』제1집, 1996.2, 254쪽.

23 『대산종사법어』제3집 제3수행, 47.중화의 도.

24 대산은 "중(中)의 자리만 잡으면 그 자리가 일원상(一圓相) 자리요 예수님이 깨치신 하나님 자리요, 부처님이 깨치신 법신불(法身佛) 자리이다." (『대산종사법어』제2집 제9부 세계 평화의 삼대 방안)고 한다.

25 『대종경』제8불지품(佛地品) 제21장

찾아보기

축의 시대와 종교 간 대화

등 록 1994.7.1 제1-1071
1쇄 발행 2014년 3월 1일

엮은이 KCRP종교간대화위원회
펴낸이 박길수
편집인 소경희
편 집 조영준
관 리 김문선
디자인 이주향
펴낸곳 도서출판 모시는사람들
110-775 서울시 종로구 경운동 88번지 수운회관 1207호
전 화 02-735-7173, 02-737-7173 / 팩스 02-730-7173

인 쇄 ㈜상지사P&B(031-955-3636)
배 본 문화유통북스(031-937-6100)
홈페이지 http://blog.daum.net/donghak21

값은 뒤표지에 있습니다.
ISBN 978-89-97472-61-1   93210

이 도서의 국립중앙도서관 출판시도서목록(CIP)은 e-CIP 홈페이지
(http://www.nl.go.kr/ecip)에서 이용하실 수 있습니다.
(CIP제어번호: 2014004030)